Die neuen Leiden
des jungen W.

Die neuen Leiden des jungen W.

Ulrich Plenzdorf

Edited by
Richard A. Zipser
Oberlin College

JOHN WILEY & SONS

New York · Chichester · Brisbane · Toronto · Singapore

Die neuen Leiden des jungen W., by Ulrich Plenzdorf, originally published in 1973.
  1973 VEB HINSTORFF VERLAG
  Rostock—DDR

ISBN 0-471-02855-x

Printed in the United States of America
10 9 8 7 6 5

Contents

Preface

Ulrich Plenzdorf, Berlin prose-writer, playwright, and film scenarist, was the second author from the German Democratic Republic (the first being Christa Wolf in 1974) to visit Oberlin College as Max Kade Writer-in-Residence. In April and May of 1975, he and his wife (Helga Plenzdorf) lived and took their meals in a dormitory, along with the students. Nearly everyone who met him found it difficult to believe that Uli (as he came to be called) was already in his early forties, so easily did he relate to young people and their problems. How else can one describe him? Soft-spoken, extremely modest and approachable, fond of sports cars, jazz, detective stories, and drinking beer out of the can, yet more opposed to smoking than the Surgeon General, casually clad in a leather jacket and the inevitable blue jeans (though not always the "genuine" brand endorsed by Edgar Wibeau)—this is the Ulrich Plenzdorf who made a lasting impression on many of us.

During his stay in Oberlin, Uli visited classes on all levels and participated actively in my Intermediate German course, where he discovered how passionately involved American students had become in his book, *Die neuen Leiden des jungen W.*. Upon his return to the GDR in the summer, he helped to secure permission from the Hinstorff Verlag for this textbook edition of his famous work. For this, an extra word of thanks is due him.

I should also like to express my gratitude to three former Oberlin students—Claudia Burger, Laurie Hardwig, and Roswitha Reifferscheid—who assisted me in the preparation of the questions (on the content and for discussion) and the Vocabulary found at the end of this book. Finally, many thanks to Professors John D. Barlow and Klaus-Peter Hinze, as well as to my friend Martin Kluger, for proofreading and correcting the manuscript.

The complete text of Plenzdorf's *Die neuen Leiden des jungen W.* is here presented, just as it appears in the Hinstorff edition. The editor has seen fit to make just one small change—to divide the novel into fourteen relatively short chapters, in order to facilitate its use as a language reader. As all teachers of German are aware, it is difficult to find new and exciting readings which are accessible to students at the intermediate level. Having used *Die neuen Leiden des jungen W.* successfully as a fourth-semester text at Oberlin, I can testify that it is a fascinating novel with immediate appeal to the American college student. I am confident that American students will welcome this book by a writer of contemporary significance, and that the reading of *Die neuen Leiden des jungen W.* will stimulate their interest in the German language and GDR literature.

R. A. Z.

Introduction

"What really knocks me out is a book that, when you're all done reading it, you wish the author that wrote it was a terrific friend of yours and you could call him up on the phone whenever you felt like it."

Holden Caulfield,
The Catcher in the Rye

Ulrich Plenzdorf, born in Berlin in 1934 and a life-long resident of that city, has had a remarkable influence on the direction of letters in the German Democratic Republic (GDR) during the past five years. With his controversial yet highly regarded short novel, *Die neuen Leiden des jungen W.* (1972), and the well-known film scenario, *Die Legende von Paul und Paula* (1973)—both of which still are enjoying considerable popularity throughout the German-speaking world—Plenzdorf achieved international recognition as a writer of contemporary relevance and integrity.

The son of working-class parents, Plenzdorf completed his *Abitur* in 1954, went on to study philosophy (Marxism-Leninism) at the Franz-Mehring-Institute in Leipzig, then served as stagehand for the DEFA (state-owned film studio) from 1955–58. Following a year of military service, he completed a four-year training program at the Babelsberg film academy in 1963. He has since worked as a film scenarist and producer for the DEFA, and has written ten screenplays to date, six of which have been produced. Although Plenzdorf has not been a prolific writer, he was able to accomplish something no other German author has done in recent years: to produce a play that would arouse passionate interest and sympathy in East and West. As a result, he has become—in the period following the March 1972 publication of *Die neuen Leiden des Jungen W.* as a screenplay in *Sinn und Form,* the leading literary magazine in the GDR—the most discussed, reviewed, and performed GDR writer since the death of Bertolt Brecht. In 1973, Plenzdorf was awarded the prestigious Heinrich Mann Prize of the Academy of Arts of the German Democratic Republic.

The stage version of *Die neuen Leiden des jungen W.* continues to be performed to full houses in both Eastern and Western Europe. The central character, a seventeen-year-old socialist dropout with the unusual name of Edgar Wibeau (the "W." of the title), is indeed a rarity in the highly-structured GDR society. Fed up with the role of model son and pupil, he runs away from a domineering mother and a boring factory apprenticeship in the fictitious provincial town of Mittenberg. Once on his own in Berlin, he moves into an abandoned, dilapidated garden house, spends his time painting in the abstract, singing and dancing by himself, even composes a hymn to blue jeans, works sporadically as a housepainter, and falls in love in spite of himself with a slightly older woman, Charlie, who is already engaged and soon afterward married to a rather square, stodgy fellow named Dieter. In the end, while secretly attempting to invent the world's most efficient paint-spraying machine, Edgar is suddenly and accidentally killed by electrocution.

Aside from the novel's considerable artistic merit, how is one to explain its extraordinary success and continued popularity in the GDR? One explanation can be found in the character portrayal of Edgar Wibeau—a strongly individualistic and unabashedly narcissistic adolescent, who lacks those virtues one has come to associate with the heroes of traditional socialist literature. His engaging personality and free-spirited approach to life have an undeniable charm, and appeal to young and old audiences alike. But, even more importantly, with his self-assured manner and insistence upon self-reliance, Edgar may be seen to embody the new self-consciousness which is characteristic of youth in the GDR today.

At the beginning of the story, Wibeau is already dead, and "from the other side of the Jordan" he observes and comments on his father's attempts to find out what happened to the son he had neglected for so many years. A guilty conscience and natural curiosity prompt Edgar's father to visit and seek information from his former wife (pp. 9–19), from his son's school chum and closest friend, Willi (pp. 23–37, 41), from the kindergarten teacher, Charlie (pp. 69–77, 81, 91, 103, 119, 139), and from the leader of Edgar's work-brigade, Addi (pp. 141–143, 157, 165–167, 181, 235–237, 243–245). Each gives his/her impressions of Edgar and describes their relationship prior to the unfortunate mishap, thereby presenting us (along with the elder Wibeau) with four different accounts of Edgar's last days on this side of the Jordan. A fifth, highly subjective version is provided by the hero himself, who not only clarifies certain aspects of the accounts given by others, but frequently interrupts and corrects them to set the record straight for the audience. Thus, we alone learn precisely why Edgar left Mittenberg; we alone learn that he idolized Louis Armstrong ("not Händelsohn Bacholdy, but real music"), that his two favorite books were *Robinson Crusoe* and *The Catcher in the Rye,* that blue jeans ("the noblest pants in the world") were symbolic of his attitude toward life. and that his obsession with the notion of inventing a "mistless paint sprayer" led to his premature death. When all is said and done, Edgar's father must acknowledge that his fact-finding mission has been a failure; much remains a mystery to him, if not to us. "I haven't seen Edgar since he was five years old," he confesses to Addi. "I don't know anything about him, not even now. Charlie, a shack which is no longer standing, pictures which no longer exist, and this machine."

The title of Plenzdorf's book immediately recalls Goethe's emotionally charged Storm-and-Stress novel, *Die Leiden des jungen Werthers* (1774), which Edgar discovers while searching for toilet paper in the privy of his garden house. With impressive technical skill, considerable imagination and wit, Plenzdorf uses passages from that 18th-century tale to counterpoint events in the life of his contemporary protagonist, Edgar Wibeau. The fourteen Werther-quotes (the first of which occurs on p. 23), taken verbatim from Goethe's novel, are virtually incomprehensible when removed from their original context and transplanted into a modern setting. None of the persons Edgar aims his "Werther-pistol" at can understand the meaning of what he is saying, so foreign does this "classical" German of Goethe sound when juxtaposed with the sub-language (comprised of slang and idiomatic expressions, colloquialisms, Berlin dialect, and the GDR hippie jargon) of Plenzdorf's book. After listening to Edgar's first tape, Willi asks for the key to this "new" language, assuming that the cryptic messages he received are in code. Likewise, Charlie is unable to comprehend the stilted Werther-passages Edgar recites to her; in her conversation with Edgar's father, she refers to them as unintelligible jibberish and completely confused nonsense, speculating that Edgar may have taken them from the *Bible*. However, if this unexpected linguistic confrontation (resulting from the juxtaposition of opposites) inhibits interpersonal communication, it at the same time facilitates personal expression. Edgar, after falling in love with Charlie, hopelessly and without prospects, is unable to articulate his feelings toward her. Yet, here and in numerous other instances, Goethe's Werther comes to his rescue. By reading aloud or reciting from memory selected passages from *Werther*—a novel written in a German that contrasts sharply with Edgar's own strange and wonderful language—he is able to voice his passion for Charlie, his contempt for Dieter, and the despair that their relationship causes him.

Despite many obvious parallelisms—in the general conception, character delineation, external and internal action of both works—one must be careful not to exaggerate the Goethean influence upon Plenzdorf's novel. Moreover, while there may appear at first to be many links in the chain connecting Wibeau with Werther, it would be misleading to describe the heroes of these two works as kindred souls. To be sure, the personalities of both are drawn along similar lines: Wibeau and Werther are rebellious individualists, nonconformists, impulsive free spirits who, despising established rules and social conventions in life, seek to separate themselves from the rest of mankind. In seclusion, each is free to use his creative powers and the resources of his mind as he wishes, yet a period of isolation and introspection brings not new meaning but greater unhappiness into both lives. Hope for Edgar lies partly in the success of his relationship with Charlie, a character cast in the same mold as Goethe's Lotte: intelligent, attractive, domestic, and sensitive enough to understand Edgar, she has an irresistible appeal. In her presence, Edgar loses his sense of alienation from society and his feelings of insecurity. Unfortunately for Edgar, Charlie is—from the very beginning of their acquaintance on—devoted and committed to another person. Not unlike Albert, the even-tempered and practical fiancé of Goethe's Lotte, Dieter is depicted as a rational, dull, and thoroughly mediocre man. And in some respects, the Edgar-Charlie-Dieter triangular love affair may be said to resemble that of Werther-Lotte-Albert. Here, however, the parallels between the two protagonists end, and one would be hard pressed to demonstrate convincingly that Plenzdorf's Wibeau is merely a modern-day replica of Goethe's brooding, melancholy hero. Werther, after realizing that he has lost Lotte forever in this life, decides that there can be no other escape but self-annihilation. In an outburst of passion and despair, he commits suicide, a solution Edgar Wibeau instinctively and unequivocally rejects.

Let us consider for a moment Edgar's reaction upon completing Goethe's *Werther;* it not only underscores his ambivalent relation to Werther, but points to a second, more penetrating literary influence on Plenzdorf and himself:

This guy in the book, this Werther, as he was called, commits suicide in the end. Simply throws in the towel. Shoots a hole in his old head because he can't have the woman he wants, and feels awfully sorry for himself to boot. If he weren't completely crazy, he'd surely see that she was only waiting for him to *do* something, this Charlotte.... And what does he do? He just sits there and watches her get married. And then he does himself in. He was beyond help.

The only one I really felt sorry for was the woman. Now she was stuck with that pillow-farter of a husband. At the very least Werther could have thought of that. And what's more: Let's say there really was no getting near that woman. That's still no reason to shoot a hole in himself.... The whole book was nothing but a bunch of letters from this impossible Werther to his buddy at home. I guess that was supposed to be really original or spontaneous. Whoever wrote that ought to read my Salinger. *That's* the real thing!

As this and other passages reveal, Edgar identifies less with Werther than with Holden Caulfield, the youthful hero of J. D. Salinger's famous novel, *The Catcher in the Rye* (1951).

To summarize briefly, *The Catcher in the Rye* is the story of a confused, intensely troubled, sixteen-year-old boy who flees to New York—a place where he knows his way around but from which he feels alienated—after flunking out of his third prep school. The novel is written as Holden Caulfield's comment, often amusing and just as often agonizing, concerning his attempt to recapture his identity and sense of belonging by playing man-about-town for a lost, partially tragic, very frantic weekend. Sensitive and perceptive, surprisingly realistic, Holden is too aware of the discrepancies between his surface intentions and the deeper motives of himself and his acquaintances to feel at ease in any world. After a secret visit home, he resolves to lead a hermit's life in the West, but is eventually persuaded to remain in the city by the love of his kid sister, Phoebe. Physically weakened and psychically wounded, he is last seen recuperating in a sanatarium, and his future is doubtful.

In Holden Caulfield and Edgar Wibeau, we have two young travelers—travelers in their native lands and in the geography of their minds—with highly personal, though not wholly unique tales to tell. Holden relates his from the confines of a sanitarium, Edgar from the other side of the Jordan, and their stories clarify how they arrived at these destinations. The two narratives may be separated by time, space, and ideology, but a strong psychic connection eliminates most of the distance between them. Holden and Edgar are true blood brothers, speaking to us in terms that raise their adventures from the level of the comic (or picaresque) to that of a sensitive, insightful commentary on life in their respective countries. Edgar, who is more independent and less emotional than Holden, also values goodness and genuineness above sophistication, style, and success. Like his American counterpart, he is intolerant of phonies and phoniness, snobbish and superior in ways peculiar to adolescence, overly preoccupied with himself and his image, and given to exaggeration (particularly regarding his sexual prowess). He, too, suffers from depression and loneliness, in part because he has shut himself off from many of the normal activities of boyhood, games, the outdoors, companionship. Both youths strike us as very much alive and all-too-human, and at the same time, preposterous, profane, and slightly pathetic. Yet, neither is reduced to the level of a clown nor elevated to that of a tragic hero; rather, they are presented as teenaged boys whose vivid encounters with everyday life could be viewed as tragically humorous—or humorously tragic.

Both *Die neuen Leiden des jungen W.* and *The Catcher in the Rye* belong to an ancient and honorable narrative tradition, perhaps the most profound in all of Western fiction. I am referring to the tradition of the Quest, which has long provided the literary artist with a framework upon which to hang almost any fabric of events and characters. Following in the footsteps of Salinger. Plenzdorf has translated this old tradition into contemporary terms. His protagonist, Edgar Wibeau, an innocent young man in conflict with home and society, is engaged in two sorts of quests at once: he needs to run away from home and he needs to return to it. Various pressures and personal problems cause him to abandon the security of home, leaving him vulnerable and forcing him to look elsewhere for stability, acceptance, and love. Like his predecessor, Holden Caulfield, Edgar does not suffer from the inability to love, but he does despair of finding a place to bestow his love; and after failing in every attempt to find such a place, he is left with no place to go other than home.

In style and tone, fictional devices and narrative technique, use of language and (to a lesser degree) theme, Plenzdorf's novel bears a close resemblance to Salinger's. Both authors use farcical incidents and absurd dialogue to create a hold on the reader and to keep their respective stories hovering in ambivalence between tragedy and comedy. Trite and familiar, even vulgar expressions, when emerging from the mouths of Holden and Edgar, turn out to be funny; and the unimaginative repetition of identical expressions in countless situations intensifies the humor. Moreover, both heroes use similar turns of speech to let us know when they have insight into the absurdity of certain ridiculous situations they encounter.

While interviewing Ulrich Plenzdorf at his home in November of 1975, I asked him to indicate what *he* considered to be the central theme or main problem in *Die neuen Leiden des jungen W.*. Although not usually receptive to this sort of inquiry, he said the following about the purpose of his book: "It is an attempt to probe the possibilities and limits of the achievement principle, to call it into question to the extent that it is a consistently pursued policy, as this story shows and as is gradually becoming evident in our society. And I believe that a number of problems are a direct result of this policy."[1] By "achievement principle," Plenzdorf means the pressure that society consciously puts on the individual at each stage in his development to excel, to make something of himself. In the case of Edgar Wibeau, as with other young persons in Plenzdorf's country and elsewhere, the pressure to achieve exerted during the formative years by parents and teachers is a source of considerable emotional stress. An exception to the rule, Edgar is able to escape from the typical "achievement syndrome," albeit temporarily, to get back in touch with himself and to indulge his own interests for a while. However, more than a decade of behavioral conditioning is not easily suppressed; the ingrained drive to succeed cannot be denied indefinitely. When Edgar becomes obsessed with the idea of inventing a mistless paint sprayer, in an effort to accomplish something no other human being had ever done, it marks his return to the yoke of achievement. His senseless and premature death can only be understood symbolically; it is neither a form of suicide nor the fulfillment of a latent death wish. On the contrary, Plenzdorf's hero succumbs to and is literally consumed by the object of his absorbing, unnatural passion to achieve.

Richard A. Zipser
Oberlin College

---

[1]The German text is as follows: ,,Es befaßt sich mit der Frage nach den Möglichkeiten und den Grenzen des Leistungsprinzips und versucht es insoweit in Frage zu stellen, als daß es eben sehr konsequent betrieben wird, wie es diese Story hier zeigt und wie es sich in unserer Gesellschaft langsam herausstellt. Und ich finde, daß diese Konsequenz eine ganze Reihe von Problemen hervorruft"

Die neuen Leiden
des jungen W.

3. die **Wohnlaube** primitive garden house   die **Kolonie Paradies II** typical name for a colony of garden houses in Berlin

4. der **Stadtbezirk** city district (Lichtenberg is located in the eastern part of Berlin.)

5. die **Ermittlung** inquiry, investigation

6. **ergeben** to reveal   **sich aufhalten** to reside, be living

7. **unangemeldet** not registered (with the police)   **auf Abriß stehend** about to be torn down

8. **bei Basteleien** while tinkering (on an invention)   **unsachgemäß** improperly

9. **umgehen (mit)** to be occupied (with)

Notiz in der „Berliner Zeitung" vom 26. Dezember:

Am Abend des 24. Dezember wurde der Jugendliche Edgar W. in einer Wohnlaube der Kolonie
Paradies II im Stadtbezirk Lichtenberg schwer
verletzt aufgefunden. Wie die Ermittlungen der
Volkspolizei ergaben, war Edgar W., der sich seit
längerer Zeit unangemeldet in der auf Abriß
stehenden Laube aufhielt, bei Basteleien unsachgemäß mit elektrischem Strom umgegangen.

5

1. die **Anzeige**   notice (in a newspaper)

5. **vorhaben**   to intend to do (in life)

6. **VEB** = **Volkseigener Betrieb**   state-owned factory or concern; the abbreviation normally precedes the name of the concern (for example, VEB Hinstorff Verlag, Rostock).   **WIK** fictitious abbreviation for a housing-construction firm owned by the state

7. **AGL** = **Abteilungs-Gewerkschafts-Leitung**   subdivision of a trade union represented in a large state-owned factory or concern   **FDJ** = **Freie Deutsche Jugend**   youth movement of the German Democratic Republic which, in addition to organizing the usual outings and group activities, aims to prepare the young for membership in the Socialist Unity Party (**Sozialistische Einheitspartei Deutschlands**), by far the largest political party in the GDR.

Anzeige in der „Berliner Zeitung" vom 30. Dezember:

Ein Unfall beendete am 24. Dezember das Leben
unseres jungen Kollegen
Edgar Wibeau
Er hatte noch viel vor!
VEB WIK Berlin
AGL   Leiter   FDJ
                  Head / Director

1. **„Volkswacht"**   name of a newspaper   **Frankfurt/O.** = **Frank-furt an der Oder**   city on the eastern border of the GDR

3. der **Unfall**   accident, mishap

7. **K** = **das Kombinat**   combine of various interrelated state-owned factories or concerns which are coordinated under the leadership of the largest or most qualified (**VEB Hydraulik Mittenberg**) **Mittenberg**   fictitious city in the GDR

8. die **Berfusschule**   trade school

9. **unfaßbar**   inconceivable   **erliegen** *dat*   to die of, succumb to

12. die **Folge**   result, consequence

Anzeigen in der „Volkswacht" Frankfurt/O. vom
31. Dezember:

Völlig unerwartet riß ein tragischer Unfall unseren unvergessenen Jugendfreund
                Edgar Wibeau   5
aus dem Leben.
        VEB (K) Hydraulik Mittenberg
Berufsschule   Leiter   FDJ

Für mich noch unfaßbar erlag am 24. Dezember
mein lieber Sohn   10
                Edgar Wibeau
den Folgen eines tragischen Unfalls.
                        Else Wibeau

4. die **Fahndung**   police search

5. **jemandem Vorwürfe machen**   to reproach someone

6. **sich kümmern um**   to pay attention to

9. **bei meinem Lebenswandel**   considering my way of life (in the negative sense)

13. **war ich ... fertig mit ihm** *coll*   I was through with him

15. **im Werk**   in the factory

16. **bis dato = bis zu dem Datum**

17. **Durchschnitt eins Komma eins**   a 1.1 average (German equivalent of an A average)   **sich entpuppen (als)**   to turn out to be

18. **Schmeißt die Lehre!** *slang*   Throws away his training (just like that)!

21. **Bewahre**   (God) forbid   der **Kumpel** *coll* = der **Freund**

22. **Auf Tonband**   On tape   **geschwollen**   pompous

23. **sie**   them

24. **anhören**   to listen to   **unheimlich**   weird

8

1

„Wann hast du ihn zuletzt gesehen?"

„Im September. Ende September. Am Abend bevor er wegging."

„Hast du nie an eine Fahndung gedacht?"

„Wenn mir einer Vorwürfe machen kann, dann nicht du! Nicht ein Mann, der sich jahrelang um seinen Sohn nur per Postkarte gekümmert hat!"

„Entschuldige! – War es nicht dein Wunsch so, bei meinem Lebenswandel?!"

„Das ist wieder deine alte Ironie! – Nicht zur Polizei zu gehen war vielleicht das einzig Richtige, was ich gemacht hab. Selbst das war schließlich falsch. Aber zuerst war ich einfach fertig mit ihm. Er hatte mich in eine unmögliche Situation gebracht an der Berufsschule und im Werk. Der Sohn der Leiterin, bis dato der beste Lehrling, Durchschnitt eins Komma eins, entpuppt sich als Rowdy! Schmeißt die Lehre! Rennt von zu Hause weg! Ich meine. . .! Und dann kamen ziemlich schnell und regelmäßig Nachrichten von ihm. Nicht an mich. Bewahre. An seinen Kumpel Willi. Auf Tonband. Merkwürdige Texte. So geschwollen. Schließlich ließ sie mich dieser Willi anhören, die Sache wurde ihm selber unheimlich. Wo Edgar war, nämlich in Berlin, wollte er mir

9

1. **schlau werden aus** *coll* to figure out

2. **ging so viel daraus hervor** at least it was evident (from the tapes)

4. **gammeln** *coll* to bum around **vorkommen** to enter the picture

5. **mit der es . . . auseinanderging** with whom things didn't work out

6. **Sie heiratete!** She got married!

9. **Stop mal, stop!** Hey, wait a minute! **Ich hatte ganz schön was mit Mädchen** *coll* I had a lot of experience with girls

10. **mit vierzehn** at age fourteen

11. **allerhand Zeug** *coll* all sorts of things

13. **das war so meine Art** that was my style

15. **rumkriegen = herumkriegen** *coll* to seduce; to persuade

16. das **Alter** age

18. **ausgeprägt** pronounced

19. **angeben** *coll* to boast

20. **Leute** *coll* man **aufklären** to enlighten (about the birds and the bees)

21. **sich abrackern** *coll* to knock oneself out

22. **sich beölen** *slang* to die laughing **Pfötchen machen** *coll* to play dumb; to comply

23. **das war eine Sauerei** *coll* that (my behavior) was disgusting

25. der **Ausbilder** teacher in a trade school or factory workshop

27. die **Eisenplatte, Grundplatte** iron plate (made by casting)

28. **wie vor den Kopf geschlagen** dumbfounded

zunächst nicht sagen. Aus den Tonbändern wurde jedenfalls kein Mensch schlau. Immerhin ging so viel daraus hervor, daß Edgar gesund war, sogar arbeitete, also nicht gammelte. Später kam ein Mädchen vor, mit der es dann aber auseinander- 5
ging. Sie heiratete! Solange ich ihn *hier* hatte, hat er nichts mit Mädchen gehabt. Aber es war doch kein Fall für die Polizei!"

Stop mal, stop! – Das ist natürlich Humbug. Ich hatte ganz schön was mit Mädchen. Zum erstenmal mit vier- 10
zehn. Jetzt kann ich's ja sagen. Man hatte so allerhand Zeug gehört, aber (nichts Bestimmtes.) Da wollte ich's endlich genau wissen, das war so meine Art. Sie hieß Sylvia. Sie war ungefähr drei Jahre älter als ich. Ich brauchte knapp sechzig Minuten, um sie rumzukriegen. 15
Ich finde, das war eine gute Zeit für mein Alter, und wenn man bedenkt, daß ich noch nicht meinen vollen Charme hatte und nicht dieses ausgeprägte Kinn. Ich sag das nicht, um anzugeben, sondern daß sich keiner ein falsches Bild macht, Leute. Ein Jahr später klärte 20
mich Mutter auf. Sie rackerte sich ganz schön ab. Ich Idiot hätte mich beölen können, aber ich machte Pföt-chen wie immer. Ich glaube, das war eine Sauerei.

„Wieso entpuppte er sich als Rowdy?!"
„Er hat seinem Ausbilder den Zeh gebrochen." 25
„Den Zeh?"
„Er hat ihm eine schwere Eisenplatte auf den Fuß geworfen, eine Grundplatte. Ich war wie vor den Kopf geschlagen. Ich meine. . .!"
„Einfach so?" 30
„Ich war nicht dabei, aber der Kollege Flemming

2. **zuverlässig** reliable

3. die **Werkstatt** shop

4. **zum Feilen** to be filed

5. **beim Nachmessen** while checking the measurement

6. **jemandem auffallen** to strike, occur to a person

8. **aus dem Automaten** from the vending machine, automat

10. **sich besorgen** to fetch

11. **bis auf ein Hundertstel** down to a hundredth part (that is, a very accurate measurement)

16. der **Meister** term of address for a teacher in a trade school or a supervisor in a factory workshop; master of his craft

18. **halten für** to take to be   die **Dinger** *coll* = die **Dinge**

19. die **Eierlegemaschine** egg-producing automat

20. das **Stichwort** cue

21. **abmachen** to agree upon

24. **zurechtschruppen** *coll* to file (*literally,* to scrub) down to size

26. **aus dem Hut** *coll* off the top of my head

28. **vorhaben** to have in mind   **sich raushalten** = **sich heraushalten** to keep out of (trouble)

sagte mir – das ist der Ausbilder, ein erfahrener
und alter Ausbilder, zuverlässig –, daß es *so* war:
Er verteilt morgens in der Werkstatt die Werk-
stücke, eben diese Grundplatten, zum Feilen. Und
die Burschen feilen auch, und beim Nachmessen   5
fällt ihm auf, Edgars Nachbar, Willi, hat da eine
Platte fertig, aber die hat er nicht gefeilt, die war
aus dem Automaten. In der Produktion werden
die Grundplatten natürlich automatisch gefertigt.
Der Junge hat sie sich besorgt und zeigt sie jetzt   10
vor. Sie ist natürlich genau bis auf ein Hundertstel. Er sagt ihm das: Die ist aus dem Automaten.
Willi: Aus was für einem Automaten?
Flemming: Aus dem Automaten in Halle zwei.
Willi: Ach, da steht ein Automat?! – Das kann   15
ich doch gar nicht wissen, Meister. In der Halle
waren wir zum letztenmal, als wir anfingen mit
der Lehre, und da hielten wir die Dinger noch
für Eierlegemaschinen.
Und das war dann Edgars Stichwort, das war   20
natürlich alles vorher abgemacht: Also nehmen
wir mal an, da steht ein Automat. Kann ja sein.
Da fragt man sich doch, warum wir dann die
Grundplatten mit der Feile zurechtschruppen
müssen. Und das im dritten Lehrjahr."   25

Gesagt hab ich das. Das stimmt. Aber aus dem Hut.
Abgemacht war überhaupt nichts. Ich wußte, was Willi
und die anderen vorhatten, wollte mich aber raushalten, wie immer.

„Flemming: Was hab ich euch gesagt, als ihr bei   30
mir angefangen habt? – Ich hab euch gesagt:

2. **auslernen** to finish one's apprenticeship

4. der **Wahlspruch** motto

8. **blöd** silly

9. die **Einstellung** attitude (toward his apprentices) das **Mittel-alter** Middle Ages die **Manufakturperiode** days when everything was made by hand

10. **Bis da** = **ßis dann** sich *dat* etwas **verkneifen** *coll* to deny oneself something

11. **anschließend** subsequently

12. **mit dermaßen Kraft** with such force

13. **wie vom Donner gerührt** thunderstruck

15. **Bis auf zwei Kleinigkeiten** Except for two details

17. **oll** *coll* = **alt**

18. **oder was** *coll* = **oder etwas** or whatever

19. **etwas fallen lassen** to let something drop **dann auch** after all

22. **lostoben** to rage

23. **am allerwenigsten** least of all

24. **Da setzte es bei mir aus** *coll* That did it

26. **Kein Aas** *slang* = **Niemand**

29. **Wert auf etwas legen** to attach importance to something **seine Sache** *coll* (that's) his business

Hier habt ihr ein Stück Eisen! Wenn ihr aus dem
eine Uhr machen könnt, habt ihr ausgelernt.
Nicht früher und nicht später.
Das ist so sein Wahlspruch.
Und Edgar: Aber Uhrmacher wollten wir eigent-   5
lich schon damals nicht werden."

Das wollte ich Flemming schon lange mal sagen. Das
war nämlich nicht nur sein blöder Wahlspruch, das war
seine ganze Einstellung aus dem Mittelalter: Manufakturperiode. Bis da hatt ich's mir immer verkniffen.   10

„Und anschließend warf ihm Edgar dann diese
Grundplatte auf den Fuß und mit dermaßen
Kraft, daß ein Zeh brach. Ich war wie vom Don-
ner gerührt. Ich wollte das erst nicht glauben."

Stimmt alles. Bis auf zwei Kleinigkeiten. Erstens hab   15
ich die Platte nicht *geworfen*. Das brauchte ich nicht.
Diese Platten waren auch so schwer genug, einen ollen   *alt*
Zeh oder was zu brechen, einfach durch ihre Masse. Ich
brauchte sie bloß fallen zu lassen. Was ich dann auch   *only-simply*
machte. Und zweitens ließ ich sie nicht *anschließend*   20
fallen, sondern erst sagte Flemming noch einen kleinen
Satz, nämlich er tobte los: Von dir hätte ich das am
allerwenigsten erwartet, Wiebau!
Da setzte es bei mir aus. Da ließ ich die Platte fallen.
Wie das klingt: Edgar Wiebau! – Aber Edgar Wi-   25
beau! Kein Aas sagt ja auch Nivau statt Niveau. Ich
meine, jeder Mensch hat schließlich das Recht, mit seinem richtigen Namen richtig angeredet zu werden.
Wenn einer keinen Wert darauf legt – seine Sache.
Aber ich legte nun mal Wert darauf. Das ging schon   30

1. **sich gefallen lassen** to put up with **egal weg** *coll* without objecting

3. **sich einbürgern** to come to be accepted **nun mal = nun einmal**

6. **unsereins** the likes of us

8. **Das wär echt säuisch!** *slang* That would be really gross!

9. die **Hugenotten** Huguenots (German descendants of the French Huguenot Protestants who were granted asylum by the Elector of Brandenburg after their suppression in France at the end of the 17th century have traditionally been proud of their heritage and foreign-sounding names.) **na und?** what do you say to that?

12. **eine echte Sauerei** *slang* a real mess **Mir war gleich klar** I realized immediately

13. **kein Schwein** *slang* = **niemand** die **Ausbildung** instruction, schooling

15. **schwindlig** dizzy

18. der **Blutdruck** blood pressure

21. **scheuen** to shrink from

23. **scharf auf etwas sein** *slang* to be keen on something das **Nachspiel** aftermath

25. **zu seinem Verhalten** about his behavior

26. **Ich hätt mir doch lieber sonstwas abgebissen, als** *slang* I'd rather have done anything else than

27. **irgendwas ... sülzen** *slang* to say something expedient

28. **sich verpflichten** to pledge

30. **entwürdigend** degrading

jahrelang so. Mutter ließ sich das egal weg gefallen, mit
Wiebau angeredet zu werden. Sie war der Meinung,
das hätte sich nun mal so eingebürgert, und sie wär
nicht gestorben davon und überhaupt alles, was sie im
Werk geworden ist, ist sie unter dem Namen Wiebau   5
geworden. Und natürlich hieß unsereins dann auch
Wiebau! Was ist denn mit Wibeau? Wenn's Hitler wär
oder Himmler! Das wär echt säuisch! Aber so?
Wibeau ist ein alter Hugenottenname, na und? –
Trotzdem war das natürlich kein Grund, olle Flem-   10
ming die olle Platte auf seinen ollen Zeh zu setzen. Das
war eine echte Sauerei. Mir war gleich klar, daß jetzt
kein Schwein mehr über die Ausbildung reden würde,
sondern bloß noch über die Platte und den Zeh. Manchmal war mir eben plötzlich heiß und schwindlig, und   15
dann machte ich was, von dem ich nachher nicht mehr
wußte, was es war. Das war mein Hugenottenblut,
oder ich hatte einen zu hohen Blutdruck. Zu hohen
Hugenottenblutdruck.

    „Du meinst, Edgar hat einfach die Konsequenz   20
    der Sache gescheut und ist deshalb weg?"
    „Ja. Was sonst?"

Ich will mal sagen: Besonders scharf war ich auf das
Nachspiel nicht. „Was sagt der Jugendfreund Edgar
Wibeau(!) zu seinem Verhalten zu Meister Flem-   25
ming?" Leute! Ich hätt mir doch lieber sonstwas abgebissen, als irgendwas zu sülzen von: Ich sehe ein. . . Ich
werde in Zukunft. . ., verpflichte mich hiermit. . . und
so weiter! Ich hatte was gegen Selbstkritik, ich meine:
gegen öffentliche. Das ist irgendwie entwürdigend. Ich   30
weiß nicht, ob mich einer versteht. Ich finde, man muß

2. das **Vorbild** model (for life)   **Alle forzlang** *slang* Time and time again

5. **ich stell mich doch nicht auf den Markt damit** *coll* I don't make a big thing of it

9. **Ich hab's dann bleibenlassen** *coll* I didn't bother to do it

11. **Kein Aas von Lehrer** *slang* Not one of the teachers   **sich trauen** to dare, be so bold as

12. **eine Fünf** a bad grade (The German grading scale is from 1 to 6 instead of from A to F.)

14. **sich streiten** to quarrel

15. **sich runterschmeißen** *coll* to throw oneself down

20. **großer Quatsch** *coll* utter nonsense

21. **Das wolln wir mal festhalten** *coll* Let's keep that in mind

24. der **Anstreicher** housepainter   **sich durchschlagen** to make one's way   **Spaß haben** to have fun

26. die **Erfindung** invention

27. **über den Jordan gehen** *slang* to die   der **Mist** *coll* bad luck

28. **trösten** to comfort

29. der **Scherz** joke

30. **Ansonsten ist Bedauern jenseits des Jordans nicht üblich** Besides, pity isn't common on the other side of the river Jordan

31. **was uns blüht** *coll* what's in store for us

dem Menschen seinen Stolz lassen. Genauso mit diesem Vorbild. Alle forzlang kommt doch einer und will hören, ob man ein Vorbild hat und welches, oder man muß in der Woche drei Aufsätze darüber schreiben. Kann schon sein, ich hab eins, aber ich stell mich doch nicht auf den Markt damit. Einmal hab ich geschrieben: Mein größtes Vorbild ist Edgar Wibeau. Ich möchte so werden, wie er mal wird. Mehr nicht. Das heißt: Ich wollte es schreiben. Ich hab's dann bleibenlassen, Leute. Dabei wäre der Aufsatz höchstens nicht gewertet worden. Kein Aas von Lehrer traute sich doch, mir eine Fünf oder was zu geben.

„Kannst du dich an sonst noch was erinnern?"
„An einen Streit natürlich? – Wir haben uns nie gestritten. Doch, einmal schmiß er sich vor Wut die Treppen runter, weil ich ihn irgendwohin nicht mitnehmen wollte. Da war er fünf, wenn du *das* meinst. – Trotzdem wird alles wohl meine Schuld sein."

Das ist großer Quatsch! Hier hat niemand schuld, nur ich. Das wolln wir mal festhalten! – Edgar Wibeau hat die Lehre geschmissen und ist von zu Hause weg, *weil er das schon lange vorhatte.* Er hat sich in Berlin als Anstreicher durchgeschlagen, hat seinen Spaß gehabt, hat Charlotte gehabt und hat beinah eine große Erfindung gemacht, *weil er das so wollte!*
Daß ich dabei über den Jordan ging, ist echter Mist. Aber wenn das einen tröstet: Ich hab nicht viel gemerkt. 380 Volt sind kein Scherz, Leute. Es ging ganz schnell. Ansonsten ist Bedauern jenseits des Jordans nicht üblich. Wir alle hier wissen, was uns blüht. Daß wir auf-

2. **mau** *slang* = **schlecht**

Fragen

1. Warum besucht Edgars Vater seine frühere Frau? (S. 9)
2. Weshalb ging die Mutter nach dem Verschwinden Edgars nicht zur Polizei? (S. 9)
3. Wie erhielt die Mutter Nachrichten von Edgar? (S. 9)
4. Was ging aus den Tonbändern hervor, die Edgar an seinen Kumpel Willi schickte? (S. 11)
5. Beschreiben Sie Edgars Verhältnis zu Mädchen! (S. 11)
   —in den Augen seiner Mutter.
   —in seinen Augen.
6. Wie hat Edgar seinem Ausbilder den Zeh gebrochen? (S. 11)
7. Woher hatte Edgars Nachbar, Willi, die gefeilte Grundplatte? (S. 13) Warum war das falsch?
8. Hatte Edgar alles mit Willi vorher abgemacht? (S. 13) Was meinte seine Mutter? Was meinte Edgar?
9. Was sagte Flemming zur Lehrlingsausbildung? (S. 13–15) Was meinte Edgar dazu? (S. 15)
10. Hat Edgar seinem Ausbilder eigentlich die Platte auf den Fuß geworfen? (S. 15)
11. Wann hat Edgar dem Ausbilder die Platte auf den Fuß fallen lassen? (S. 15)
12. Legte Edgar Wert darauf, mit seinem richtigen Namen angeredet zu werden? (S. 15–17) Ist seine Mutter auch seiner Meinung?
13. Was war Edgar gleich klar nach seinem Tod? (S. 17)
14. Warum spricht Edgar von seinem Hugenottenblut? (S. 17)
15. Wie versucht Edgars Mutter, das Verschwinden ihres Sohnes zu erklären? (S. 17)
16. Warum wollte sich Edgar nicht für den Vorfall entschuldigen? (S. 17)
17. Weshalb findet Edgar Selbstkritik entwürdigend? (S. 17–19)
18. Hält Edgar viel von Vorbildern? Erklären Sie Ihre Antwort! (S. 19)
19. Was ist ,,individualistisch" an Edgars Charakter? (S. 19)
20. Hatte Edgar mit seiner Mutter Streit? (S. 19)

hören zu existieren, wenn ihr aufhört, an uns zu denken. Meine Chancen sind da wohl mau. Bin zu jung
gewesen.

---

21. Wer ist Edgars Meinung nach daran schuld, daß er von zu Hause
    wegging? (S. 19)
22. Was sagt Edgar über seinen eigenen Tod? (S. 19)
23. Wie sieht er die Situation „jenseits des Jordans"? (S. 19–21)

2. **Angenehm** Pleased to meet you; pleasant

3. **Salute = Grüß dich**   **zeitlebens** during my lifetime

4. der **Gefallen** favor

5. **oder wo = oder wo auch immer** or wherever   **nach Schuld zu wühlen** *coll* to search (one's soul) for guilt

6. **sich zusammenreißen** *coll*   to pull oneself together

7. **besprechen** to record

8. **greifbar** available, handy

9. **gelengentlich** at some time or other

12. **kurz und gut** in short, in a word   die **Bekanntschaft** acquaintance

13. **die mein herz näher angeht** who has won my heart

14. **und doch bin ich nicht imstande** and yet I find it impossible

15. **vollkommen** perfect

16. **genug** suffice it to say   **sie hat allen meinen sinn gefangengenommen** she has captivated all my senses

19. **wahre teilnehmung an mir und meinem schicksal** genuine interest in me and my fate

20. **all begier schweigt in ihrer gegenwart** all passion is still in her presence

2

„Mein Name ist Wibeau."
„Angenehm. – Lindner, Willi."

Salute, Willi! Du warst zeitlebens mein bester Kumpel, tu mir jetzt einen Gefallen. Fang nicht auch an, in deiner Seele oder wo nach Schuld zu wühlen und so. 5
Reiß dich zusammen.

„Es soll Tonbänder von Edgar geben, die er besprochen hat? Sind sie greifbar? Ich meine, kann ich sie hören? Gelegentlich?"
„Ja. Das geht." 10

Die Tonbänder:

kurz und gut / wilhelm / ich habe eine bekanntschaft gemacht / die mein herz näher angeht –
einen engel – und doch bin ich nicht imstande / dir
zu sagen / wie sie vollkommen ist / warum sie voll- 15
kommen ist / genug / sie hat allen meinen sinn gefangengenommen – ende

nein / ich betrüge mich nicht – ich lese in ihren
schwarzen augen wahre teilnehmung an mir und
meinem schicksal – sie ist mir heilig – alle begier 20

2. der **bräutigam** fiancé

3. **beim empfange** at their meeting

4. **zerreißen** to tear apart, break (one's heart)

5. **er will mir wohl** he shows a regard for me   **vermuten** to suspect   **lottens werk** Lotte's doing

6. **darin** in such matters   **fein** tactful, subtle

7. **wenn sie zwei verehrer in gutem vernehmen miteinander erhalten können** if they can keep two rivals on good terms with each other

8. der **vorteil** advantage, gain

9. **so selten es auch angeht** seldom though it may happen

10. **überstehen** to endure, bear

12. **nach luft schnappen** to gasp for breath   **(ich) suche mich zu beruhigen** (I) struggle to compose myself

13. **mit sonnenaufgang** at sunrise

14. **sind die pferde** *The sentence trails off here*

15. **der strom des genies** the torrent of genius

16. **ausbrechen** to burst forth   **so selten in hohen fluten hereinbraust und eure staunende seele erschüttert** so seldom rolls in full-flowing stream, overwhelming your astounded soul   .

18. **gelassen** calm, collected

19. **auf beiden seiten des ufers** on either side of this stream

20. das **tulpenbeet** flowers (*literally,* tulip bed)   das **krautfeld** vegetables (*literally,* cabbage field)   **zugrunde gehen** *dat* to perish, be ruined (by the torrent)

21. **die daher in zeiten mit dämmen und ableiten der künftig drohenden gefahr abzuwenden wissen** wherefore they dig trenches, and raise embankments betimes, in order to avert the impending danger

24. **stumm** silent, speechless   **in sich selbst zurückkehren** to withdraw into oneself

26. **die ihr mich in das joch geschwatzt** you who coaxed me into this yoke

27. **jemandem (etwas) vorsingen** *coll* to preach to someone

28. die **entlassung** release

schweigt in ihrer gegenwart – ende

genug / wilhelm / der bräutigam ist da – glücklicherweise war ich nicht beim empfange – das
hätte mir das herz zerrissen – ende

er will mir wohl / und ich vermute / das ist lottens   5
werk / denn darin sind die weiber fein und haben
recht / wenn sie zwei verehrer in gutem vernehmen
miteinander erhalten können / ist der vorteil immer
ihr / so selten es auch angeht – ende

das war eine nacht – wilhelm / nun überstehe ich   10
alles – ich werde sie nicht wiedersehn – hier sitz
ich und schnappe nach luft / suche mich zu beruhigen / erwarte den morgen / und mit sonnenaufgang sind die pferde

o meine freunde / warum der strom des genies so   15
selten ausbricht / so selten in hohen fluten hereinbraust und eure staunende seele erschüttert –
liebe freunde / da wohnen die gelassenen herren
auf beiden seiten des ufers / denen ihre gartenhäuschen / tulpenbeete und krautfelder zugrunde   20
gehen würden / die daher in zeiten mit dämmen
und ableiten der künftig drohenden gefahr abzuwenden wissen – das alles / wilhelm / macht mich
stumm – ich kehre in mich selbst zurück und finde
eine welt – ende   25

und daran seid ihr alle schuld / die ihr mich in das
joch geschwatzt und mir so viel von aktivität vorgesungen habt – aktivität – ich habe meine ent-

1. **beibringen** to tell, communicate   **in einem Säftchen** as gently as possible

5. **annehmen** to assume, suppose

6. die **Schwarte** *slang* = **altes Buch**   **Reclamheft** inexpensive paperback published by Verlag Philipp Reclam in Leipzig

8. **flöten gehen** *slang* to disappear, get lost   das **Klo** *coll* = das **Klosett** toilet, water closet

12. **ausgedacht** made up

13. **sich anhören** to sound

14. **sich** *dat* **etwas ausdenken** to think of

19. **von mir aus** *coll* if you like   die **Rechenmaschine** calculating machine

20. die **Pappe** cardboard   **baun** = **bauen**

24. **DIN A 2** standard size of a sheet of paper

25. **was für Motive** *coll* = **welche Motive**

29. **durchweg** exclusively

30. das **Hirn** brain

lassung verlangt — bringe das meiner mutter in
einem säftchen bei — ende

„Verstehn Sie's?"
„Nein. Nichts . . ."

Könnt ihr auch nicht. Kann keiner, nehme ich an. Ich 5
hatte das aus dieser alten Schwarte oder Heft. Reclam-
heft. Ich kann nicht mal sagen, wie es hieß. Das olle
Titelblatt ging flöten auf dem ollen Klo von Willis
Laube. Das ganze Ding war in diesem unmöglichen
Stil geschrieben. 10

„Ich denke manchmal — ein Code."
„Für einen Code hat es zuviel Sinn. Ausgedacht
hört es sich auch wieder nicht an."
„Bei Ed wußte man nie. Der dachte sich noch
ganz andere Sachen aus. Ganze Songs zum Bei- 15
spiel. Text und Melodie! Irgendein Instrument,
das er nach zwei Tagen nicht spielen konnte,
gab's überhaupt nicht. Oder nach einer Woche,
von mir aus. Er konnte Rechenmaschinen aus
Pappe baun, die funktionieren heute noch. Aber 20
die meiste Zeit haben wir gemalt."
„Edgar hat gemalt? — Was waren das für
Bilder?"
„Immer DIN A 2."
„Ich meine: was für Motive? Oder kann man 25
welche sehen?"
„Nicht möglich. Die hatte er alle bei sich. Und
,Motive' kann man nicht sagen. Wir malten
durchweg abstrakt. Eins hieß: Physik. Und: Chemie. Oder: Hirn eines Mathematikers. Bloß, 30

27

2. der **ordentliche Beruf**   respectable, decent job

3. der **Ärger**   trouble

4. **sauer** *coll* = **böse**   angry, cross   **rauskriegen** *coll* = **heraus-kriegen**   to find out

5. **mal wieder** *coll* = **wieder einmal**

6. der **Erzeuger** = der **Vater** (*literally,* sire, procreator)

8. **zurückhalten**   to conceal, withhold   **hin und wieder**   now and then

10. **anstinken** *slang* = **ärgern**   to annoy, aggravate   **fast gar nicht** *slang* = **sehr**

11. das **Briefgeheimnis**   private letter (not to be opened, under penalty of law, by anyone other than the addressee)

12. **eindeutig**   clearly, plainly

13. **Jeder Blöde** *coll*   Any fool, jerk

15. der **Schlamper** *coll*   slovenly person   **saufen** *coll*   to drink excessively, booze

16. **der es ewig mit Weibern hatte** *coll*   who was always running around with women   **schwarz**   notorious (*literally,* black)

17. **Der mit seiner Malerei**   He and his painting

18. **was... allemal an der Malerei lag**   which was always due to the paintings themselves

21. **Jedenfalls... Quatsch** *coll* *word order*   (**Jedenfalls ist es Quatsch, daß Ed wegen dieser Sache mit Flemming wegging, was die meisten denken.**)

25. **ausstehen**   to put up with, endure   **Chef in allen Fächern**   tops in all subjects

26. **pauken** *coll*   to work hard, cram   **er hielt sich... aus allem raus** *coll*   he kept out of everything

28. das **Muttersöhnchen**   mama's boy

29. der **Stier** *coll*   person who can be aggressive, recalcitrant (*literally,* bull)

30. **überhören**   to ignore

31. der **Minirock**   miniskirt

seine Mutter war dagegen. Ed sollte erst einen
‚ordentlichen Beruf‘ haben. Ed hatte ziemlich
viel Ärger deswegen, wenn Sie das interessiert.
Aber am sauersten war er immer, wenn er raus-
kriegte, daß sie, also seine Mutter, mal wieder 5
eine Karte von seinem Erzeuger. . ., ich meine:
von seinem Vater. . ., ich meine: von Ihnen zurückgehalten hatte. Das kam hin und wieder vor.
Dann war er immer ungeheuer sauer.“

Das stimmt. Das stank mich immer fast gar nicht an. 10
Schließlich gab es immer noch so was wie ein Briefgeheimnis, und die Karten waren eindeutig an mich.
An Herrn Edgar Wibeau, den ollen Hugenotten. Jeder
Blöde hätte gemerkt, daß ich eben nichts wissen sollte
über meinen Erzeuger, diesen Schlamper, der soff und 15
der es ewig mit Weibern hatte. Der Schwarze Mann
von Mittenberg. Der mit seiner Malerei, die kein
Mensch verstand, was natürlich allemal an der Malerei
lag.

„Und deswegen ging Edgar weg, glauben Sie?“ 20
„Ich weiß nicht. . . Jedenfalls, was die meisten
denken, Ed ging weg wegen dieser Sache mit
Flemming, das ist Quatsch. Warum er das gemacht hat, versteh ich zwar auch nicht. Ed hatte
sich nichts auszustehen. Er war Chef in allen Fä- 25
chern, ohne zu pauken. Und er hielt sich sonst
immer aus allem raus. Ärger gab es bei uns öfter.
Viele sagten: Muttersöhnchen. Natürlich nicht
öffentlich. Ed war ein kleiner Stier. Oder er
hätte es überhört. Beispielsweise das mit den 30
Miniröcken. Die Weiber, ich meine: die Mädchen

1. **bleibenlassen**   to resist, stop

3. **aufkreuzen** *coll* = **erscheinen**   to appear, show up

4. **X-mal** *coll*   Umpteen times

6. **alle Jungs**   all the boys   **zur Arbeit antreten**   to report for work

7. die **Superschau** *coll*   tremendous spectacle

9. **albern**   silly, foolish

11. **vertrieft** *coll* = **schläfrig**   drowsy

13. **von mir aus** *coll*   for all I care, as far as I'm concerned

14. **ein echter Jux** *coll*   a great joke

16. **Muttern** *Berlin dialect* = **Mutter**   **jemandem Ärger machen**   to cause trouble for someone

18. **überhaupt**   generally   **an etwas gewöhnt sein**   to be accustomed, used to something

19. **Auf die Art**   Thus

20. **sich** *dat* **etwas verkneifen** *coll*   to deny oneself something

22. **weshalb ich zu Hause kündigte** *coll*   why I "gave notice" at home

23. **als lebender Beweis . . . (he)rumlaufen**   to run around as living proof (of something)

25. **erziehen**   to raise (a child)   **Das sollte es doch sein**   That's what it was meant to be

26. **auf den Gedanken kommen**   to think of suddenly, hit upon the idea

28. **abkratzen** *slang* = **sterben**   to kick the bucket   **schwarze Pocken**   smallpox

aus unserer Klasse, sie konnten es nicht bleibenlassen, in diesen Miniröcken in der Werkstatt
aufzukreuzen, zur Arbeit. Um den Ausbildern
was zu zeigen. X-mal hatten sie das schon verboten. Das stank uns dann so an, daß wir mal, 5
alle Jungs, eines Morgens in Miniröcken zur
Arbeit antraten. Das war eine ziemliche Superschau. Ed hielt sich da raus. Das war ihm wohl
auch zu albern."

Leider hatte ich nichts gegen kurze Röcke. Man kommt 10
morgens völlig vertrieft aus dem ollen Bett, sieht die
erste Frau am Fenster, schon lebt man etwas. Ansonsten kann sich von mir aus jeder anziehen, wie er will.
Trotzdem war die Sache ein echter Jux. Hätte von mir
sein können, die Idee. Rausgehalten hab ich mich ein- 15
fach, weil ich Muttern keinen Ärger machen wollte.
Das war wirklich ein großer Fehler von mir: Ich wollte
ihr nie Ärger machen. Ich war überhaupt daran gewöhnt, nie jemand Ärger zu machen. Auf die Art muß
man sich dann jeden Spaß verkneifen. Das konnte 20
einen langsam anstinken. Ich weiß nicht, ob mich einer
versteht. Damit sind wir beim Thema, weshalb ich zu
Hause kündigte. Ich hatte einfach genug davon, als
lebender Beweis dafür rumzulaufen, daß man einen
Jungen auch sehr gut ohne Vater erziehen kann. Das 25
sollte es doch sein. An einem Tag war ich mal auf den
blöden Gedanken gekommen, was gewesen wär, wenn
ich plötzlich abkratzen müßte, schwarze Pocken oder
was. Ich meine, was ich dann vom Leben gehabt hätte.
Den Gedanken wurde ich einfach nicht mehr los. 30

„Wenn Sie mich fragen – Ed ging weg, weil er

1. **Mist war bloß** *slang*   It was simply too bad

2. die **Kunsthochschule**   art institute

3. **ablehnen**   to reject, turn down, refuse

5. **Unbegabt**   Untalented   **Phantasielos**   Unimaginative

7. *Fakt* **war** *coll*   it was a fact

8. **nicht die Bohne was taugten** *coll*   weren't worth a hill of beans, a plug nickel

10. **was Echtes = etwas Echtes**   something real, genuine   **wiedererkennen**   to recognize

13. **war die Szene an sich nicht schlecht**   it wasn't really a bad scene

14. **klotzen** *slang* = **marschieren**   **gleich rein = gleich herein**   right in (without knocking)

16. **knallhart** *coll*   with authority, decisively   **blättern**   to lay out (one by one)

21. **Nicht daß ich wüßte**   Not that I know of   **Wozu auch?**   And what for? (Why should I?)

22. **rausschmeißen = herausschmeißen** *coll*   to throw (someone) out

23. **hart**   tough   **bei der Stange bleiben** *coll*   not to give up control, to persevere

26. die **Ausstellung**   exhibit

28. **etwas gut d(a)rauf haben** *coll*   to be good at something, have something down pat

29. der **Tiefschlag**   low blow

32. **nuscheln = murmeln**   to mumble

Maler werden wollte. Das war der Grund. Mist war bloß, daß sie ihn an der Kunsthochschule ablehnten in Berlin."

„Warum?"

„Ed sagte: Unbegabt. Phantasielos. Er war ziemlich sauer."

angry

War ich! Aber *Fakt* war, daß meine gesammelten Werke nicht die Bohne was taugten. Weshalb malten wir denn die ganze Zeit abstrakt? – Weil ich Idiot nie im Leben was Echtes malen konnte, daß man es wiedererkannt hätte, einen ollen Hund oder was. Ich glaube, das mit der ganzen Malerei war eine echte Idiotie von mir. Trotzdem war die Szene an sich nicht schlecht, wie ich da in diese Hochschule klotzte und gleich rein in das Zimmer von diesem Professor und wie ich ihm meine gesammelten Werke knallhart auf den Tisch blätterte.

Er fragte erst mal: Wie lange machen Sie das schon?

Ich: Weiß nicht! Schon lange.

Ich sah ihn nicht mal an dabei.

Er: Haben Sie einen Beruf?

Ich: Nicht daß ich wüßte. Wozu auch?

Mindestens da hätte er mich rausschmeißen müssen! Aber der Mann war hart. Er blieb bei der Stange!

Er: Hat das irgendeine Ordnung? Was ist das letzte, was das erste?

Er meinte meine Ausstellung auf seinem Tisch.

Ich: Die frühen Sachen liegen links.

Die frühen Sachen! Leute! Das hatte ich gut drauf. Das war ein Tiefschlag.

Er: Wie alt sind Sie?

Der Kerl war wirklich hart!

Ich nuschelte: Neunzehn!

mut

33

2. **Das ist keine Frage** That's beyond all doubt

3. **zeichnen** to draw, sketch

4. der **Zeichner** draftsman

7. **sich irren** to be mistaken, err

9. **bekanntlich** as everyone knows

10. **Eisern** *coll* Unbending, not giving in (*literally*, made of iron)
    verkannt unappreciated, unrecognized

14. **zureden** *dat* to encourage, persuade

16. **untertauchen** *coll* to disappear, drop out of sight

18. **Auf die Art kam man an Ed nicht (he)ran.** You couldn't get anywhere with Ed that way.

19. die **Laube** = die **Wohnlaube**

20. **versetzen** to relocate, transfer

21. **etwas loswerden** to get rid of something

22. **angeblich** supposedly **Neubauten** new buildings **für alle Fälle** in case of emergency

23. die **Bude** *coll* place **gut in Schuß sein** *coll* to be in good shape, condition

24. **in Augenschein nehmen** = **besichtigen** to inspect closely, examine

26. **hin sein** *coll* = **kaputt sein** to be irreparably damaged

27. **klauen** *coll* = **stehlen** die **Möbel** furniture

29. **auf Abriß stehen** to be about to be torn down

30. **sich festbeißen** *coll* to become obstinate, persist in something

31. **auspacken** to unpack

Ich weiß nicht, ob er mir das glaubte.

Er: Phantasie haben Sie. Das ist keine Frage, überhaupt keine, und zeichnen können Sie auch. Wenn Sie einen Beruf hätten, würde ich sagen: technischer Zeichner.

Ich fing an, meine Blätter einzupacken.

Er: Ich kann mich auch irren. Lassen Sie uns Ihre Sachen für ein paar Tage hier. Vier oder sechs Augen sehen bekanntlich mehr als zwei.

Ich packte ein. Eisern. Ein verkannteres Genie als mich hatte es noch nie gegeben.

„Trotzdem seid ihr in Berlin geblieben?"

„Ed – ich nicht. Ich konnte das nicht. Aber ich hab ihm noch zugeredet. Theoretisch war das auch richtig. Schließlich kann einer nirgends so gut untertauchen wie in Berlin und sich einen Namen machen. Ich meine, ich hab ihm nicht etwa gesagt, bleib hier oder so. Auf die Art kam man an Ed nicht ran. Wir hatten in Berlin eine Laube. Wir kamen aus Berlin, als Vater hierher versetzt wurde. Die Laube wurden wir nicht los, da sollten angeblich sofort Neubauten hin. Ich hatte für alle Fälle den Schlüssel. Diese Bude war noch ganz gut in Schuß. Wir nahmen sie also in Augenschein, und ich redete die ganze Zeit dagegen. Daß das Dach hin ist. Daß einer die ollen Decken vom Sofa geklaut hätte. Unsere alten Möbel waren da drin, wie das so ist. Und daß die Laube eben auf Abriß steht, wegen dieser Neubauten. Ed biß sich denn auch immer mehr fest. Er packte seine Sachen aus. Was heißt Sachen? Mehr als die Bilder hatte er eigentlich nicht, nur,

1. **auf dem Leib haben** *coll* = **tragen**   to be wearing   die **Rupfen-jacke**   burlap jacket

2. **nähen**   to sew   der **Kupferdraht**   copper wire

Fragen

1. Wie war Edgars Verhältnis zu Willi? (S. 23)
2. Welchen Gefallen soll Willi ihm tun? (S. 23)
3. Was hofft Edgars Vater von Willi zu erfahren? (S. 23)
4. Beschreiben Sie in eigenen Worten Edgars neue Bekanntschaft! (S. 23)
5. Ziehen Sie einige Parallele zwischen den Tonbändern und Edgars Leben! (S. 23–25)
6. Woher hatte Edgar die Zitate auf dem Tonband? (S. 27)
7. Beschreiben Sie den Stil, in dem die Tonbänder verfaßt sind! (S. 23–27)
8. Warum bezeichnet Edgar den Stil der Tonbänder als ,,unmöglich''? (S. 27)
9. Haben Edgars Vater und Willi die Tonbänder verstanden? (S. 27)
10. Was für Bilder hat Edgar gemalt? (S. 27)
11. Warum war die Mutter gegen Edgars Malerei? (S. 29)
12. Beschreiben Sie das Verhältnis zwischen Edgar und seinem Vater! (S. 29) Wie stellte sich seine Mutter dazu?
13. Weshalb reagierte Edgar ,,sauer'' auf die Handlungsweise seiner Mutter? (S. 29)
14. Warum glaubt Willi nicht, daß Edgar wegen der Sache mit Flemming von zu Hause wegging? (S. 29)
15. Was passierte in der Werkstatt wegen der Miniröcke der Mädchen? (S. 29–31)
16. Warum hielt sich Edgar aus dem Vorfall mit den Miniröcken heraus? (S. 31)
17. Weshalb ,,kündigte'' Edgar zu Hause? (S. 31)
18. Was hatte Edgar vor, als er nach Berlin ging? (S. 31–33)
19. Wie schätzt Edgar selbst seine Malerei ein? (S. 33)
20. Geben Sie das Gespräch zwischen Edgar und dem Professor an der Hochschule in eigenen Worten wieder! (S. 33–35)
21. Was hielt der Professor von Edgars Arbeit? (S. 35)
22. Beschreiben Sie Edgars Wohnlaube in Berlin! (S. 35)

tragen

was er auf dem Leib hatte. Seine Rupfenjacke,
die hatte er sich selber genäht, mit Kupferdraht,
und seine alten Jeans."

---

23. Wie überzeugte Willi seinen Freund, in der Laube zu bleiben? (S. 35)
24. Welche Sachen hatte Edgar in Berlin bei sich? (S. 35–37)

3. **verzichten auf** to forgo, do without

4. die **Lappen** *coll* clothing (*literally,* rags)   die **Jumo** = die **Jugendmode**   **tiffig** *slang* spic and span

7. **Händelsohn Bacholdy** fictitious German composer (a pun on Händel, Bach, and Mendelssohn-Bartholdy)

9. **sie rissen mich nicht gerade vom Hocker** *coll* they didn't exactly sweep me off my feet

11. der **Haufen Plunder** *coll* pile of junk   **so tut wie** pretends to be

13. der **Reißverschluß** zipper

14. die **Sorte** kind, sort, brand

18. **Es tröstete mich immer fast gar nicht** It always drove me up the wall

19. der **Knacker** *slang* old fogy, geezer

20. **verfettet** *coll* too fat   **zwängen** to force

21. **in der Taille zugeschnürt** forced together (closed) at the waist

22. die **Hufthosen** hip-huggers   **die einem von der Hüfte rutschen** which slide off of one's hips

24. **durch Reibungswiderstand obenbleiben** to stay up because of frictional resistance

3

Natürlich Jeans! Oder kann sich einer ein Leben ohne
Jeans vorstellen? Jeans sind die edelsten Hosen der
Welt. Dafür verzichte ich doch auf die ganzen synthe-
tischen Lappen aus der Jumo, die ewig tiffig aussehen.
Für Jeans konnte ich überhaupt auf alles verzichten,   5
außer der *schönsten Sache* vielleicht. Und außer Musik.
Ich meine jetzt nicht irgendeinen Händelsohn Bacholdy,
sondern echte Musik, Leute. Ich hatte nichts gegen
Bacholdy oder einen, aber sie rissen mich nicht gerade
vom Hocker. Ich meine natürlich echte Jeans. Es gibt ja   10
auch einen Haufen Plunder, der bloß so tut wie echte
Jeans. Dafür lieber gar keine Hosen. Echte Jeans dürfen
zum Beispiel keinen Reißverschluß haben vorn. Es gibt
ja überhaupt nur eine Sorte echte Jeans. Wer echter
Jeansträger ist, weiß, welche ich meine. Was nicht heißt, 15
daß jeder, der echte Jeans trägt, auch echter Jeansträger
ist. Die meisten wissen gar nicht, was sie da auf dem
Leib haben. Es tröstete mich immer fast gar nicht, wenn
ich so einen fünfundzwanzigjährigen Knacker mit Jeans
sah, die er sich über seine verfetteten Hüften gezwängt   20
hatte und in der Taille zugeschnürt. Dabei sind Jeans
Hüfthosen, das heißt Hosen, die einem von der Hüfte
rutschen, wenn sie nicht eng genug sind und einfach
durch Reibungswiderstand obenbleiben. Dazu darf
man natürlich keine fetten Hüften haben und einen fet-   25

1. **im Bund zugehen** to close at the waistline

2. **kapieren** *coll* = **verstehen**

3. **dem Abzeichen nach** according to the badge (one wears)

4. **prügeln** = **schlagen** to beat

9. **dann ist mit keinem mehr zu reden** *coll* then you can't reason with a person any more

12. **die einem nicht mehr zustehen** = **obwohl man es nicht mehr tun sollte**

13. **auf Rente** = **pensioniert** retired (living on social security) **mit Bauch und Hosenträgern** with a potbelly and suspenders

17. **es hätte keinen angestunken** *slang* it wouldn't have bothered anybody

19. **durchkommen** to survive, get along

23. **und damit gut** and that's all

27. **der Steher** *coll* obstinate cuss

29. **der Alleinerbe** sole heir **unterschätzen** to underestimate

30. **jemandem etwas einreden** to talk a person into something

31. **sauber** *coll* well-done (*literally*, clean)

ten Arsch schon gar nicht, weil sie sonst nicht zugehen im Bund. Das kapiert einer mit fünfundzwanzig schon nicht mehr. Das ist, wie wenn einer dem Abzeichen nach Kommunist ist und zu Hause seine Frau prügelt. Ich meine, Jeans sind eine Einstellung und keine Ho- 5 sen. Ich hab überhaupt manchmal gedacht, man dürfte nicht älter werden als siebzehn, achtzehn. Danach fängt es mit dem Beruf an oder mit irgendeinem Studium oder mit der Armee, und dann ist mit keinem mehr zu reden. Ich hab jedenfalls keinen gekannt. Vielleicht 10 versteht mich keiner. Dann zieht man eben Jeans an, die einem nicht mehr zustehen. Edel ist wieder, wenn einer auf Rente ist und trägt dann Jeans, mit Bauch und Hosenträgern. Das ist wieder edel. Ich hab aber keinen gekannt, außer Zaremba. Zaremba war edel. 15 Der hätte welche tragen können, wenn er gewollt hätte, und es hätte keinen angestunken.

„Ed wollte sogar, daß ich dableiben sollte. Wir kommen durch! sagte er. Aber das war nicht ge- plant, und ich konnte es auch nicht. Ed konnte 20 das, ich nicht. Ich wollte schon, aber ich konnte nicht.
Ed sagte dann noch: Zu Hause sag: Ich lebe, und damit gut. Das war das letzte, was ich von ihm hörte. Ich bin dann zurückgefahren.“ 25

Du bist in Ordnung, Willi. Du kannst so bleiben. Du bist ein Steher. Ich bin zufrieden mit dir. Wenn ich ein Testament gemacht hätte, hätte ich dich zu meinem Alleinerben gemacht. Vielleicht hab ich dich immer un- terschätzt. Wie du mir die Laube eingeredet hast, war 30 sauber. Aber ich hab es auch nicht ehrlich gemeint, daß

2. **zusammen fahren** to live together (*literally,* to travel together)

6. **kam ich ... in eine ganz verrückte Stimmung** I got into a really crazy mood

8. **pennen** *coll* = **schlafen**

9. **Meine Zeit war ran** *coll* The time had come

10. **ab jetzt** from now on **wozu ich Lust hatte** whatever I felt like, wanted to

11. **reinreden** = **hereinreden** *dat* to lecture (a person)

12. **nicht mal** = **nicht einmal** not even

14. **verstreuen** to scatter, strew about

15. **meine sämtlichen Plünnen und Rapeiken** *slang* all of my clothes and other belongings

17. **Das war der Clou** *coll* That was the greatest, the ultimate

18. das **Mikro** = das **Mikrophon** **anwerfen** *coll* = **einschalten** to switch on

19. die **Privatsendung** private broadcast

20. **Gerechte und Ungerechte** Righteous and unrighteous

21. **sich entspannen** to relax **scheuchen** to chase, shoo die **Geschwister** *pl* brothers and sisters

22. **sperren** to shut, close

23. der **Unverwüstliche** the irrepressible

du dableiben solltest. Ich meine, ehrlich schon. Wir wären gut gefahren zusammen. Aber wirklich ehrlich nicht.
Wenn einer sein Leben lang nie echt allein gewesen ist
und er *hat* plötzlich die Chance, dann ist er vielleicht
nicht ganz ehrlich. Ich hoffe, du hast es nicht gemerkt. 5
Wenn doch, vergiß es. Als du weg warst, kam ich jedenfalls noch in eine ganz verrückte Stimmung. Erst
wollte ich einfach pennen gehen, ganz automatisch.
Meine Zeit war ran. Dann fing ich erst an zu begreifen,
daß ich ab jetzt machen konnte, wozu ich Lust hatte. 10
Daß mir keiner mehr reinreden konnte. Daß ich mir
nicht mal mehr die Hände zu waschen brauchte vorm
Essen, wenn ich nicht wollte. Essen hätte ich eigentlich
müssen, aber ich hatte nicht *so* viel Hunger. Ich ver-
streute also zunächst mal meine sämtlichen Plünnen 15
und Rapeiken möglichst systemlos im Raum. Die Sok-
ken auf den Tisch. Das war der Clou. Dann griff ich
zum Mikro, warf den Recorder an und fing mit einer
meiner Privatsendungen an: Damen und Herren!
Kumpels und Kumpelinen! Gerechte und Ungerechte! 20
Entspannt euch! Scheucht eure kleinen Geschwister ins
Kino! Sperrt eure Eltern in die Speisekammer! Hier ist
wieder euer Eddi, der Unverwüstliche. . .
Ich fing meinen Bluejeans-Song an, den ich vor drei
Jahren gemacht hatte und der jedes Jahr besser wurde. 25

Oh, Bluejeans
White Jeans? – No
Black Jeans? – No
Blue Jeans, oh
Oh, Bluejeans, jeah 30

7. **satt** *coll* = **voll**   rich, full

8. **halten für**   to think, consider   **Satchmo**   nickname for U.S. jazz trumpeter and bandleader Louis Armstrong (1900–1971)

9. **nicht totzukriegen** *coll*   not likely to die

12. **auf einmal**   at once

13. **pinnen** *coll*   to fasten with tacks

14. **Immerhin wußte so jeder gleich Bescheid**   But anyhow, everyone knew immediately

18. **An sich**   Actually

19. **sich (etwas) beschnarchen** *slang* = **sich (etwas) näher ansehen**   to look around, become acquainted with

21. **väterlicherseits**   on the paternal side

22. der **Hinweis (auf)**   information (concerning)

24. der **Adlige**   nobleman

25. **um die Zeit**   at this time

28. **feststellen**   to ascertain, determine

31. **wie der Hase läuft** *coll*   what is happening

Oh, Bluejeans
Old Jeans? – No
New Jeans? – No
Blue Jeans, oh
Oh, Bluejeans, jeah   5

Vielleicht kann sich das einer vorstellen. Das alles in
diesem ganz satten Sound, in *seinem* Stil eben. Manche
halten *ihn* für tot. Das ist völliger Humbug. Satchmo
ist überhaupt nicht totzukriegen, weil der Jazz nicht
totzukriegen ist. Ich glaube, ich hatte diesen Song vorher   10
nie so gut draufgehabt. Anschließend fühlte ich mich
wie Robinson Crusoe und Satchmo auf einmal. Robinson Satchmo. Ich Idiot pinnte meine gesammelten
Werke an die Wand. Immerhin wußte so jeder gleich
Bescheid: Hier wohnt das verkannte Genie Edgar   15
Wibeau. Ich war vielleicht ein Idiot, Leute! Aber ich
war echt high. Ich wußte nicht, was ich zuerst machen
sollte. An sich wollte ich gleich in die Stadt fahren und
mir Berlin beschnarchen, das ganze Nachtleben und
das, und ins Hugenottenmuseum gehen. Ich sagte wohl   20
schon, daß ich väterlicherseits Hugenotte war. Ich nahm
stark an, daß ich in Berlin Hinweise auf die Familie
Wibeau finden würde. Ich glaube, ich Idiot hatte die
Hoffnung, das wären vielleicht Adlige gewesen. Edgar
de Wibeau und so. Aber ich sagte mir, daß um die Zeit   25
wohl kein Museum mehr offen haben würde. Ich wußte
auch nicht, wo es war.
Ich analysierte mich kurz und stellte fest, daß ich eigentlich lesen wollte, und zwar wenigstens bis gegen Morgen. Dann wollte ich bis Mittag pennen und dann se-   30
hen, wie der Hase läuft in Berlin. Überhaupt wollte ich
es so machen: bis Mittag schlafen und dann bis Mitter-

2. **munter** = **wach**   awake

3. der **Stoff** *coll*   stuff

7. **aufreißen** *slang* = **finden, entdecken**   to come across, find   **Aus purer Neugierde**   Out of pure curiosity

8. **seinerzeit**   some time ago

9. die **Bananenschale**   banana peel   **sammeln**   to gather   **trocknen**   to dry

10. **nicht die Bohne was** *coll* = **überhaupt nichts**

11. die **Spucke** *coll* = der **Speichel**   saliva

12. die **Hals**   throat   **zukleben**   to glue together

14. **die Augen verdrehen**   to roll one's eyes

15. **verzückt**   ecstatic   **rumspinnen** = **herumspinnen** *coll*   to behave foolishly

16. **sonstwie** *coll* = **maßlos**   extremely

17. **sich abspielen**   to take place, happen

21. der **Lesestoff**   reading matter

22. **mitschleppen** *coll* = **mitnehmen**   to drag, take along

24. **rumschleppen** = **herumschleppen** *coll*   to drag around   **auswendig kennen**   to know by heart

27. **folglich**   consequently, therefore

31. **ein paar tausend Stück andere**   a few thousand others

33. **jedes davon hat einer verfaßt**   each of them was written by someone

nacht leben. Ich wurde sowieso im Leben nie vor Mittag wirklich munter. Mein Problem war bloß: Ich hatte keinen Stoff. – Ich meine jetzt keinen Hasch und das. Opium. Ich hatte nichts gegen Hasch. Ich kannte zwar keinen. Aber ich glaube, ich Idiot wäre so idiotisch gewesen, welchen zu nehmen, wenn ich irgendwo hätte welchen aufreißen können. Aus purer Neugierde. Old Willi und ich hatten seinerzeit ein halbes Jahr Bananenschalen gesammelt und sie getrocknet. Das soll etwa so gut wie Hasch sein. Ich hab nicht die Bohne was gemerkt, außer daß mir die Spucke den ganzen Hals zuklebte. Wir legten uns auf den Teppich, ließen den Recorder laufen und rauchten diese Schalen. Als nichts passierte, fing ich an die Augen zu verdrehen und verzückt zu lächeln und ungeheuer rumzuspinnen, als wenn ich sonstwie high wäre. Als Old Willi das sah, fing er auch an, aber ich bin überzeugt, bei ihm spielte sich genausowenig ab wie bei mir. Ich bin übrigens nie wieder auf den Bananenstoff und solchen Mist zurückgekommen, überhaupt auf keinen Stoff. Was ich also meine, ist: ich hatte keinen Lesestoff. Oder denkt einer, ich hätte vielleicht Bücher mitgeschleppt? Nicht mal meine Lieblingsbücher. Ich dachte, ich wollte nicht Sachen von früher mit rumschleppen. Außerdem kannte ich die zwei Bücher so gut wie auswendig. Meine Meinung zu Büchern war: Alle Bücher kann kein Mensch lesen, nicht mal alle sehr guten. Folglich konzentrierte ich mich auf zwei. Sowieso sind meiner Meinung nach in jedem Buch fast *alle* Bücher. Ich weiß nicht, ob mich einer versteht. Ich meine, um ein Buch zu schreiben, muß einer ein paar tausend Stück andere gelesen haben. Ich kann's mir jedenfalls nicht anders vorstellen. Sagen wir: dreitausend. Und jedes davon hat einer verfaßt

3. die **Rechnung** calculation   **rauskommen** = **herauskommen**   to yield   **zig Milliarden**   countless billions

4. **reichen** = **ausreichen**   to be enough, plenty, sufficient

6. **zugeben**   to admit

7. **Salinger**   J.D. Salinger (born in 1915 in New York City; his first novel, *The Catcher in the Rye*, published in 1951, was a literary sensation)

8. **durch**... **Zufall**   by chance   **in die Klauen kriegen** *slang* = **in die Finger bekommen**   to get one's hands on (something)

10. **empfehlen**   to recommend   **Bloß gut**   Just as well, so much the better

11. **anfassen**   to touch

12. **hervorragend mies** *coll* = **außerordentlich schlecht**

13. **blöd**   stupid

18. **rumkrauchen** *coll* = **herumkriechen**   to walk around (*literally,* to crawl around)

19. **abhauen** *coll* = **weggehen**   to take off, clear out   **exen** *slang* = **entlassen**   to cross (x) out, expel

20. **das ging mir immer ungeheuer an die Nieren** *coll*   that always affected me very strongly

22. **rüberkommen** = **herüberkommen**

24. **das Nest** = **kleiner Ort, verlassenes Dorf**   **sich erholen**   to recover, get better

25. **Vor allem**   Above all

26. **beseitigen**   to put an end to, eliminate

27. **Das sagt sich**... **leicht**   That is easy to say

30. **sich anschaffen**   to get oneself

faßt, der selber dreitausend gelesen hat. Kein Mensch
weiß, wieviel Bücher es gibt. Aber bei dieser einfachen
Rechnung kommen schon . . . zig Milliarden und das
mal zwei raus. Ich fand, das reicht. Meine zwei Lieblingsbücher waren: Robinson Crusoe. Jetzt wird viel-   5
leicht einer grinsen. Ich hätte das nie im Leben zugegeben. Das andere war von diesem Salinger. Ich hatte
es durch puren Zufall in die Klauen gekriegt. Kein
Mensch kannte das. Ich meine: kein Mensch hatte
es mir empfohlen oder so. Bloß gut. Ich hätte es   10
dann nie angefaßt. Meine Erfahrungen mit empfohlenen Büchern waren hervorragend mies. Ich Idiot
war so verrückt, daß ich ein empfohlenes Buch blöd
fand, selbst wenn es gut war. Trotzdem werd ich
jetzt noch blaß, wenn ich denke, ich hätte dieses Buch   15
vielleicht nie in die Finger gekriegt. Dieser Salinger ist
ein edler Kerl. Wie er da in diesem nassen New York
rumkraucht und nicht nach Hause kann, weil er von
dieser Schule abgehauen ist, wo sie ihn sowieso exen
wollten, das ging mir immer ungeheuer an die Nieren.   20
Wenn ich seine Adresse gewußt hätte, hätte ich ihm geschrieben, er soll zu uns rüberkommen. Er muß genau
in meinem Alter gewesen sein. Mittenberg war natürlich ein Nest gegen New York, aber erholt hätte er sich
hervorragend bei uns. Vor allem hätten wir seine blö-   25
den sexuellen Probleme beseitigt. Das ist vielleicht das
einzige, was ich an Salinger nie verstanden habe. Das
sagt sich vielleicht leicht für einen, der nie sexuelle Probleme hatte. Ich kann nur jedem sagen, der diese
Schwierigkeiten hat, er soll sich eine Freundin anschaf-   30
fen. Das ist der einzige Weg. Ich meine jetzt nicht, irgendeine. Das nie. Aber wenn man zum Beispiel merkt,
eine lacht über dieselben Sachen wie man selbst. Das ist

1. **ein sicheres Zeichen**   a sure sign

4. **dann hätten wir sie dazu gebracht**   we would have made them do it (that is, laugh)

Fragen

1. Welche Bedeutung haben Jeans für Edgar? (S. 39) Warum?
2. Wer ist Edgars Meinung nach ein „echter Jeansträger"? (S. 39–41)
3. In welcher Weise bedeuten Jeans für Edgar eine Einstellung? (S. 41)
4. In welchem Alter ist man „echter Jeansträger"? (S. 41) Warum?
5. Weshalb blieb Willi nicht in Berlin? (S. 41)
6. Was denkt Edgar nach seinem Tod von Willi? (S. 41)
7. Hatte Edgar tatsächlich gewollt, daß Willi dableiben sollte? (S. 41–43)
8. Was machte Edgar, nachdem Willi weg war? (S. 43)
9. In welchem Stil ist Edgars Bluejeans-Song geschrieben? (S. 45)
10. Wie fühlte sich Edgar, als er allein war? (S. 45)
11. Was hoffte Edgar im Hugenottenmuseum zu finden? (S. 45)
12. Wie wollte Edgar sein neues Leben einteilen? (S. 45–47)
13. Beschreiben Sie Edgars Haltung zu Drogen (Hasch und Opium)! (S. 47)
14. Was passierte, als Edgar und Willi getrocknete Bananenschalen rauchten? (S. 47)
15. Geben Sie Edgars Meinung zu Büchern wieder! (S. 47–49)
16. Welche Lieblingsbücher hatte Edgar? (S. 49)
17. Wie waren Edgars Erfahrungen mit empfohlenen Büchern? (S. 49)
18. Was findet Edgar „edel" an Salinger? (S. 49)
19. Wie soll man Edgars Meinung nach sexuelle Probleme beseitigen? (S. 49–51)

schon immer ein sicheres Zeichen, Leute. Ich hätte Salinger sofort wenigstens zwei in Mittenberg sagen können, die über dieselben Sachen gelacht hätten wie er.
Und wenn nicht, dann hätten wir sie dazu gebracht.

1. **sich hinhauen** *coll* = **sich hinlegen** to lie down (lazily)

2. **(etwas) trocken lesen** to read from cover to cover

6. **auf (etwas) angewiesen sein** to be dependent on (something)

7. **nach was Lesbarem** for something worth reading

8. **durchkramen** *coll* to rummage through **Du Scheiße!** *vulgar* Shit! **Seine Alten** *slang* = **seine Eltern**

9. **zu Wohlstand kommen** to come into money

10. das **Möblement** *coll* = das **Mobiliar** furniture

11. **stapeln** to store, pile up **mit allem Drum und Dran** with all the trimmings

12. **kein lumpiges Buch** = **gar kein Buch**

13. **in dem Loch von Küche** in that hole of a kitchen

14. **Eine komplette Einrichtung** Completely furnished

15. **alte Leute** *coll* parents (*literally*, old folks) **an** *dat* **etwas hängen** to be fond of, attached to something

17. **sich (den Kopf) einrennen** to run (one's head) against something

18. **meine olle Birne** *slang* = **mein alter Kopf**

20. das **Plumpsklo** *coll* outhouse **sich verflüssigen** *coll* to urinate

21. **breitete sich das Gerücht davon in meinen gesamten Därmen aus** the rumor (that I had to urinate) spread throughout my intestines

23. das **Leiden** chronic complaint (*literally*, suffering) **Zeitlebens** All my life

24. **auseinanderhalten** to keep apart

25. **ein Ei legen** *coll* to have a bowel movement (*literally*, to lay an egg)

4

Wenn ich gewollt hätte, hätte ich mich hinhauen können und das ganze Buch trocken lesen können oder
auch den Crusoe. Ich meine: ich konnte sie im Kopf
lesen. Das war meine Methode zu Hause, wenn ich
einer gewissen Frau Wiebau mal wieder keinen Ärger 5
machen wollte. Aber darauf war ich schließlich nicht
mehr angewiesen. Ich fing an, Willis Laube nach was
Lesbarem durchzukramen. Du Scheiße! Seine Alten
mußten plötzlich zu Wohlstand gekommen sein. Das
gesamte alte Möblement einer Vierzimmerwohnung 10
hatten sie hier gestapelt, mit allem Drum und Dran.
Aber kein lumpiges Buch, nicht mal ein Stück Zeitung.
Überhaupt kein Papier. Auch nicht in dem Loch von
Küche. Eine komplette Einrichtung, aber kein Buch.
Willis alte Leute mußten ungeheuer an ihren Büchern 15
gehangen haben. In dem Moment fühlte ich mich unwohl. Der Garten war dunkel wie ein Loch. Ich rannte
mir fast überhaupt nicht meine olle Birne an der
Pumpe und an den Bäumen da ein, bis ich das
Plumpsklo fand. An sich wollte ich mich bloß ver- 20
flüssigen, aber wie immer breitete sich das Gerücht davon in meinen gesamten Därmen aus. Das war ein
echtes Leiden von mir. Zeitlebens konnte ich die
beiden Geschichten nicht auseinanderhalten. Wenn ich
mich verflüssigen mußte, mußte ich auch immer ein Ei 25

1. **rumfummeln = herumfummeln** to fumble, rummage around

5. **Ich opferte also zunächst die Deckel** First of all I sacrificed the covers

6. **erfahrungsgemäß** (I knew) from experience

7. **Bei Licht** In daylight

9. **eine Gedenkminute einlegen** to pause for a moment of silence

11. **schoß ich den Vogel in die Ecke** *coll* I threw the book (with force) into the corner

13. **Beim besten Willen** Much as one might like to

17. **Ich war fast gar nicht sauer!** *coll* I was really angry!

18. **Selbstmord machen** *coll* = **Selbstmord begehen** to commit suicide

19. **den Löffel abgeben** *coll* = **Selbstmord begehen, sterben**

21. **sich leid tun** to indulge in self-pity

22. **verblödet = blöde**

27. **Kann sein, ich handle mir ein paar Schellen ein, na und?** Maybe I get slapped a few times for my trouble, but so what?

29. **eine verpaßte Gelegenheit** a missed opportunity

30. **Das ist Tatsache** That's a fact

33. **zusehen** to observe, watch **sich abmurksen** *slang* = **Selbstmord begehen**

legen, da half nichts. Und kein Papier, Leute. Ich fummelte wie ein Irrer in dem ganzen Klo rum. Und dabei kriegte ich dann dieses berühmte Buch oder Heft in die Klauen. Um irgendwas zu erkennen, war es zu dunkel. Ich opferte also zunächst die Deckel, dann die Titelseite und dann die letzten Seiten, wo erfahrungsgemäß das Nachwort steht, das sowieso kein Aas liest. Bei Licht stellte ich fest, daß ich tatsächlich völlig exakt gearbeitet hatte. Vorher legte ich aber noch eine Gedenkminute ein. Immerhin war ich soeben den letzten Rest von Mittenberg losgeworden. Nach zwei Seiten schoß ich den Vogel in die Ecke. Leute, das konnte wirklich kein Schwein lesen. Beim besten Willen nicht. Fünf Minuten später hatte ich den Vogel wieder in der Hand. Entweder ich wollte bis früh lesen oder nicht. Das war meine Art. Drei Stunden später hatte ich es hinter mir. Ich war fast gar nicht sauer! Der Kerl in dem Buch, dieser Werther, wie er hieß, macht am Schluß Selbstmord. Gibt einfach den Löffel ab. Schießt sich ein Loch in seine olle Birne, weil er die Frau nicht kriegen kann, die er haben will, und tut sich noch ungeheuer leid dabei. Wenn er nicht völlig verblödet war, mußte er doch sehen, daß sie nur darauf wartete, daß er was *machte*, diese Charlotte. Ich meine, wenn ich mit einer Frau allein im Zimmer bin und wenn ich weiß, vor einer halben Stunde oder so kommt keiner da rein, Leute, dann versuch ich doch *alles*. Kann sein, ich handle mir ein paar Schellen ein, na und? Immer noch besser als eine verpaßte Gelegenheit. Außerdem gibt es höchstens in zwei von zehn Fällen Schellen. Das ist Tatsache. Und dieser Werther war . . .zigmal mit ihr allein. Schon in diesem Park. Und was macht er? Er sieht ruhig zu, wie sie heiratet. Und dann murkst er sich

2. **Wirklich leid tat mir bloß die Frau** The only one I really felt sorry for was the woman

3. der **Kissenpuper** *slang* pillow-farter

5. **kein Rankommen = kein Herankommen** no getting near (her)

6. **sich . . . durchlöchern** *coll* to shoot a hole in oneself

7. **wie nichts** without hesitation

9. **Kumpels** friends **eins zu tausend** in all probability **massenweise** en masse

10. **Thomas Müntzer** German theologian and revolutionary politician (c. 1489–1525) who in 1525 led a revolt of peasants quite certain that they had been called by Martin Luther (in Thuringia) **oder wen = oder irgendjemanden**

11. **nichts Reelles = nichts Wirkliches** irrational **Reiner Mist** *coll* Pure hogwash

12. **wimmeln von** to abound with

15. der **Apparat** *coll* book (*literally,* contrivance) **bestehen aus** to consist of **lauter** nothing but

18. **unausgedacht** spontaneous, not contrived

22. **sich etwas unter den Nagel reißen** *coll* to get hold of something

24. **ausleihen** to borrow

26. **sich täuschen lassen** to let oneself be misled, deceived

27. **er popt nicht besonders** *slang* it's not terribly interesting

29. **egal** it doesn't matter

30. **danach** based on it **Es ging mir damit wie** With that it was just the same for me as

31. **vor sich sehen** to picture, imagine

ab. Dem war nicht zu helfen.

Wirklich leid tat mir bloß die Frau. Jetzt saß sie mit
ihrem Mann da, diesem Kissenpuper. Wenigstens daran
hätte Werther denken müssen. Und dann: Nehmen wir
mal an, an die Frau wäre wirklich kein Rankommen 5
gewesen. Das war noch lange kein Grund, sich zu durch-
löchern. Er hatte doch ein Pferd! Da wär ich doch wie
nichts in die Wälder. Davon gab's doch damals noch
genug. Und Kumpels hätte er eins zu tausend massenweise gefunden. Zum Beispiel Thomas Müntzer oder 10
wen. Das war nichts Reelles. Reiner Mist. Außerdem
dieser Stil. Das wimmelte nur so von Herz und Seele
und Glück und Tränen. Ich kann mir nicht vorstellen,
daß welche so geredet haben sollen, auch nicht vor drei
Jahrhunderten. Der ganze Apparat bestand aus lauter 15
Briefen, von diesem unmöglichen Werther an seinen
Kumpel zu Hause. Das sollte wahrscheinlich ungeheuer
originell wirken oder unausgedacht. Der das geschrieben hat, soll sich mal meinen Salinger durchlesen. *Das
ist echt, Leute!* 20
Ich kann euch nur raten, ihn zu lesen, wenn ihr ihn
irgendwo aufreißen könnt. Reißt euch das Ding unter
den Nagel, wenn ihr es bei irgendwem stehen seht, und
gebt es nicht wieder her! Leiht es euch aus und gebt
es nicht wieder zurück. Ihr sagt einfach, ihr habt es 25
verloren. Das kostet fünf Mark, na und? Laßt euch
nicht etwa vom Titel täuschen. Ich gebe zu, er popt
nicht besonders, vielleicht ist er schlecht übersetzt, aber
egal. Oder ihr seht euch den Film an. Das heißt, ich
weiß nicht genau, ob es einen Film danach gibt. Es ging 30
mir damit wie mit Robinson. Ich sah alles ganz genau
vor mir, jedes Bild. Ich weiß nicht, ob das einer kennt.
Man sieht alles so genau vor sich, als wenn man es im

1. **sich herausstellen** to turn out

3. **der Regisseur** film director

4. **drehen** to make (a movie) **etwas in der Tasche haben** *coll* to have something in the bag, wrapped up

6. **Schiß haben** *coll* = **Angst haben**

8. **der Kinofan** movie buff

9. **Chaplin** Charles (Charlie) Chaplin (1889–   ), English motion-picture actor, mime, producer, and director **überdreht** flamboyant, overdone

10. **der Melonenfilm** slapstick movie **der Bulle** *slang* cop

11. **der Tropenhelm** sun helmet **verarschen** *slang* to mock, make a fool of

13. **Sidney Poitier** U.S. motion-picture actor (1927–   ); ,,Junge Dornen'' = *To Sir With Love* (1967)

15. **der Pflichtfilm** compulsory, obligatory movie

16. **der Geschichtsunterricht** hislory class

17. **stehen** to be listed (*literally,* to stand) **der Lehrplan** school curriculum

18. **mitkriegen** *coll* = **mitbekommen** to learn **wozu** that which

19. **ewig und drei Tage** forever and a day **rumlesen = herumlesen** *coll* to read around in, peruse

21. **das Verfahren** method, procedure

22. **Weiter so** Right on

23. **ermuntern** to encourage

29. **klarmachen = erklären** **etwas ernst meinen** to be serious about something

31. **scheuchen** to chase, shoo **liefern** to furnish

33. **der Schöpfer** author (*literally,* creatoɪ

Film gesehen hat, und dann stellt sich heraus, es gibt überhaupt keinen Film. Aber wenn es tatsächlich keinen Salinger-Film gibt, kann ich jedem Regisseur nur raten, einen zu drehen. Er hat den Erfolg schon in der Tasche. Ich weiß zwar nicht, ob ich selbst hingegangen wäre. Ich glaube, ich hätte Schiß gehabt, mir meinen eigenen Film kaputtmachen zu lassen. Ich war zeitlebens überhaupt kein großer Kinofan. Wenn es nicht gerade Chaplin gab oder etwas in der Art, diese überdrehten Melonenfilme, wo die Bullen in ihren idiotischen Tropenhelmen immer so herrlich verarscht werden, hättet ihr mich in jedem Kino suchen können. Oder „Junge Dornen" mit Sidney Poitier, vielleicht kennt den einer. Den hätte ich mir jeden Tag ansehen können. Ich rede jetzt natürlich nicht von diesen Pflichtfilmen für den Geschichtsunterricht. Da mußte einer hin. Die standen im Lehrplan. Ich ging da übrigens gern hin. Man kriegte in einer Stunde mit, wozu man sonst ewig und drei Tage im Geschichtsbuch rumlesen mußte. Ich fand immer, das war ein praktisches Verfahren. Ich hätte gern mal einen gesprochen, der solche Filme macht. Ich hätte ihm gesagt: Weiter so. Ich finde, solche Leute muß man ermuntern. Sie sparen einem viel Zeit. Ich war zwar mit jemand vom Film bekannt, es war zwar kein Regisseur, der Mann schrieb die Bücher, aber ich glaube, kaum für solche Geschichtsfilme.

Er grinste bloß, als ich ihm meine Meinung dazu sagte. Ich konnte ihm nicht klarmachen, daß ich es ernst damit meinte. Ich lernte ihn kennen, als sie uns eines Tages von der Berufsschule in einen Film scheuchten, zu dem er das Buch geliefert hatte. Anschließend: Gespräch mit den Schöpfern, aber nun nicht jeder, der

2. die **Auszeichnung** distinction   **stattfinden** to take place

3. **Vorneweg** Out in front, ahead of everyone else

4. **gebildet** educated

5. das **Prachtstück** pride and joy

8. **Freiwillig** Voluntarily

9. **M.S.-Jungs** name of a band

11. **Es ging um... einen Typ** It was about a guy   der **Bau** jail (*literally*, building)

13. **quer liegen** *coll* to refuse to conform, to dissent

15. das **Delikt** crime, offense   die **Körperverletzung** assault and battery   **er hatte so einem Veteranen eine angesetzt** *coll* he had hit a veteran

16. **reizen** to provoke, irritate   **in Fragen zu lauter und zu scharfer Musik** *coll* concerning overly loud and lively music

19. die **Gelbsucht** jaundice

21. **so ein Agitator** this (political) agitator

23. **würde so lange auf ihn losreden** would continue to persuade him

24. **einsehen** to see the light

25. **jemanden einreihen** to make a person conform

26. **prachtvoll** magnificent. splendid   die **Brigade** team of workers

27. der **Brigadier** head of a "brigade" of workers

31. **zur Fahne dürfen** to have the privilege of serving in the military

wollte, sondern nur die Besten, die Vorbilder – als Auszeichnung. Die ganze Show fand nämlich während des Unterrichts statt. Vorneweg natürlich Edgar Wibeau, dieser intelligente, gebildete, disziplinierte Junge. Unser Prachtstück! Und all die anderen Prachtstücke aus den anderen Lehrjahren, pro Lehrjahr immer zwei. Der Film spielte heute. Ich will nicht viel darüber sagen. Freiwillig wär ich nie da reingegangen, oder höchstens, weil meine M.S.-Jungs die Musik gemacht hatten. Ich nehme an, sie wollten ins Filmgeschäft kommen. Es ging um so einen Typ, der aus dem Bau kam und jetzt ein neues Leben anfangen wollte. Bis dahin hatte er wohl ziemlich quer gelegen, ich meine politisch, und der Bau hatte daran auch nicht viel geändert. Sein Delikt war Körperverletzung, er hatte so einem Veteranen eine angesetzt, weil der ihn gereizt hatte in Fragen zu lauter und zu scharfer Musik. Gleich nach dem Bau kam er ins Krankenhaus, ich glaube, wegen Gelbsucht, jedenfalls durfte ihn keiner besuchen. Er hatte auch niemand. Aber im Krankenhaus, auf seinem Zimmer, lag so ein Agitator oder was das sein sollte. Jedenfalls redete er so. Als ich das sah, wußte ich sofort, was kam. Der Mann würde so lange auf ihn losreden, bis er alles einsah, und dann würden sie ihn hervorragend einreihen. Und so kam es dann auch. Er kam in eine prachtvolle Brigade mit einem prachtvollen Brigadier, lernte eine prachtvolle Studentin kennen, deren Eltern waren zwar zuerst dagegen, wurden dann aber noch ganz prachtvoll, als sie sahen, was für ein prachtvoller Junge er doch geworden war, und zuletzt durfte er dann auch noch zur Fahne. Ich weiß nicht, wer diesen prachtvollen Film gesehen hat, Leute. Das einzige, was mich noch interessierte außer der Musik,

3. **auf der Suche (nach)**   on the outlook (for)

4. **rührend**   touching

5. **ließ sich... mitschleppen** *coll*   allowed himself to be dragged along (that is, went along willingly)   **die Reiserei machte ihm ... Spaß**   he enjoyed all the traveling around

7. **konnte ihm auch was sein** *coll*   could also mean something to him

10. **sympathisch**   likeable, appealing

11. **Alles das machte er mit**   He went along with all of that

13. **das ließ er sich nicht ausreden**   he couldn't be talked out of that

14. **sich rumtreiben** *coll* = **sich herumtreiben**   to bum around, fool one's time away

16. **unter anderem**   among other things

19. **was dran schlecht sein sollte**   what was supposed to be wrong with that

21. **aussteigen** *coll*   to tune out, be turned off

24. **verfassen = schreiben**

25. **beobachten**   to observe, watch

28. **aus etwas lernen**   to learn from something   **anwesend**   present

32. der **Musterknabe**   model boy (pupil)

33. **anöden** *coll* = **langweilen**   to bore   der **Filmschöpfer**   scenarist (*literally,* film creator)

war dieser Bruder da von dem Helden. Er schleppte ihn überall mit hin, weil er auch eingereiht werden sollte. Sie waren nämlich immerzu auf der Suche nach diesem Agitator. Das sollte wohl rührend sein oder was. Der Bruder ließ sich auch mitschleppen, die Reiserei machte ihm zum Teil sogar Spaß, und diese prachtvolle Studentin konnte ihm auch was sein und er ihr auch, ich dachte an einer Stelle sogar, noch ein Wort und er kriegt sie rum, wenn er will. Jedenfalls wurde sie mir von dem Moment an gleich viel sympathischer. Alles das machte er mit, aber einreihen ließ er sich deswegen noch lange nicht. Er wollte Clown im Zirkus ✗ werden, und das ließ er sich nicht ausreden. Sie sagten, er will sich bloß rumtreiben, statt einen ordentlichen Beruf zu lernen. Einen ordentlichen Beruf, Leute, das kannte ich! Natürlich wollte er unter anderem zum Zirkus, weil er da die Welt sehen konnte, jedenfalls ein Stück. Na und? Ich verstand ihn völlig. Ich verstand nicht, was daran schlecht sein sollte. Ich glaube, die meisten wollen die Welt sehen. Wer von sich behauptet: nein – der lügt. Ich stieg immer sofort aus, wenn einer behauptete, Mittenberg, das sollte schon die Welt sein. Und dieser Bruder stieg eben auch aus.

Langsam interessierte mich der Mann, der das verfaßt hatte. Ich beobachtete ihn die ganze Zeit, in der wir da im Lehrerzimmer saßen und erzählten, wie hervorragend wir den Film gefunden hätten und was wir alles daraus lernen könnten. Erst sagten alle anwesenden Lehrer und Ausbilder, was wir daraus zu lernen haben, und dann sagten wir, was wir daraus gelernt hatten. Der Mann sagte die ganze Zeit kein Wort. Er sah ganz so aus, als wenn ihn diese ganze Show mit uns Musterknaben ungeheuer anödete. Danach fand für die Film-

1. der **Rundgang**   tour (*literally*, stroll)

2. die **Gelegenheit** opportunity   **sich (he)ranschmeißen an** *coll* to throw oneself at

4. **sich (he)ranhängen an** *coll*   to stay close, hang on to

8. **in einer Tour** *coll* = **dauernd**   **öde** *coll* = **langweilig**

10. **den ganzen Tag über**   all day long

15. **die Finger davon lassen**   to keep one's hands off

16. **von vornherein** = **vom Anfang an**

17. **zusehen**   to take care, see to it

18. **daß er wieder Anschluß kriegte an seine Leute**   that he caught up again with (the others in) his party

21. **daß er eine mächtige Wut im Bauch hatte auf irgendwas** *coll* that deep down inside he was terribly angry about something

23. **bedauern**   to regret

25. **abhauen**   to clear out, get away

Fragen

1. Worauf war Edgar angewiesen, als er noch bei seiner Mutter wohnte? (S. 53)
2. Weshalb fühlte sich Edgar plötzlich unwohl in der Laube? (S. 53)
3. Wie entdeckte Edgar das Buch? (S. 55) Was war das für ein Buch?

Film

schöpfer ein Rundgang durch die ganzen Werkstätten
von uns statt und das. Bei der Gelegenheit schmissen
wir uns an den Mann ran, ich und Old Willi. Wir
hängten uns an ihn ran und blieben mit ihm zurück. Ich
hatte das Gefühl, daß er uns zunächst ganz dankbar   5
war dafür. Dann sagte ich ihm meine eigentliche Meinung. Ich sagte ihm, daß ein Film, in dem die Leute
in einer Tour lernen und gebessert werden, nur öde
sein kann. Daß dann jeder gleich sieht, was *er* daraus
lernen soll, und daß kein Aas Lust hat, wenn er den   10
ganzen Tag über gelernt hat, auch abends im Kino noch
zu lernen, wenn er denkt, er kann sich amüsieren. Er
sagte, daß er sich das schon immer gedacht hätte, aber
daß es nicht anders gegangen wäre. Ich riet ihm, dann
einfach die Finger davon zu lassen und lieber diese   15
Geschichtsfilme zu machen, bei denen jeder von vornherein weiß, daß sie nicht zum Amüsieren sind. Da sah
er zu, daß er wieder Anschluß kriegt an seine Leute,
die sich da von Flemming unsere hervorragende Ausbildung erklären ließen. Wir ließen ihn laufen. Ich   20
hatte sowieso das Gefühl, daß er eine mächtige Wut im
Bauch hatte auf irgendwas an dem Tag oder überhaupt.
Ich bedaure bloß, daß ich seine Adresse nicht hatte.
Vielleicht war er in Berlin, dann hätte ich ihn besucht,
und er hätte kaum abhauen können.   25

---

4. Warum behielt Edgar das Buch? (S. 55)
5. Welche Haltung hat Edgar zum Selbstmord Werthers? (S. 55)
6. Was hätte Edgar an Werthers Stelle gemacht? (S. 55)
7. Warum war nach Edgars Ansicht Werther nicht zu helfen? (S.
   55–57)

8. Weshalb war die Geschichte Werthers für Edgar „nichts Reelles"? (S. 57)
9. Welchen Rat gibt Edgar den Lesern und jedem Regisseur? (S. 59)
10. Welche Filme sah Edgar gern? (S. 57–59)
11. Was meint Edgar zu den Pflichtfilmen für den Geschichtsunterricht? (S. 59)
12. Wie wurde Edgar mit jemandem bekannt, der Bücher zu Filmen schreibt? (S. 59)
13. Worum ging es in dem Film, den Edgar in der Berufsschule sah? (S. 61)
14. Was erlebte der Held des Films im Krankenhaus? (S. 61)
15. Wie hat sich sein Leben danach verändert? (S. 61)
16. Welche Person interessierte Edgar in dem Film? (S. 61–63) Warum?
17. Zeigen Sie Parallelen auf zwischen Edgar und dem Bruder des Helden im Film! (S. 63)
18. Was sagten Lehrer und Schüler über den Film? (S. 63)
19. Wie beurteilte Edgar den Film? (S. 65)
20. Was riet Edgar dem Filmschöpfer? (S. 65) Wie reagierte dieser darauf?

Edgar hat sich von zu Hause abgesetzt und freut sich des neuen Freiheitsgefühls. (Zum SWF-Programmbeitrag im Deutschen Fernsehen, Copyright Franz Rath) Permission of Artus-Film, Munich.

12. Un da ist was von mir d(a)rauf?   And there is something about me
on there (that is, on the tapes)?

21. heulen *coll* = **weinen**   **Laß den Quatsch**   Stop that nonsense

5

„Wohnt hier im Haus eine Familie Schmidt?"

„Zu wem wollen Sie da?"

„Zu Frau Schmidt."

„Das bin ich. Da haben Sie Glück."

„Ja. Mein Name ist Wibeau. Der Vater von 5
Edgar."

„Wie haben Sie mich gefunden?"

„Das war nicht ganz einfach."

„Ich meine: Woher wußten Sie von mir?"

„Durch die Tonbänder. Edgar hat Tonbänder 10
nach Mittenberg geschickt, wie Briefe."

„Davon wußte ich nichts. Und da ist was von
mir drauf?"

„Wenig. Daß sie Charlotte heißen und verheiratet sind. Und daß sie schwarze Augen haben." 15

Bleib ruhig, Charlie. Ich hab nichts gesagt. Kein Wort.

„Wieso Charlotte? Ich bin doch nicht Charlotte!"

„Ich weiß nicht. Warum weinen Sie? Weinen Sie
doch nicht." 20

Heul doch nicht, Charlie. Laß den Quatsch. Das ist

4. **verbohrt** stubborn, obstinate **vernagelt** *coll* pigheaded

7. **aufhören** to stop

12. die **Idiotie** idiocy

13. **er ließ sich das nicht beweisen** he couldn't be convinced of that **wenn man es ihm auf den Kopf zusagte** if one told him that to his face

14. **fasseln** to babble

15. **aus dem keiner schlau wurde** *coll* nobody could make sense of, figure out

18. **in Fahrt sein = darauf losgehen** to be going strong

21. **so zu tun, als wenn** to pretend, make believe

22. **scharf** *coll* great, fantastic, unbelievable

23. **Es kommt nicht so d(a)rauf an, daß** It isn't so important that, it doesn't really matter that

24. **laufen** to work, function (*literally,* to run)

25. die **Malerei** (the art of) painting

26. die **Zange** pair of pliers **kneifen** to grip, pinch

doch kein Grund zum Heulen. Ich hatte den Namen
aus dem blöden Buch.

„Entschuldigen Sie! Edgar war ein Idiot. Edgar
war ein verbohrter, vernagelter Idiot. Ihm war
nicht zu helfen. Entschuldigen Sie!" 5

Das stimmt. Ich war ein Idiot. Mann, war ich ein Idiot.
Aber hör auf zu heulen. Ich glaube, keiner kann sich
vorstellen, was ich für ein Idiot war.

„Ich war eigentlich gekommen, weil Sie vielleicht
ein Bild haben, das er gemacht hat." 10
„Edgar konnte überhaupt nicht malen. Das war
auch so eine Idiotie von ihm. Jeder sah das, aber
er ließ sich das nicht beweisen. Und wenn man
es ihm auf den Kopf zu sagte, faselte er irgend-
welches Zeug, aus dem keiner schlau wurde. 15
Wahrscheinlich nicht mal er selbst."

So fand ich dich immer am besten, Charlie, wenn du
so in Fahrt warst. Aber daß jeder gleich gesehen hat,
daß ich nicht malen konnte, ist trotzdem nicht ganz
korrekt. Ich meine, er hat es vielleicht gesehen, aber ich 20
hatte es hervorragend drauf, so zu tun, als wenn ich
könnte. Das ist überhaupt eine der schärfsten Sachen,
Leute. Es kommt nicht so drauf an, daß man etwas
kann, man muß es draufhaben, so zu tun. Dann läuft
es. Jedenfalls bei Malerei und Kunst und diesem Zeug. 25
Eine Zange ist gut, wenn sie kneift. Aber ein Bild oder
was? Kein Aas weiß doch wirklich, ob eins gut ist oder
nicht.

2. der **Auslauf** playground

3. der **Buddelkasten** sandbox   die **Schaukel** swing

4. die **Wippe** seesaw

6. **sich stürzen** to charge, rush (at something)   **förmlich** = **regelrecht** really

7. das **Klettergerüst** jungle gym

9. das **Nachbargundstück** adjacent property, piece of land

10. der **Zaun** fence

14. **ungekämmt** unkempt   **vergammelt** slovenly, disheveled (appearance)

16. **vertrieft** *coll* spaced out

17. **triefen** *coll* = **sich bewegen** to carry oneself

19. **Ich hätte einen Trocknen machen können in jeden See** *slang* = **Ich hätte ohne Abkühlung in jeden See springen können** I could have dived into any lake without cooling off

23. das **Gör** *coll* = **kleines Kind** kid, brat   **wachbrüllen** to awaken (a person) by shouting

30. das **Malzeug** = das **Zeug zum Malen** painting materials

72

„Das fing gleich am ersten Tag an. Unser Kindergarten hatte in der Laubenkolonie einen Auslauf,
wir wir sagen, mit Buddelkasten, Schaukel und
Wippe. Im Sommer waren wir da den ganzen
Tag draußen, wenn's ging. Jetzt ist da alles auf- 5
gerissen. Die Kinder stürzten sich immer förmlich in den Buddelkasten und auf das Klettergerüst und in die Büsche. Die gehörten zwar zum
Nachbargrundstück, aber das gehörte praktisch
uns. Der Zaun stand lange nicht mehr, und wir 10
hatten da lange keinen Menschen mehr gesehen.
Die ganze Kolonie war ja auf Abriß. Plötzlich
sah ich da einen Menschen aus der Laube kommen, einen Kerl, ungekämmt und völlig vergammelt. Ich rief die Kinder sofort zu mir." 15

Das war ich. Leute, war ich vertrieft. Ich war ganz hervorragend vertrieft. Ich sah nichts. Ich triefte auf mein
Plumpsklo und von da zu der Pumpe. Aber ich konnte
das Pumpenwasser einfach nicht anfassen. Ich hätte
einen Trocknen machen können in jeden See. Aber das 20
Pumpenwasser hätte mich getötet. Ich weiß nicht, ob
das einer begreift. Ich war einfach zu früh wach geworden. Charlies Gören hatten mich wachgebrüllt.

„Das war Edgar?"
„Das war Edgar. Ich verbot den Kindern sofort, 25
wieder auf das Grundstück zu gehen. Aber wie
sie so sind – fünf Minuten später waren sie alle
weg. Ich rief sie, und dann sah ich: sie waren drüben, bei Edgar. Edgar saß hinter seiner Laube
mit Malzeug und sie hinter ihm, völlig still." 30

3. **auf die Dauer**   in the long run

7. der **Wüstling**   libertine, dissolute person   der **Sittenstrolch** child molester (*literally,* rake, profligate person)

8. die **Bügelfalte**   crease (trousers)

10. **sich abseifen**   to lather one's body (with soap)

11. die **Lohngruppe**   income group   **fischen** *coll* = **holen**

12. **sich fläzen** *coll*   to loll, lounge around

13. **allerhand Abstände**   various distances

14. **anpeilen**   to estimate distance (by holding up a pencil)

15. **vollzählig**   in full strength

16. **versammeln**   to gather, assemble

18. der **Strich**   line

20. **Mal sehn**   Let's see

23. **Es kommt ganz d(a)rauf an, was... hier so d(a)rin ist**   It depends entirely on what happens

25. **locker**   loose

28. **umgehen (mit)**   to get along (with)

Das stimmt. Ich war zwar nie ein großer Kinderfreund. Ich hatte nichts gegen Kinder, aber ich war nie ein großer Kinderfreund. Sie konnten einen anöden auf die Dauer, jedenfalls mich, oder Männer überhaupt. Oder hat schon mal einer was von einem Kinder*gärtner* gehört? Bloß es stank mich immer fast gar nicht an, wenn einer gleich ein Wüstling oder Sittenstrolch sein sollte, weil er lange Haare hatte, keine Bügelfalten, nicht schon um fünf aufstand und sich nicht gleich mit Pumpenwasser kalt abseifte und nicht wußte, in welcher Lohngruppe er mit fünfzig sein würde. Folglich fischte ich mir mein Malzeug und fläzte mich hinter meine Laube und fing an, mit dem Bleistift allerhand Abstände anzupeilen, wie Maler das angeblich machen. Und fünf Minuten später waren Charlies Gören vollzählig hinter mir versammelt.

„Was malte er?"
„Eigentlich nichts. Striche. Die Kinder wollten das auch wissen.
Edgar sagte: Mal sehn. Vielleicht 'n Baum?
Da kam sofort: Wieso vielleicht? Weißt du denn nicht, was du malst?
Und Edgar: Es kommt ganz drauf an, was heute morgen hier so drin ist. Kann man's wissen? Ein Maler muß sich erst locker malen, sonst wird der Baum zu steif, den er gerade malen will.
Sie amüsierten sich. Edgar konnte mit Kindern umgehen, aber zeichnen konnte er nicht, das sah ich sofort. Ich interessiere mich ein bißchen dafür."

Stop mal, Charlie! Sie amüsierten sich, aber dieser Witz

1. **So ist es immer** That's always the way (it is)

4. **sich umdrehen = sich herumdrehen** to turn around

5. **mich streift ein Bus** *coll* **= ich war vollkommen erstaunt** I was utterly amazed (*literally*, I'd been grazed by a bus) **Da war glatt Ironie dabei!** That (the whole thing) was really ironical!

7. das **Tauziehen** tug-of-war

9. **beweisen** to prove **kein Stück** *coll* **= nichts**

12. das **Gegenteil** opposite

15. **alles andere als** anything but

19. **nach der Natur** in a realistic manner

20. **abzeichnen** to copy a drawing

24. **eine fixe Idee** an obsession

26. **eine Wand bemalen** to paint a mural

27. **verderben** to ruin, spoil

28. die **Chefin** boss (female)

30. **sich drücken** to avoid something, shirk (one's duty)

31. **gerissen** sly, clever

32. **jemandem etwas in die Hand drücken** to slip something into someone's hand

mit dem Baum war von dir. Ich dachte noch: So ist es immer. Einer amüsiert sich, und dann kommen diese Kindergärtnerinnen und geben eine ernste Erklärung. Dann drehte ich mich um und sah dich an. Ich dachte mich streift ein Bus. Ich hatte dich unterschätzt. Da war glatt Ironie dabei! – Ich glaube, in dem Moment hat das Ganze angefangen, dieses Tauziehen oder was es war. Jeder wollte den anderen über den Strich ziehen. Charlie wollte mir beweisen, daß ich kein Stück malen konnte, sondern daß ich bloß ein großes Kind war, nicht so leben konnte und daß mir folglich geholfen werden mußte. Und ich wollte ihr das Gegenteil beweisen. Daß ich ein verkanntes Genie war, daß ich sehr gut so leben konnte, daß mir keiner zu helfen brauchte, und vor allem, daß ich alles andere als ein Kind war. Außerdem wollte ich sie von Anfang an haben. Rumkriegen sowieso, aber auch haben. Ich weiß nicht, ob mich einer versteht, Leute.

„Sie meinen, er konnte nicht nach der Natur zeichnen? Nicht abzeichnen?"
„Er konnte überhaupt nicht zeichnen. Warum er so tat, war auch klar: man sollte ihn für ein verkanntes Genie halten. Bloß warum das, das hab ich nie begriffen. Das war wie eine fixe Idee von ihm. Ich kam auf den Gedanken, ihn in unseren Kindergarten zu bringen und ihn dort eine Wand bemalen zu lassen. Zu verderben war nichts daran. Unser Haus stand auf Abriß. Meine Chefin hatte nichts dagegen. Ich dachte, Edgar würde sich drücken. Er kam aber. Bloß, er war ja so gerissen! Entschuldigen Sie, aber er war wirklich gerissen! Er drückte den Kindern einfach in die

1. der **Pinsel** (paint) brush

2. **wozu sie Lust hatten** which they were in a mood to do

5. der **Strich** stroke (of the brush)

6. **so gut wie** as good as (none)

7. **großartig** magnificently

9. **daß man kaputtgeht** *coll* till one can't take any more (**kaputtgehen** *coll* = **sterben**)

12. **vollschmieren** to smear (paint) all over

13. die **Kindertante** *coll* = die **Kindergärtnerin**   **ganz weg sein** *coll* to be beside oneself

18. **vorsetzen** to serve   **daß mir Charlie was sein konnte** *coll* that Charlie probably meant something to me

20. **anhimmeln** *coll* to look at (with adoration)

21. der **Augenaufschlag** stare

23. **umwerfende Sehorgane** *coll* fascinating eyes

24. der **Schädel** skull   die **Schweinsritzen** *slang* very small, narrowly slitted eyes (*literally*, pig slits)   die **Scheinwerfer** *slang* very big eyes (*literally*, headlights)

25. **popen** *slang* = **einen Reiz haben, interessant sein**   **im Ernst** seriously

26. die **Kolchose** *coll* property, piece of land (*literally*, collective farm in the Soviet Union)

27. **zeitlebens** of my life   **eine Masse Jux** *coll* a lot of fun

31. **schießen** to dash (*literally*, to shoot)   die **Bude** = **leichtes Bretterhäuschen** shack, hut

Hand, was an Pinseln da war, und ließ sie mit ihm zusammen malen, wozu sie Lust hatten. Ich wußte sofort, was kam. In einer halben Stunde hatten wir das schönste Fresko an der Wand. Und Edgar hatte nicht einen Strich gemacht, jedenfalls so gut wie." 5

Das Ding lief großartig, ich wußte das. Ich wußte, daß kaum was passieren konnte. Kinder können einen ungeheuer anöden, aber malen können sie, daß man kaputtgeht. Wenn ich mir schon Bilder ansah, dann bin ich 10 lieber in einen Kindergarten gegangen als in ein olles Museum. Außerdem schmieren sie sowieso gern Wände voll. Die Kindertanten waren ganz weg. Sie fanden einfach herrlich, was ihre Kinderchen da gemacht hatten. Mir gefiel es übrigens auch. Kinder können wirklich ma- 15 len, daß man kaputtgeht. Und Charlie konnte nichts machen. Die anderen delegierten sie, mir Mittagessen vorzusetzen. Wahrscheinlich hatten sie gemerkt, daß mir Charlie was sein konnte. Sie hätten auch blöd sein müssen. Ich himmelte Charlie die ganze Zeit an. Ich 20 meine, ich himmelte sie nicht an mit Augenaufschlag und so. Das nicht, Leute. Ich hatte auch keine besonders umwerfenden Sehorgane in meinem ollen Hugenottenschädel. Richtige Schweinsritzen gegen Charlies Scheinwerfer. Aber braun. Braun popt, im Ernst. 25
Wieder auf meiner Kolchose, hatte ich vielleicht die beste Idee zeitlebens. Jedenfalls hat sie eine Masse Jux eingebracht. Sie hat echt gepopt. Ich kriegte wieder dieses Buch in die Klauen, dieses Heft. Ich fing automatisch an zu lesen. Ich hatte Zeit, und da hatte ich die 30 *Idee*. Ich schoß in die Bude, warf den Recorder an und diktierte an Willi:

9. **schaffen** = **bringen**   die **Nachricht**   message, news   **jeman-dem etwas schuldig sein**   to owe someone something

10. **Schade war bloß, daß**   It was just a shame that

11. **umfallen**   to topple over

12. **Der kriegte Krämpfe**   He had fits

14. das **Wandbild**   mural painting

16. der **Neubau**   new building

18. der **Schattenriß**   silhouette

20. das **Honorar**   payment, honorarium

26. **konfus** = **unklar**   muddled, confused

30. **dreckig**   dirty, filthy   **schlampig** = **unordentlich**   sloppy

31. **bis dorthinaus**   up to the hilt

Kurz und gut, Wilhelm, ich habe eine Bekanntschaft
gemacht, die mein Herz näher angeht. . . Einen Engel. . . . Und doch bin ich nicht imstande, dir zu sagen,
wie sie vollkommen ist, warum sie vollkommen ist, genug, sie hat allen meinen Sinn gefangengenommen. 5
Ende.
Das hatte ich direkt aus dem Buch, auch den Wilhelm.
Dadurch war ich erst auf die *Idee* gekommen. Ich
schaffte das Band sofort zur Post. Eine Nachricht war
ich Willi sowieso schuldig. Schade war bloß, daß ich 10
nicht sehen konnte, wie Old Willi umfiel. Der fiel bestimmt um. Der kriegte Krämpfe. Der verdrehte die
Augen und fiel vom Stuhl.

„Könnte ich dieses Wandbild sehen?"
„Leider nicht. Unser Haus steht nicht mehr. Wir 15
sind jetzt in einem Neubau. Ich hab zwar ein Bild
von Edgar. Aber da ist nichts zu sehen. Es ist
ein Schattenriß. Ich sag ja: Er ließ es sich nicht
beweisen. Das war einen Tag später. Ich kam zu
ihm. Wir wollten ihm ein Honorar zahlen. Dabei 20
kam ich auf den Gedanken, daß er ein Bild von
mir machen sollte, diesmal ohne Hilfe. Wir waren ja allein. Was machte er? – Diesen Schattenriß. Das kann schließlich jeder. Aber in seiner
Laube hab ich dann seine anderen Bilder gesehen. 25
Ich kann sie nicht beschreiben. Es war nur kon-
fuses Zeug drauf. Das sollte wahrscheinlich abstrakt sein. Aber es war nur konfus, wirklich.
Überhaupt sah es furchtbar konfus bei ihm aus.
Ich meine: nicht dreckig, aber konfus und schlam- 30
pig bis dorthinaus."

Fragen

1. Woher wußte Edgars Vater von Charlie? (S. 69)
2. Wieso kam Edgar auf den Namen Charlotte? (S. 69–71)
3. Was denkt Charlie über Edgar? (S. 71)
4. Warum besucht Edgars Vater Charlie? (S. 71)
5. Was sagt Charlie über Edgars Malerei? (S. 71)
6. Worauf kommt es laut Edgar bei Malerei und Kunst an? (S. 71)
7. Beschreiben Sie den Auslauf des Kindergartens in der Laubenkolonie! (S. 73)
8. Wie lernte Charlie Edgar kennen? (S. 73)
9. Was machte Edgar an diesem Morgen? (S. 73)
10. Wie reagierte Charlie, als sie Edgar zum ersten Mal sah? (S. 73) Warum?
11. Wie war die Reaktion der Kinder? (S. 73)
12. Was hält Edgar von Kindern? (S. 75)
13. Wann wird man gleich für einen Wüstling oder Sittenstrolch gehalten? (S. 75)
14. Was erzählte Edgar den Kindern über das Malen? (S. 75)
15. Wie unterschied sich Charlie von anderen Kindergärtnerinnen? (S. 77)
16. Was wollten sich Charlie und Edgar gegenseitig beweisen? (S. 77)
17. Auf welchen Gedanken kam Charlie, als sie Edgar kennenlernte? (S. 77)
18. Woran sah man, daß Edgar ,,gerissen" war? (S. 77–79)
19. Was denkt Edgar über Malerei von Kindern? (S. 79)
20. Wollte sich Edgar *nur* mit den Kindern beschäftigen? (S. 79)
21. Auf welche Idee kam Edgar, als er wieder zurück auf seiner ,,Kolchose" war? (S. 79–81)
22. Wie stellte sich Edgar Willis Reaktion darauf vor? (S. 81)
23. Wie wollte Charlie Edgar beweisen, daß er nicht malen konnte? (S. 81)
24. Wie beschreibt Charlie den Zustand von Edgars Laube? (S. 81)

Charlie und Edgar auf dem Auslauf in der Laubenkolonie. (Copyright Franz Rath)
Permission of Artus-Film, Munich.

1. **richtig liegen** *coll* to be on the right track

4. **Zum Glück** Lucikly, fortunately **einigermaßen kregel** *coll* pretty wide awake, lively

6. **Von wegen Honorar** Some honorarium

7. der **Vorwand** pretext, excuse **jemandem keine Ruhe lassen** to keep a person from getting peace (of mind) or rest

9. **sich zieren** to put on airs, act affectedly **Ich hab doch keinen Finger krumm gemacht!** I didn't so much as lift a finger!

11. die **Anleitung** guidance **wäre es nie geworden** it never would have happened

13. **jemandem etwas auf den Kopf zusagen** to tell a person something plainly

15. **Dann fiel ihr ein** Then it occurred to her **Schon** True

16. **genehmigen** to approve **von oben** from above (that is, by her superiors)

20. **heißen = bedeuten**

21. der **Gammler** hippie

22. der **Gefallen** favor

25. **einen dicken Schädel haben** *coll* to be thick-skulled, obstinate

6

Du liegst völlig richtig, Charlie. Konfus und schlampig
und alles, was du willst. Erst dachte ich, mich streift
ein Bus, Leute, als Charlie da in meiner Bude stand.
Zum Glück war es Nachmittag, und ich war schon einigermaßen kregel. Aber das mit dem Geld war mir 5
gleich klar. Von wegen Honorar. Das war Charlies
eigenes Geld und außerdem ein Vorwand. Ich ließ ihr
irgendwie keine Ruhe.
Ich zierte mich erst mal. Ich sagte: Wofür denn? Ich hab
doch keinen Finger krumm gemacht! 10
Und Charlie: Trotzdem! – Ohne Ihre Anleitung wäre
es nie geworden.
Da sagte ich ihr auf den Kopf zu: Das ist doch Ihr eigenes Geld. Von wegen Honorar!
Dann fiel ihr ein: Schon. Aber ich krieg's wieder. Muß 15
erst genehmigt werden von oben. Ich dachte, Sie können es brauchen.
Ich hatte zwar noch Geld, aber brauchen konnte ich's
schon. Geld kann man immer brauchen, Leute. Ich
nahm's trotzdem nicht. Ich begriff doch, was das heißen 20
sollte. Das sollte heißen, sie hielt mich für einen Gammler oder so. Den Gefallen tat ich ihr nicht. Anschließend hätte sie eigentlich gehen müssen. Bloß, so war
Charlie nicht. Das war nicht ihre Art. Sie hatte mindestens so einen dicken Schädel wie ich. Oder Kopf. 25

4. **wörtlich**   literally

6. **Angeblich bloß so, spaßeshalber**   Supposedly, just for the fun of it

9. **Das lag ihr nicht**   She wasn't suited to that, that wasn't her thing   **Ich sah drei Sekunden lang ziemlich alt aus** *coll*   I was momentarily at a loss

10. der **Einfall** = die **Idee**

11. der **Hocker**   stool

14. **rücken**   to move, change the place of

16. **schlucken**   to gulp, swallow   **mitmachen**   to cooperate, play along

17. **auf die Masche machen** *coll*   to play the role

18. **sich abspielen**   to occur, happen, take place

20. **raushauen** *slang* = **heraushauen**   to claim

24. **Ich war kurz davor**   I was on the verge (of)

29. die **Schelle** = die **Ohrfeige**   slap

33. der **Verlobte**   fiancé

Bei Frauen soll man wohl Kopf sagen.

Außerdem sagte ich ihr die ganze Zeit, daß sie mir ungeheuer was sein konnte. Ich meine, ich sagte es ihr
nicht wörtlich. Ich sagte eigentlich überhaupt nichts.
Aber sie merkte es doch, denke ich. Und dann kam sie
mit ihrer Idee mit dem Bild von ihr. Angeblich bloß so,
spaßeshalber. Und das sollte ich glauben! Charlie konnte vielleicht alles, aber als Schauspielerin war sie ganz
mies. Das lag ihr nicht. Ich sah drei Sekunden lang ziemlich alt aus, bis ich den Einfall mit der Kerze hatte. Ich
setzte Charlie auf einen ollen Hocker, verdunkelte die
Bude, pinnte ein Blatt an die Wand und fing an, ihren
Kopf ins Licht zu drehen. Ich hätte natürlich auch die
olle Kerze rücken können, aber ich war doch nicht blöd.
Ich nahm ihr ganzes Kinn in die Hand und drehte
ihren Kopf. Charlie schluckte zwar, aber sie machte mit.
Ich machte so auf die Masche: der Maler und sein Modell. Angeblich spielt sich da erotisch nichts ab, was ich
für großen Quatsch halte. Wahrscheinlich haben das die
Maler rausgehauen, damit ihnen die Modelle nicht weg-
laufen. Bei mir jedenfalls spielte sich was ab und bei
Charlie mindestens auch. Aber sie hatte keine Chance.
Sie nahm bloß ihre Augen nicht weg. Diese Scheinwerfer. Ich war kurz davor, *alles* zu versuchen. Aber ich
analysierte mich kurz und stellte fest, daß ich gar nicht
alles wollte. Ich meine: ich wollte schon, bloß nicht
gleich. Ich weiß nicht, ob mich einer versteht, Leute.
Zum erstenmal wollte ich warten damit. Außerdem
hätte es wahrscheinlich Schellen gegeben. Das bestimmt.
Damals hätte es noch Schellen gegeben. Ich blieb also
ganz ruhig und machte diesen Schattenriß von ihr. Als
ich fertig war, fing sie sofort an: Geben Sie es mir! Für
meinen Verlobten. Er ist zur Zeit bei der Armee.

1. **das ging mir ... an die Nieren** *coll* = **das traf mich hart**

2. **sich irren** to be mistaken

3. **Verlobt ist noch lange nicht verheiratet** Being engaged is a long way from being married

4. **was gespielt wurde** what was going on

6. **auftauchen** = **erscheinen** to appear, show up

7. **Ich nuschelte irgendwas von** I mumbled something like

8. **roh** unfinished (*literally,* raw)

9. **reinkriegen** *coll* = **hereinbekommen** to force into

10. **Schon weil** If only because

11. **förmlich** definitely, literally

13. **firnissen** to varnish

14. **aufbringen** to provoke, enrage

16. **die Ausrede** excuse

17. **das merkt man** that's obvious

18. **Eine richtige Arbeit** A decent job

20. **Sie war in Fahrt gekommen!** *coll* She was really going strong!

21. **Auch ich war nicht faul** Nor was I idle (that is, I had something to say, too)   **abschießen** *coll* to come up with (*literally,* to shoot off)

23. **Es ist ein einförmiges Ding um das Menschengeschlecht** There is something uniform about all mankind

24. **verarbeiten** to toil away, work hard

25. **übrigbleiben** to be left over, remain

26. **ängstigen** to frighten, scare   **aufsuchen** to seek out, search for

29. **Kein Wunder bei diesem Stil** No wonder given the manner of expression

31. **sich** *dat* **etwas merken** to remember, memorize something

32. **ein wirkliches Leiden von mir** a real source of agony for me

Wenn jetzt einer denkt, das ging mir besonders an die Nieren oder so mit dem Verlobten, der irrt sich, Leute. Verlobt ist noch lange nicht verheiratet. Auf jeden Fall hatte Charlie begriffen, was gespielt wurde. *Das* war's doch! Sie fing an, mich ernst zu nehmen. Ich kannte das schon. Verlobte tauchen immer dann auf, wenn es ernst wird. Den Schattenriß gab ich ihr natürlich nicht. Ich nuschelte irgendwas von: Ist noch zu roh. . . Noch kein Leben drin. Als wenn da noch Leben reinzukriegen gewesen wäre. Schon weil ihre Augen nicht drin sein konnten. Und Charlies Augen waren förmlich Scheinwerfer, oder sagte ich das schon? Ich wollte ihn einfach behalten. Ich wollte ihn firnissen und für mich haben. Das brachte Charlie ziemlich auf. Sie stellte sich hin und sagte mir ins Gesicht: Sie können überhaupt nicht malen, jedenfalls nicht richtig. Das ist alles eine Ausrede für irgendwas. Sie sind auch nicht aus Berlin, das merkt man. Eine richtige Arbeit haben Sie nicht, und mit Malen verdienen Sie jedenfalls kein Geld, womit sonst, weiß ich nicht. – Sie war in Fahrt gekommen! Auch ich war nicht faul. Ich dachte kurz nach und schoß folgendes ab:
Es ist ein einförmiges Ding um das Menschengeschlecht. Die meisten verarbeiten den größten Teil der Zeit, um zu leben, und das bißchen, das ihnen von Freiheit übrigbleibt, ängstigt sie so, daß sie alle Mittel aufsuchen, um es loszuwerden. *to get rid of / To say (coll.)*
Charlie sagte gar nichts. Wahrscheinlich hatte sie kein Wort verstanden. Kein Wunder bei diesem Stil. Ich hatte das natürlich aus diesem Buch. Ich weiß nicht, ob ich schon sagte, daß ich mir Sachen aus Büchern hervorragend merken konnte. Das war ein wirkliches Leiden vor mir. Es hatte zwar auch seine Vorteile, in der *advantage*

3. **jemandem etwas verdenken** to blame someone for something

4. **nachprüfen** to check, verify   **stimmen = richtig sein**

10. der **Arbeitsscheue** someone allergic to work

12. **krumm** *coll* crooked, dishonest, shady   **zu Geld kommen = Geld bekommen**

14. **man konnte wirklich nur schwer schlau werden aus ihm** *coll* it was really difficult to figure him out, to understand him

19. **Blech reden** *slang* = **Unsinn reden** to talk nonsense

21. **krauses Zeug** unintelligible jibberish

22. **verschroben = konfus** confused   **Von sich hatte er das nicht** That didn't come from him

24. **verblüffen** to bewilder, take by surprise

26. **sich** *dat* **etwas leisten** to afford (to do) something

27. **war nicht... zu bezahlen = konnte nicht bezahlt werden** was priceless

31. **jemandem etwas zu verstehen geben** to give a person to understand, intimate to a person

Schule zum Beispiel. Ich meine, jeder Lehrer ist doch zufrieden, wenn er einen Text hört, den er aus dem Buch kennt. Ich konnte(es)keinem verdenken. Brauchte er nicht nachzuprüfen, ob alles stimmte, wie bei eigenen Worten.   5
Und alle waren zufrieden.

„Irre ich mich, oder haben Sie sich mit ihm gestritten?"
„Gestritten nicht. Ich hab ihm auf den Kopf zu gesagt, daß ich ihn für einen Arbeitsscheuen   10
hielt. Ich dachte beinah, er macht irgendwelche krummen Sachen. Irgendwie mußte er doch zu Geld kommen. Entschuldigen Sie! Das war natürlich Unsinn. Aber man konnte wirklich nur schwer schlau werden aus ihm."   15
„Und er? Edgar?"
„Edgar machte, was er immer in solchen Fällen machte, nur an dem Tag zum erstenmal für mich: Er redete Blech. Ich kann es nicht anders sagen. Man konnte sich das auch nicht merken. Ein der-   20
maßen krauses Zeug. Vielleicht nicht sinnlos, aber völlig verschroben. Von sich hatte er das nicht. Wahrscheinlich aus der Bibel, denk ich manchmal. Damit wollte er einen einfach verblüffen, das war alles."   25

Mit Charlie hätte ich mir diesen Jux vielleicht nicht leisten sollen. Trotzdem, ihr Gesicht war nicht mit Dollars zu bezahlen.
Als nächstes fragte sie mich: Wie alt bist du eigentlich? Du! Sie sagte: du. Das sagte sie seit dem Tag immer,   30
wenn sie mir zu verstehen geben wollte, daß sie eigent-

4. **verwechseln** to confuse, mix up

8. **kann was für sein Alter** can do anything about his age

9. **geistig** mentally **weit über die Siebzehn (he)raus** *coll* much older than seventeen

11. **ernst nehmen** to take seriously

12. **ab achtzehn** for people eighteen years old and older

15. **vor der Röhre hocken** *coll* to watch TV (*literally*, to be perched in front of the tube)

17. **lud den Recorder neu** *coll* put a new tape into the recorder

18. **mitteilen** to tell, inform

23. **War das ein Krampf!** *coll* What a lot of crap!

25. **mit etwas zu Rande kommen** = **mit etwas fertig werden** to deal with something

26. **Ich war gespannt** I was anxious (to know) **sich** *dat* **etwas einfallen lassen** to think of something

28. **Danach war mir sehr nach Musik** Afterwards I was in a mood for music

29. die **Aufnahme** recording **M.S.-Septett** a seven-piece jazz group

32. **Jungs** = **M.S.-Jungs** = **M.S.-Septett**

33. **daß man kaputtging** *coll* till one couldn't take any more

lich meine Mutter sein konnte. Dabei war sie höchstens zwei Jahre älter als ich. Ich sagte: Dreitausendsiebenhundertundsiebenundsechzig Jahre, oder waren es -sechsundsiebzig? Ich verwechsle das dieses Jahr immer. Danach ging sie. Ich gebe zu, daß mich diese Frage im- 5 mer fast gar nicht anstank. Auch bei einer Frau, die mir was sein konnte. Das zwang einen immer zum Lügen. Ich meine, kein Mensch kann was für sein Alter. Und wenn einer geistig weit über die Siebzehn raus ist, ist er doch schön blöd, die Wahrheit zu sagen, wenn er 10 ernst genommen sein will. Wenn du in einen Film willst, der erst ab achtzehn ist, stellst du dich ja auch nicht hin und brüllst: Ich bin erst siebzehn. Übrigens ging ich wohl doch ziemlich oft ins Kino. Das war immer noch besser, als zu Hause mit Mutter Wiebau vor 15 der Röhre hocken.
Das erste, was ich machte, als Charlie weg war: ich lud den Recorder neu und teilte Willi mit:
Nein, ich betrüge mich nicht! Ich lese in ihren schwarzen Augen wahre Teilnehmung an mir und meinem 20 Schicksal. . . Sie ist mir heilig. Alle Begier schweigt in ihrer Gegenwart. Ende.
Leute! War das ein Krampf! Vor allem das mit der Begier. Das heißt, so ganz blöd war es auch wieder nicht. Ich kam einfach nicht mit (dieser Sprache) zu 25 Rande. Heilig! Ich war gespannt, was Willi sich (dazu) einfallen ließ.
Danach war mir sehr nach Musik. Ich schob die Kassette mit den ganzen Aufnahmen von diesem M.S.-Septett rein und fing an mich zu bewegen. Zuerst langsam. 30 Ich wußte, daß ich Zeit hatte. Das Band lief gute fünfzig Minuten. Ich hatte fast alles von diesen Jungs. Sie spielten, daß man kaputtging. Ich konnte nicht beson-

3. **warm werden** to get going, warm up   **in meinen vier Wänden = zu Hause**

5. **in Fahrt kommen** to get started

7. **meinethalben** as far as I'm concerned

8. **Sonst kann sich kein Mensch in seine richtige Form steigern** Otherwise you can't really hit your stride

9. der **Neger** Negro

13. der **Orgeler** *coll* = der **Organist**

14. das **Priesterseminar** seminary   der **Ketzer** heretic

15. **sich den halben Arsch aufreißen** *slang* to bust one's ass

16. **auftreiben** = **besorgen** to get hold of   **Die gingen ungeheuer los** *coll* They really took off

25. **echt begabt zum Tanzen** truly talented when it came to dancing

26. **gleich groß** = **gleich gut** equally good

27. **steppen** to tap-dance   **ein Paar Turnschuhe** a pair of sneakers

28. das **Steppeisen** tap

29. **reichen** to be enough, suffice

30. der „**Eisenbahner**" name of a restaurant

31. die "**Große Melodie**" name of a restaurant

32. **SOK** name of a jazz band   **Petrowski** name of a jazz musician

33. **Old Lenz** name of a bandleader   **je nachdem, wer gerade d(a)ran war** according to whose turn it happened to be

ders gut tanzen, jedenfalls nicht öffentlich. Ich meine: Dreimal so gut wie jeder andere konnte ich es immer noch. Aber richtig warm wurde ich nur in meinen vier Wänden. Draußen störten mich die ewigen Tanzpausen. Man kam langsam in Fahrt – Pause. Das machte mich immer fast gar nicht krank. Diese Musik muß pausenlos gespielt werden, meinethalben mit zwei Bands. Sonst kann sich kein Mensch in seine richtige Form steigern. Die Neger wissen das. Oder Afrikaner. Man soll wohl Afrikaner sagen. Bloß, wo gab es zwei solche Bands wie das M.S.-Septett? Man mußte froh sein, daß es die Jungs überhaupt gab. Vor allem den Orgeler. Meiner Meinung nach konnten sie den nur von einem Priesterseminar haben, ein Ketzer oder so. Ich hatte mir fast den halben Arsch aufgerissen, um alle Aufnahmen von den Jungs aufzutreiben. Die gingen ungeheuer los. Eine Viertelstunde und ich war echt high, das zweitemal in kurzer Zeit. Sonst hatte ich das höchstens einmal im Jahr geschafft. Ich wußte langsam, daß es genau richtig war für mich, nach Berlin zu gehen. Schon wegen Charlie. Leute, war ich high! Ich weiß nicht, ob das einer begreift. Wenn ich gekonnt hätte, hätte ich euch alle eingeladen. Ich hatte für mindestens dreihundertsechzig Minuten Musik in den Kassetten. Ich glaube, ich war echt begabt zum Tanzen. Edgar Wibeau, der große Rhythmiker, gleich groß in Beat und Soul. Ich konnte auch steppen. Ich hatte mir an ein Paar Turnschuhe Steppeisen gebaut. Es war erstaunlich, im Ernst. Und wenn meine Kassetten nicht gereicht hätten, wären wir in den „Eisenbahner" gegangen oder noch besser in die „Große Melodie", wo die M.S.-Jungs spielten oder SOK oder Petrowski, Old Lenz, je nachdem, wer gerade dran war. Montag

1. **fester Tag** fixed, set day (to go listen to music)

5. **versäumen** to miss out on

7. **ausgehungert** starved   **Schätzungsweise** Approximately

8. **anständige Truppe** decent band

9. **die Ahnung hatte von** which knew anything about

10. **Uschi Brüning** name of a jazz singer

12. **oder eine** *coll* or anybody else

14. **sich einsingen** = **sich einstimmen** to chime in, harmonize (singing)   **sich verständigen** to communicate

16. die **Seelenwanderung** transmigration of souls   **sich bedanken** to thank

17. **einsteigen** to come in, join in (singing)

19. **bis sie es fast nicht mehr aushalten konnte** until she could hardly stand it any more

21. **ich wurde fast nicht wieder** *coll* I almost died

27. **aus dem Rahmen fallen** to be out of place, conspicuous, not to fit in

29. der **Kanten** *slang* long hair (cut straight across in the back)

30. die **Innenrolle** hair curled under

32. **sich krümmen** to cringe   die **Loden** *pl slang* long hair

war immer fester Tag. Oder denkt vielleicht einer, ich wußte nicht, wo man in Berlin hingehen mußte, wegen echter Musik? Nach *einer* Woche wußte ich das. Ich glaube nicht, daß es viele Sachen in Berlin gegeben hat, die ich versäumt habe. Ich war wie in einem Strom von Musik. Vielleicht versteht mich einer. Ich war doch wie ausgehungert, Leute! Schätzungsweise zweihundert Kilometer um Mittenberg rum gab es doch keine anständige Truppe, die Ahnung hatte von Musik. Old Lenz und Uschi Brüning! Wenn die Frau anfing, ging ich immer kaputt. Ich glaube, sie ist nicht schlechter als Ella Fitzgerald oder eine. Sie hätte alles von mir haben können, wenn sie da vorn stand mit ihrer großen Brille und sich langsam in die Truppe einsang. Wie sie sich mit dem Chef verständigte ohne einen Blick, das konnte nur Seelenwanderung sein. Und wie sie sich mit einem Blick bedankte, wenn er sie einsteigen ließ! Ich hätte jedesmal heulen können. Er hielt sie so lange zurück, bis sie es fast nicht mehr aushalten konnte, und dann ließ er sie einsteigen, und sie bedankte sich durch ein Lächeln, und ich wurde fast nicht wieder. Kann auch sein, es war alles ganz anders mit Lenz. Trotzdem, die „Große Melodie", das war eine Art Paradies für mich, ein Himmel. Ich glaube nicht, daß ich in der Zeit von viel was anderem gelebt habe als von Musik und Milch. Anfangs war mein Problem in der „Großen Melodie" bloß, daß ich keine langen Haare hatte. Ich fiel ungeheuer aus dem Rahmen. Als echter Vorbildknabe durfte ich in Mittenberg natürlich keinen Kanten haben und eine Innenrolle schon gar nicht. Ich weiß nicht, ob sich einer vorstellen kann, was das für ein Leiden war. Ich krümmte mich, wenn ich die anderen mit ihren Loden sah, natürlich nur innerlich. Ansonsten behauptete ich,

otherwise   claimed

97

2. **weil da kein Mut zu gehörte**   because that didn't take any courage

3. **in einer Tour** *coll*   continuously, never-ending   das **Heckmeck**
   coll = der **Ärger**   trouble

4. die **Einstellung**   hiring

7. die **Sicherheit**   safety   der **Kopfschutz**   device protecting the
   head

8. das **Haarnetz**   hair net

9. **markiert**   marked, branded   **bestrafen**   to punish

10. die **Genugtuung**   satisfaction

13. **angetobt kommen**   to approach in a rage

16. **wurde mir immer rot vor Augen**   I always became furious

18. **anstänkern** *slang*   to scold, rebuke

19. **jemandem etwas zuleide tun**   to do someone harm

20. **fies** *coll* = **abstoßend**   obnoxious, repulsive

22. **Proper** = **Ordentlich, sauber**

24. der **Musterknabe** = der **Vorbildknabe**   model boy

27. die **Horde**   gang   **umkippen**   to turn over   **einschmeißen**
   coll   to smash, break (windows)   die **Scheibe**   windowpane

28. **dergleichen Zeugs** *coll*   things like that   **erwischen**   to catch (in
   the act)

29. der **Anführer**   leader   **ausgeschlafen** *coll* = **gescheit**   capable,
   bright, intelligent

30. **klappen** *coll*   to come off, click

31. **greifen**   to grab, catch

32. die **Perücke**   wig

daß mir lange Haare nichts sein konnten, wenn alle
welche hatten, weil da kein Mut zu gehörte. Dabei gab
es in einer Tour Heckmeck wegen der Haare. Schon bei
der Einstellung. Ich weiß nicht, wer das kennt, Leute.
Dieses Gesicht, wenn sie einem erklären, daß in der 5
Werkstatt oder wo keine langen Haare getragen werden dürfen, wegen der Sicherheit. Oder eben Kopfschutz, Haarnetz, wie die Frauen, womit einer dann
aussieht wie markiert, wie bestraft. Ich glaube, keiner
kann sich vorstellen, was das für eine Genugtuung für 10
einen wie Flemming war. Die meisten nahmen natürlich den Kopfschutz, und wenn es ging, nahmen sie ihn
ab. Mit dem Erfolg, daß Flemming sofort angetobt
kam. Er hätte nichts gegen lange Haare, aber in der
Werkstatt. . ., *leider*. . . und so weiter. Wenn ich sein 15
Grinsen sah dabei, wurde mir immer rot vor Augen.
Ich weiß nicht, wie man so was nennen muß, wenn
Leute wegen langer Haare ewig angestänkert werden.
Ich möchte wissen, wem man damit irgendwas zuleide
tut? Ich fand Flemming dann immer ungeheuer fies. 20
Vor allem, wenn er dann noch sagte: Seht euch den
Edgar an. Der sieht immer proper aus. Proper!
Irgendwer hat mir mal die Geschichte von einem er-
zählt, auch so einem Musterknaben, Durchschnitt eins
und besser, Sohn prachtvoller Eltern, bloß, er fand 25
keine Kumpels. Und in seiner Gegend gab's da so eine
Horde, die kippte Parkbänke um, schmiß Scheiben ein
und dergleichen Zeugs. Kein Aas konnte sie erwischen.
Der Anführer war ein absolut ausgeschlafener Junge.
Aber eines mehr oder weniger schönen Tages klappte 30
es doch. Sie griffen ihn. Der Kerl hatte Haare bis auf
die Schultern – typisch! Bloß, es war eine Perücke, und
in Wahrheit war er eben jener prachtvolle Muster-

1. **hatte es ihm gereicht** *coll* he'd had it

2. **sich anschaffen** = **sich kaufen**

6. **einen geradezu teuflischen Haarwuchs** a downright fiendish growth of hair

11. **der Friseur** barber

12. **annehmbar** acceptable **der Pilz** *slang* = **lange Haare** (*literally*, mushroom, fungus)

Fragen

1. Unter welchem Vorwand wollte Charlie Edgar Geld geben? (S. 85)
2. Warum nahm Edgar Charlies Geld nicht? (S. 85)
3. Wieso machte Edgar einen Schattenriß von Charlie (anstatt eines Bildes)? (S. 87)
4. Was spielte sich dabei ab? (S. 87)
5. Weshalb versuchte Edgar nicht „alles"? (S. 87)
6. Wieso störte es Edgar nicht, daß Charlie ihren Verlobten erwähnte? (S. 89)
7. Was warf Charlie ihm vor? (S. 89)
8. Was sagte Edgar über Arbeit und Freiheit? (S. 89)
9. Warum ist Edgars Meinung nach jeder Lehrer zufrieden, wenn ein Schüler einen Text zitiert? (S. 91)
10. Was hielt Charlie damals von Edgar? (S. 91)
11. Wie denkt Charlie heute über Edgars Zitate? (S. 91)
12. Wann redete Charlie Edgar mit „du" an? (S. 91–93)
13. Weshalb zwang die Frage nach dem Alter Edgar immer zum Lügen? (S. 93)
14. Was hielt Edgar von dem Zitat aus „Werther", das er an Willi schickte? (S. 93)

knabe. An einem Tag hatte es ihm gereicht, und er hatte sich eine Perücke angeschafft.

Anfangs in Berlin dachte ich oft daran, ebenfalls irgendwo eine Perücke aufzureißen, für die „Große Melodie". Aber erstens liegen Perücken nicht einfach 5 so auf der Straße rum, und zweitens hatte ich einen geradezu teuflischen Haarwuchs. Ob das einer glaubt oder nicht – meine Haare wurden am Tag schätzungsweise zwei Zentimeter länger. Das war lange Zeit ein echtes Leiden von mir. Ich kam gar nicht wieder weg 10 vom Friseur. Aber auf die Art hatte ich nach zwei Wochen schon einen annehmbaren Pilz.

---

15. Warum konnte Edgar öffentlich nicht besonders gut tanzen? (S. 93–95)
16. Welche Band hörte Edgar besonders gerne? (S. 95) Warum?
17. Weshalb fand Edgar es richtig, daß er nach Berlin gegangen war? (S. 95)
18. Welche Tänze konnte Edgar? (S. 95)
19. Wohin mußte man in Berlin gehen, um „echte Musik" zu hören? (S. 95–97)
20. Was meinte Edgar zu der Musik von Old Lenz und Uschi Brüning? (S. 97)
21. Wie verständigte sich Uschi Brüning mit Old Lenz auf der Bühne? (S. 97)
22. Weshalb fiel Edgar anfangs in der „Großen Melodie" auf? (S. 97)
23. Welche Bedeutung hatten lange Haare für Edgar? (S. 97–99)
24. Was passierte in der Werkstatt wegen der langen Haare? (S. 99)
25. Wie reagierte Edgar auf Flemmings Benehmen? (S. 99)
26. Weshalb erzählt Edgar die Geschichte von dem Musterknaben? (S. 99–101)
27. Warum schaffte sich Edgar keine Perücke an in Berlin? (S. 101)

2. **Das ließ sich nicht vermeiden** That couldn't be avoided

4. **gingen ihm die Kinder nicht mehr von der Pelle** *coll*   the children wouldn't leave him alone for a minute

6. **wie man das bei Männern ganz selten hat** which is quite unusual for a man

7. **bei Jungs** for a boy, young man

9. **wer was für sie übrig hat** who is fond of them

12. **das macht einem Spaß** that one is having good fun

14. **das Vieh** dumb animal

15. **hervorragend ... auskommen** to get along magnificently

16. **der Kindernarr** someone who is crazy about children

18. **d(a)ranbleiben** *coll* to stay close to (a person), stick with (something)

22. **hängen** *coll* to hang around

24. **der Ausleger** beam   **mimen** to imitate, pretend to be   **der Indianer** American Indian   **Dabei kriegte ich langsam mit** *coll* in so doing I gradually came to understand

7

„Sie haben ihn demnach noch öfter gesehen?"
„Das ließ sich nicht vermeiden. Wir waren ja
praktisch Nachbarn. Und seit der Sache mit dem
Wandbild gingen ihm die Kinder nicht mehr von
der Pelle! Was sollte ich dagegen machen? Er   5
konnte mit Kindern umgehen, wie man das bei
Männern ganz selten hat, ich meine, bei Jungs.
Außerdem glaube ich, daß Kinder genau wissen,
wer was für sie übrig hat oder nicht."

Das stimmt. Charlies Gören war nicht mehr zu helfen.   10
So sind sie. Man darf ihnen nicht den kleinen Finger
geben. Ich wußte das. Sie denken wahrscheinlich, das
macht einem Spaß. Trotzdem machte ich mit, geduldig
wie ein Vieh. Erstens war Charlie der Meinung, ich
könnte hervorragend mit Kindern auskommen, eine   15
Art Kindernarr. Die Meinung wollte ich ihr nicht nehmen. Ich und ein Kindernarr! Zweitens waren die Gören meine einzige Chance, an Charlie dranzubleiben.
Ich konnte machen, was ich wollte, ich kriegte Charlie
nicht wieder auf meine Kolchose und in meine Laube   20
schon gar nicht. Sie wußte, warum, und ich auch. Auf
die Art hing ich also Tag für Tag in diesem Auslauf. Ich
drehte das Karussell oder was dieses Ding mit den vier
Auslegern sein sollte, oder ich mimte den Indianer. Da-

1. **einen von sich abwimmeln** to shake someone off

3. **die Partei** = die **Gruppe** **sich befehden** = **sich bekämpfen** to fight against one another

4. **Um die Zeit** Around that time

6. **überstehen** to get over

7. **So geht es nicht** That won't do

8. **Was macht** What about

10. **wieder werden** *coll* to recover, regain one's composure

12. **aufs Stichwort** by key words, cues

14. **der Hintern** buttocks, backside; **sich in den Hintern beißen** *coll* to be extremely angry **in Stimmung** in the (right) mood

16. **das Sprichwort** saying, proverb **jemandem etwas an den Kopf werfen** to toss something (in this case, sayings or proverbs) at a person

17. **Schon recht** Right, O.K.

18. **das Geschirr** dishes **abtrocknen** to dry

19. **braucht noch lange nicht blöd zu sein** is far from being crazy

28. **gammeln** *coll* to bum around **zustehen** *dat* to be due (a person)

30. **hocken** *coll* = **bleiben** **und das** and all that

31. **erst** = **am Anfang** **einigermaßen** somewhat, relatively

33. **die Visage** *coll* = das **Gesicht**

bei kriegte ich langsam mit, wie man sie sich abwimmeln
kann, wenn man will. Wenigstens für zehn Minuten.
Ich teilte sie in zwei Parteien und ließ sie sich befehden.
Um die Zeit kam auch die erste Antwort von Willi. Der
gute Willi. Das war zuviel für ihn. Das hatte er nicht 5
überstanden. Auf dem Band war folgender Text: Salute, Eddi! So geht es nicht. Gib mir den neuen Code.
Welches Buch, welche Seite, welche Zeile. Ende. Was
macht Variante drei?
Gib mir den neuen Code! Ich wurde nicht wieder. Das 10
war zuviel für ihn. Es war auch nicht ganz fair von mir,
das gebe ich zu. Ansonsten verstanden wir uns aufs
Stichwort. Aber das war zuviel. Ein neuer Code. Ich
hätte mir in den Hintern beißen können. Wenn wir in
Stimmung waren, konnten wir uns zum Beispiel mas- 15
senweise blöde Sprichwörter an den Kopf werfen: Ja,
ja, das Brot hat immer zwei Kanten. – Schon recht.
Aber wenn man das Geschirr morgens nicht abtrocknet,
ist es noch naß. – Wer dumm ist, braucht noch lange
nicht blöd zu sein. – Aber macht die Füße trocken. 20
In dem Stil. Aber das war zuviel für Old Willi. Leute,
seine Stimme hättet ihr hören sollen. Er verstand die
Welt nicht mehr. Mit Variante drei meinte er, ob ich
arbeite und so. Er dachte wohl, ich verhungere. Genauso Charlie. Sie fing immer wieder davon an. 25
Ich hatte nichts gegen Arbeit. Meine Meinung dazu
war: Wenn ich arbeite, dann arbeite ich, und wenn ich
gammle, dann gammle ich. Oder stand mir etwa kein
Urlaub zu? Aber es soll keiner denken, ich hatte vor,
ewig auf meiner Kolchose zu hocken und das. Man 30
denkt vielleicht erst, das geht. Aber jeder einigermaßen
intelligente Mensch weiß, wie lange. Bis man blöd wird,
Leute. Immer nur die eigene Visage sehen, das macht

1. **auf die Dauer** in the long run

2. **Der Jux fehlt** That isn't any fun

4. **Vorläufig** For the time being

6. **An Charlie lag mir was** Charlie meant something to me, I was fond of Charlie

10. **häkeln** to crochet   **Fehlte bloß noch** All that was missing was

11. **der Schoß** lap

12. **die Hemmung** inhibition

14. **das Häkelzeug** crochet work

15. **rumfummeln = herumfummeln** to fumble around   **ständig = immer, dauernd**

17. **vornehmen** to take in hand

18. **jemanden halb krank machen** *coll* to drive someone (half) crazy

19. **weite Röcke** wide skirts

20. **nach etwas fassen** to reach for, take hold of something

21. **der Saum** hem   **anheben** to lift, raise

22. **die Hose** underpants

23. **sich** *dat* **etwas entgehen lassen** to let something slip by, fail to observe

24. **dafür sorgen, daß** to take care that, see to it that

29. **Eine Schau für sich** A show in itself

30. **ihre Scheinwerfer nach unten hielt** kept her eyes trained down

31. **immerzu = immer**

33. **der Silberblick** *coll* slight squint

garantiert blöd auf die Dauer. Das popt dann einfach
nicht mehr. Der Jux fehlt und das. Dazu braucht man
Kumpels, und dazu braucht man Arbeit. Jedenfalls ich.
Bloß so weit war ich noch nicht. Vorläufig popte es
noch. Außerdem hatte ich keine Zeit für Arbeit. Ich 5
mußte an Charlie dranbleiben. An Charlie lag mir was,
aber das sagte ich wohl schon. In so einem Fall muß
man dranbleiben. Ich seh mich noch neben ihr hocken
in diesem Auslauf, und die Gören spielten um uns rum.
Charlie häkelte. Ein Idyll, Leute. Fehlte bloß noch, daß 10
ich meinen Kopf in ihrem Schoß hatte. Ich hatte da
keine Hemmungen, und ich hatte es auch schon einmal
geschafft. Das Gefühl am Hinterkopf war nicht schlecht.
Im Ernst. Aber seit dem Tag brachte sie Häkelzeug mit
und fummelte damit ständig in ihrem Schoß rum. Sie 15
kam nachmittags mit den Gören, setzte sich hin und
nahm das Häkelzeug vor. Ich war dann immer schon da.
Charlie hatte eine Art, sich hinzusetzen, die einen halb
krank machen konnte. Sie hatte wohl nur weite Röcke,
und bevor sie sich hinsetzte, faßte sie jedesmal hinten 20
nach dem Saum, hob ihn an und setzte sich auf ihre
Hosen. Sie machte das sehr präzise. Deswegen war ich
immer schon da, wenn sie kam. Ich wollte mir das nicht
entgehen lassen. Ich sorgte auch dafür, daß die Bank
immer trocken war. Ich weiß nicht, ob sie das merkte. 25
Aber daß ich zusah, wenn sie sich hinsetzte, wußte sie
genau. Das kann mir keiner erzählen. So sind sie. Sie
wissen genau, daß man zusieht, und machen es trotzdem. Eine Schau für sich war auch, wie sie dabei jedesmal ihre Scheinwerfer nach unten hielt. Sonst war es 30
ihre Art, einen immerzu anzusehen. Aber in dem Moment hielt sie ihre Scheinwerfer nach unten. Ich glaube,
Charlie hatte einen leichten Silberblick. Deswegen der

3. **in welche Ecke man auch geht**   no matter where (in which corner) one is standing

5. **daß die optischen Achsen genau parallel verlaufen**   so that the optical axes are perfectly parallel

7. **Bekanntlich**   As is known

8. **Ich will damit nicht sagen**   I don't mean to imply

9. **einen für voll nehmen** *coll*   to take someone seriously

10. **sich lustig machen über**   to make fun of

12. das **Inventar**   inventory; **zum Inventar von ... gehörte**   had become a part of

13. der **Außen-Hausmeister**   unofficial custodian, custodian for outside affairs

15. das **Karussellschieben**   pushing of the merry-go-round

16. **zum Service gehören**   to be included in the service

17. das **Luftballonaufblasen**   blowing up of balloons

18. **zwei hoch sechs**   2 to the 6th power

19. **wurde mir schwarz vor (den) Augen**   I blacked out

20. **umkippen** *coll*   to faint, topple over   **glatt** *coll* = **tatsächlich** actually

21. **tauchen**   to stay under water (*literally*, to dive)

24. **auftauchen**   to come to, regain consciousness

26. **drückte meine Birne fest** *coll*   (I) placed my head firmly

27. **kitzlig**   ticklish

Eindruck, daß sie einen ständig ansah. Ich weiß nicht, ob einer diese Porträts von Leuten kennt, die an der Wand hängen und einen immerzu ansehen, in welche Ecke man auch geht. Der Trick, den die Maler da haben, ist einfach der, daß sie die Augen so malen, daß die optischen Achsen genau parallel verlaufen, was sie im Leben nie tun. Bekanntlich gibt es keine wirklichen Parallelen. Ich will damit nicht sagen, daß es mir unangenehm war. Das nicht. Bloß, man wußte nie, nahm sie einen für voll oder machte sie sich über einen lustig? Das konnte einen ziemlich krank machen.

Ich sagte wohl schon, daß ich praktisch zum Inventar von diesem Kindergarten gehörte. Eine Art Außen-Hausmeister oder was. Fehlte bloß noch, daß ich den Zaun anstrich. Dieses Spielzeugreparieren und Karussellschieben gehörte sowieso schon zum Service. Und Luftballonaufblasen. An dem Tag, wahrscheinlich Kinderfest, hatte ich schon ungefähr zwei hoch sechs Ballons aufgeblasen, und beim zwei hoch siebenten wurde mir schwarz vor Augen, und ich kippte um. Ich kippte glatt um. Ich konnte vier Minuten tauchen, drei Tage hungern oder einen halben Tag keine Musik hören, ich meine: echte Musik. Aber davon kippte ich um. Als ich wieder auftauchte, lag ich in Charlies Schoß. Ich begriff das sofort. Sie hatte mein Hemd aufgemacht und massierte meine Brust. Ich drückte meine Birne fest an ihren Bauch und hielt still. Leider bin ich blödsinnig kitzlig. Ich mußte mich also hinsetzen. Die Gören standen um uns rum. Charlie war blaß. Fast sofort tobte sie los: Wenn ich Hunger hätte, würde ich was essen, ja?
Ich meinte: Kommt bloß vom Aufblasen.
Charlie: Wenn ich nichts zu essen hätte, würde ich mir was kaufen.

3. **Sie fraß mich förmlich auf mit ihren Scheinwerfern** *coll* She literally gobbled me up with her eyes (that is, she looked at me very intensely)

6. **schießen** to launch, send

10. die **Verdrehung** twisting of words or a saying

11. **sich hochbringen** = **aufstehen** to pick oneself up   **schießen** to dash, hurry, run

13. **abruppen** *coll* = **abrupfen** to pick   der **Salatkopf** head of lettuce

15. **spaßeshalber** for the fun of it   die **Samentüte** bag of seeds

16. **verstreuen** to scatter, strew about, disperse

17. der **Salat** lettuce   das **Radieschen** radish

19. **knirschen** to crunch, grind   **loswerden** *coll* = **sagen**

22. die **Wonne** joy, bliss   das **Krauthaupt** head of cabbage

23. **ziehen** to grow (vegetables)

26. **Du Spinner!** *coll* You idiot!

28. **auf die Palme gehen** *coll* = **böse werden** to become angry

29. **nutzen** to make use of

30. **unterbringen** to find a place for   **es hätte garantiert auch geklappt** *coll* it definitely would have come off

32. **rutschen** to slip, slide

33. **sich** *dat* **angewöhnen** to acquire the habit

Ich grinste. Ich wußte genau, warum sie so tobte. Weil
sie ungeheuer froh war, daß ich noch lebte. Jeder einigermaßen intelligente Mensch hätte das gemerkt. Sie
fraß mich förmlich auf mit ihren Scheinwerfern, Leute.
Ich wurde beinah nicht wieder. Bloß die Gören hätte   5
ich auf den Mond schießen können.
Charlie: Wenn ich kein Geld hätte, würde ich arbeiten
gehn.
Ich sagte: Wer nicht ißt, soll auch nicht arbeiten.
Ich hielt solche Verdrehungen für ziemlich witzig. An-   10
schließend brachte ich mich hoch, schoß in meine Kolchose, mehr als zwei Schritte waren das nicht, und
ruppte den ersten Salatkopf ab, den ich in die Klauen
kriegte. Ich sagte wohl noch nicht, daß ich an einem Tag
spaßeshalber alle Samentüten, die da noch in Willis   15
Laube rumlagen, im Garten verstreut hatte. Als erstes
war Salat gekommen. Salat und Radieschen. Ich fing an,
mir den Salat zwischen die Zähne zu schieben. Der
Sand knirschte, aber ich wollte nur folgendes los-
werden:^{sagen}   20
Wie wohl ist mir's, daß mein Herz die simple harm-
lose Wonne des Menschen fühlen kann, der ein Krauthaupt auf seinen Tisch bringt, das er selbst gezogen.
Natürlich hatte ich das von diesem Werther! Ich glaube,
ich hatte an dem Tag soviel Charme wie nie.   25
Charlie sagte bloß: Du Spinner!
Bis dahin hatte sie das noch nie gesagt. Sie war immer
auf die Palme gegangen, wenn ich mit diesem Werther
kam. Ich wollte sofort meine Chance nutzen und meinen Kopf wieder bei ihr unterbringen, und es hätte ga-   30
rantiert auch geklappt, wenn mir in dem Moment nicht
dieses blöde Werther-Heft aus dem Hemd gerutscht
wär. Ich hatte mir angewöhnt, es immer im Hemd zu

2. **blättern** to leaf through (a book)

3. **Ich sah ziemlich alt aus** *coll* I was quite embarrassed **sich** *dat* **vorkommen** to feel

4. **reichlich = ziemlich** **mitkriegen** *coll* = **mitbekommen** to understand

5. **das Klopapier** *coll* toilet paper

7. **zittern** to tremble, shake

9. **weitermachen mit Charmantsein** *coll* to continue being charming

10. **bloß da kam die Kindergartenchefin ... getobt** only just then the head of the kindergarten came on the run

12. **geschätzt** esteemed **die Anwesenheit** presence

15. **Schluß machen** to finish up

19. **käseweiß** white as a sheet (*literally*, white as cheese) **knallrot** red as a beet (*literally*, red as a gunshot)

20. **der Schwerverbrecher** criminal

21. **abfegen** *coll* = **davon laufen** to leave in a hurry

22. **durchsehen** to see clearly, comprehend

24. **in Ehren entlassen** (with) honorable discharge

27. **schuld sein** to be at fault

29. **der Halbmaler** half-assed, incompetent painter **An mir sollte es liegen = Ich sollte schuld sein**

30. **alldem** all of that

31. **mich tritt ein Pferd** *coll* = **ich war vollkommen erstaunt** ~~Perfectly amazed~~

33. **ankommen** to be successful

haben, ich wußte eigentlich selbst nicht, warum.
Charlie hatte es sofort in der Hand. Sie blätterte drin,
ohne zu lesen. Ich sah ziemlich alt aus. Ich wäre mir
reichlich blöd vorgekommen, wenn sie alles mitgekriegt
hätte. Sie fragte, was das ist. Ich nuschelte: Klopapier. 5
Eine Sekunde später hatte ich das Ding wieder. Ich
steckte es weg. Schätzungsweise zitterte mir leicht die
Hand dabei. Seit dem Tag ließ ich es in der Laube,
Leute. Danach wollte ich wieder weitermachen mit
Charmantsein und dem, bloß da kam die Kinder- 10
gartenchefin in den Auslauf getobt. Ich dachte erst, sie
hat vielleicht was gegen meine geschätzte Anwesenheit.
Aber sie sah mich gar nicht. Sie sah nur Charlie an,
irgendwie komisch.
Sie sagte: Mach Schluß für heute. Ich mach weiter für 15
dich.
Charlie verstand überhaupt nichts.
Die Chefin: Dieter ist da.
Charlie wurde käseweiß, dann knallrot. Dann sah sie
mich wie einen Schwerverbrecher an oder was, und 20
dann fegte sie ab.
Ich sah nicht mehr durch.
Die Chefin erklärte mir: Dieter ist ihr Verlobter.
Er war an dem Tag von der Armee zurück, in Ehren
entlassen und das. Fragte ich mich, wieso Charlie das 25
nicht wußte. Das kriegt man doch geschrieben. Dann
dachte ich an den Schwerverbrecherblick. *Ich* sollte
schuld sein, *ich*, Edgar Wibeau, der Arbeitsscheue, der
Halbmaler, der Spinner! An mir sollte es liegen, daß
sie ihren Dieter nicht am Bahnhof mit Blumen und all- 30
dem empfangen hatte. Ich dachte, mich tritt ein Pferd.
Ich glaube, ich sagte schon, daß ich ziemlich viel
Charme hatte. Daß ich ankam bei Frauen oder bei

1. **geistig** intellectually

3. **von wegen Frau** *coll* = **keine reife Frau** far from being a mature woman

6. **das Niveau** level, standard   **ernsthaft** real (*literally*, serious)

8. **daß ich gleich *so* bei ihr losgehen würde** *coll* that I would become interested in her so quickly

10. **spurten** = **laufen**

12. **entgegenkommen** *dat* to come to meet, walk toward   **in Schlips und Kragen** dressed up (*literally*. wearing a tie and starched collar)

14. **die Kollegmappe** briefcase   **das Luftgewehr** air rifle   **die Hülle** cover

15. **der Strauß** bouquet   **schätzen** to estimate, guess

17. **dienen** to serve (in the military)   **Wahrscheinlich hatte er es bis zum General gebracht** He'd probably risen to the rank of general

23. **passend** fitting, suitable, appropriate

Fragen

1. Wieso hat Charlie Edgar öfter gesehen? (S. 103)
2. Warum kümmerte sich Edgar um Charlies „Gören" im Kindergarten? (S. 103)
3. Was spielte Edgar mit den Kindern? (S. 103)
4. Woran sieht man, daß Willi Edgars Band nicht verstanden hat? (S. 105)

weiblichen Wesen. Ich meine jetzt: geistig oder wie man das nennen soll. Sylvia war fast drei Jahre älter als ich gewesen, aber von wegen Frau? Ich weiß nicht, ob mich einer versteht. Sylvia war weit unter meinem Niveau. Ich hatte deswegen nichts gegen sie, aber sie war weit unter meinem Niveau. Charlie war die erste ernsthafte Frau, mit der ich zu tun hatte. Ich hatte nicht gedacht, daß ich gleich *so* bei ihr losgehen würde. Ich wurde fast nicht wieder, Leute. Ich denke, das kam, weil ich immer an ihr drangeblieben war. Ich spurtete in meine Laube, das heißt, ich wollte. Vorher sah ich noch Dieter. Er war Charlie entgegengekommen. Er war in Schlips und Kragen, hatte einen Koffer, eine von diesen blöden Kollegmappen, ein Luftgewehr in der Hülle und einen Strauß Blumen. Ich schätzte ihn auf fünfundzwanzig, ich meine: diesen Dieter. Demnach mußte er länger gedient haben. Wahrscheinlich hatte er es bis zum General gebracht oder so.

Ich wartete, ob sie sich küßten. Ich konnte aber nichts davon sehen.

In der Laube griff ich sofort zum Mikro. Das mußte Old Willi mitkriegen. Eine Sekunde, und ich hatte den passenden Text:

Genug, Wilhelm, der Bräutigam ist da! ... Glücklicherweise war ich nicht beim Empfange! Das hätte mir das Herz zerrissen. Ende.

---

5. Wie verständigten sich Edgar und Willi, wenn sie in Stimmung waren? (S. 105)
6. Was ist Edgars Einstellung zur Arbeit? (S. 105)
7. Warum wollte Edgar nicht für immer auf seiner Kolchose bleiben? (S. 105–107)
8. Weshalb wollte er vorläufig noch nicht arbeiten? (S. 107)

9. Wieso brachte Charlie immer Häkelzeug mit zur Arbeit im Kindergarten? (S. 107)
10. Beschreiben Sie Charlies Art. sich hinzusetzen! (S. 107) Wie lautete Edgars Kommentar dazu?
11. Was sagt Edgar über Charlies Augen? (S. 107–109)
12. Wie war Edgars Stellung im Kindergarten? (S. 109)
13. Was passierte Edgar beim Kinderfest? (S. 109)
14. Wie reagierte Charlie, als Edgar umkippte? (S. 109)
15. Warum tobte sie sofort los? (S. 109–111)
16. Woher hatte Edgar den Salat auf seiner Kolchose? (S. 111)
17. Wieso hielt Charlie Edgar für einen Spinner? (S. 111)
18. Was geschah, als Edgar seinen Kopf wieder in Charlies Schoß legen wollte? (S. 111)
19. Weshalb ließ Edgar das ,,Werther''-Heft seit diesem Tag in der Laube? (S. 113)
20. Wieso forderte die Chefin Charlie auf, mit ihrer Arbeit Schluß zu machen? (S. 113)
21. Wie verstand Edgar Charlies Blick? (S. 113)
22. War Charlie die erste Frau, die Edgar etwas bedeutete? (S. 115)
23. Wie war Edgars erster Eindruck von Dieter? (S. 115)
24. Wovon sprach Edgar auf dem Band für Willi? (S. 115)

4. der **Hilfsarbeiter**   temporary, part-time worker

5. **abgeben**   to be suited, good for (a particular job)

8. **von Kind auf**   from childhood on

11. der **Innendienstleiter**   person in charge of garrison duty

12. **ob Ihnen das was sagt**   whether that means anything to you

15. der **Einfluß**   influence; **Einfluß auf jemanden haben**   to have influence on a person   **zusammen auskommen**   to get along with one another

17. **gelegentlich**   on occasion, now and then

18. **nicht zu helfen**   beyond help, (he) couldn't be helped

20. die **Lammsgeduld**   patience of a saint (*literally,* patience of a lamb)

22. **jemandem auf die Bude rücken** *coll*   to intrude upon someone

23. **sich trauen**   to venture, dare (to do something)

8

„Wenn es mit der Malerei nichts gewesen ist,
frage ich mich, wovon er denn nun eigentlich gelebt hat."
„Er hätte höchstens irgendwo den Hilfsarbeiter
abgeben können. Aber das hätten wir merken   5
müssen, mein Mann und ich. Das heißt, damals
waren wir noch nicht verheiratet. Wir kannten
uns schon ziemlich lange, von Kind auf. Er
war dann lange bei der Armee gewesen. Ich
brachte ihn und Edgar zusammen. Dieter, also   10
mein Mann, war zuletzt Innendienstleiter gewesen. Ich weiß nicht, ob Ihnen das was sagt.
Dabei hatte er jedenfalls viel mit Jungs in Edgars
Alter zu tun. Ich dachte, er würde auf Edgar vielleicht ein bißchen Einfluß haben. Sie kamen auch   15
ganz gut zusammen aus. Wir waren einmal bei
Edgar, und Edgar war gelegentlich bei uns. Aber
Edgar war ja nicht zu helfen. Es war ihm einfach
nicht zu helfen. Dieter hatte wirklich eine
Lammsgeduld mit ihm, vielleicht zuviel, ich weiß   20
nicht. Aber Edgar war eben nicht zu helfen."

Es stimmt. Sie rückten mir beide auf die Bude. Mit
ihrem Dieter zusammen traute sich Charlie wieder in
meine Bude. Sie war ein paar Tage nicht im Auslauf

2. **duzen**   to be on a first-name basis with someone (that is, using the familiar ,,**du**" rather than the formal ,,**Sie**")

3. **jemandem etwas klarmachen**   to make something clear, explain to someone   **daß sie zu mir stand**   that she related to me

4. **die Fäuste hochnehmen**   to put up one's guard

10. **schlapp = schwach**

11. **einschätzen**   to form an estimate of, judge

12. **kein Mann für**   not the right one for

14. **altersmäßig**   judging by age   **sonst**   in other ways

15. **sich bewegen**   to carry oneself   **würdig** dignified   **Bismarck**   Prince Otto Eduard Leopold von Bismarck-Schönhausen (1815–1898), Prussian statesman, often called the "Iron Chancellor" of Germany, who brought about the foundation of the German Reich in 1871 at the end of the Franco-Prussian War   n

16. **sich aufbauen** *coll*   to stand erect

18. **sich** *dat* **sicher sein**   to be sure

20. **sich halten = bleiben**   **dicht**   close

21. **nach wie vor**   still (as before)

25. **loslegen** *coll*   to start (in), begin

26. **schaden** *dat*   to harm, hurt

27. **sich orientieren auf**   to focus on, become acquainted with

28. der **Bauarbeiter**   construction worker

30. **hierbei wie überall**   in this as in everything else

gewesen. Ihre Gören ja, sie nicht. Dann tauchte sie mit Dieter bei mir auf. Sie duzte mich. Ich kannte das. Sie wollte Dieter klarmachen, daß sie zu mir stand wie zu einem harmlosen Spinner. Ich nahm sofort die Fäuste hoch. Ich meine, nicht wirklich. Innerlich. Ich sagte wohl noch nicht, daß ich seit vierzehn im Boxklub war. Außer Old Willi war das vielleicht das Beste in Mittenberg. Ich wußte zwar nicht, was Dieter für ein Partner war. Auf den ersten Blick schätzte ich ihn für ziemlich schlapp, aber ich hatte gelernt, daß man einen Partner nie nach dem ersten Blick einschätzen darf. Bloß, daß er kein Mann für Charlie war, der Meinung war ich sofort. Er hätte ihr Vater sein können, ich meine, nicht altersmäßig. Aber sonst. Er bewegte sich mindestens so würdig wie Bismarck oder einer. Er baute sich vor meinen gesammelten Werken auf. Wahrscheinlich hatte ihn Charlie vor allem deswegen mitgeschleppt. Sie war sich immer noch nicht ganz sicher, ob ich nicht doch ein verkanntes Genie war. Ansonsten hielt sie sich immer dicht neben Dieter. Ich hatte nach wie vor die Fäuste oben. Dieter brauchte ziemlich lange. Ich dachte schon, es kommt gar nichts von ihm. Aber das war so Dieters Art. Ich glaube nicht, daß er irgendein blödes Wort sagte, das er nicht drei- mal überlegt hatte, wenn das reicht. Dann legte er los: Ich würde sagen, es könnte ihm nichts schaden, wenn er sich mehr auf das Leben orientieren würde in Zu- kunft, auf das Leben der Bauarbeiter zum Beispiel. Er hat sie ja hier direkt vor der Tür. Und dann natürlich gibt es hierbei wie überall gewisse Regeln, die er ein- fach kennen muß: Perspektive, Proportionen, Vorder- grund, Hintergrund. Das war's. Ich sah Charlie an. Ich sah mir den Mann

4. **noch eine Weile** a little longer **durch den Ring treiben** to spar (as in a boxing match)

5. **beschließen = sich entscheiden, etwas zu tun** to decide, resolve **meine schärfste Waffe** my best (that is, most effective) weapon

6. **einsetzen** to put into action

8. **zum Vorteile der Regeln** in favor of rules

9. **zum Wohle = zum Vorteile**

10. **sich nach etwas bilden** to live according to, observe (the rules)

11. **etwas Abgeschmacktes** anything disgusting **hervorbringen** to produce

12. **der sich durch Gesetze und Wohlstand modeln läßt** *coll* who observes the laws and obeys decorum

13. **unerträglich** intolerable

14. **ein merkwürdiger Bösewicht** a decided villain

15. **man rede, was man wolle** say what you will

18. **nützlich** useful **sich** *dat* **etwas aus den Fingern saugen** *coll* = **sich** *dat* **etwas ausdenken** to make up, invent, think of something

19. **die Fäuste (he)runternehmen** to drop one's guard

20. **nichts mehr zu bestellen haben** *coll* = **nichts mehr zu sagen haben** to be through

21. **hatte ihn mindestens auf allerhand vorbereitet** had at least prepared him for anything that might happen

22. **so tun (als ob)** to pretend, make believe

23. der **Irre** madman

24. **reizen** to irritate, provoke

25. **täuschen** to fool, deceive **vernünftig** sensible

27. **hatte noch was** had something else on his mind

30. **was er sich dabei dachte** why he said that

31. **ausknocken** *coll* to knock out

32. **jemandem die Pille versüßen** *coll* to make amends

33. **Blöderweise** Of all the dumb things **einem ins Auge fallen** to catch one's eye

an. Ich hätte laut Scheiße brüllen können. Der Mann meinte das ernst, völlig ernst. Ich dachte erst: Ironie. Aber er meinte das ernst, Leute!

Ich hätte ihn noch eine Weile durch den Ring treiben können, aber ich beschloß, sofort meine schärfste Waffe einzusetzen. Ich überlegte kurz und schoß dann folgendes Ding ab:

Man kann zum Vorteile der Regeln viel sagen, ungefähr was man zum Wohle der bürgerlichen Gesellschaft sagen kann. Ein Mensch, der sich nach ihnen bildet, wird nie etwas Abgeschmacktes und Schlechtes hervorbringen, wie einer, der sich durch Gesetze und Wohlstand modeln läßt, nie ein unerträglicher Nachbar, nie ein merkwürdiger Bösewicht werden kann; dagegen wird aber auch alle Regel, man rede, was man wolle, das wahre Gefühl von Natur und den wahren Ausdruck derselben zerstören!

Dieser Werther hatte sich wirklich nützliche Dinge aus den Fingern gesaugt. Ich sah sofort, daß ich die Fäuste runternehmen konnte. Der Mann hatte nichts mehr zu bestellen. Charlie hatte ihn mindestens auf allerhand vorbereitet, aber *das* war zuviel für ihn. Er tat zwar so, als hätte er es mit einem armen Irren zu tun, den man keinesfalls reizen darf, bloß damit konnte er mich nicht täuschen. Jeder vernünftige Trainer hätte ihn aus dem Kampf genommen. Technischer K.o. Charlie wollte denn auch gehen. Aber Dieter hatte noch was: Andererseits ist es recht originell, was er da macht, und auch dekorativ.

Ich weiß nicht, was er sich dabei dachte. Wahrscheinlich glaubte er, *er* hätte mich ausgeknockt, und wollte mir jetzt die Pille versüßen! Du armer Arsch! Der Mann tat mir leid. Ich ließ ihn gehen. Blöderweise fiel

2. **seinerzeit** = **damals**

6. **in natura** *Latin* in person

8. der **Charmebolzen** *coll* real charmer

9. **abziehen** = **fortgehen**   **hängen** to cling

11. **das lief ab an mir wie Wasser** *coll* that was like water off a duck's back

16. **unvermeidlich** unavoidable

20. **auf Lebenszeit** for life   **sich verpflichten** to commit oneself (to military service)

23. **passabel** tolerable

25. **es hatte keinen Zweck** it was no use, there was no point (in)

26. **über etwas nachdenken** to think about, consider, ponder something

27. **raten** *dat* to advise

28. der **Gegner** adversary, opponent   **antreten gegen** to set out against, step up to

30. **zu nichts führen** to lead to nothing

32. der **Stand der Dinge** how things are going, the way things stand

ihm in dem Moment dieser Schattenriß ins Auge, den
ich seinerzeit von Charlie gemacht hatte. Charlie sagte
sofort: Das sollte für dich sein. Er hat ihn mir bloß
nicht gegeben. Angeblich, weil er noch nicht fertig war.
Bloß *gemacht* hat er nichts daran seitdem.

Und Dieter: Ich hab dich ja jetzt in natura.

Leute! Das sollte wahrscheinlich charmant sein. Das
war ein Charmebolzen, der liebe Dieter.

Dann zogen sie ab. Charlie hing die ganze Zeit an seinem Hals. Ich meine, nicht wirklich. Mit ihren Scheinwerfern. Damit ich es bloß sah. Aber das lief ab an mir
wie Wasser.

Nicht daß einer denkt, ich hatte was gegen Dieter, weil er von der Armee kam. Ich hatte nichts
gegen die Armee. Ich war zwar Pazifist, vor allem,
wenn ich an die unvermeidlichen achtzehn Monate
dachte. Dann war ich ein hervorragender Pazifist. Ich
durfte bloß keine Vietnambilder sehen und das. Dann
wurde mir rot vor Augen. Wenn dann einer gekommen
wäre, hätte ich mich als Soldat auf Lebenszeit verpflichtet. Im Ernst.

Zu Dieter will ich noch sagen: Wahrscheinlich war er
ganz passabel. Es konnte schließlich nicht jeder so ein
Idiot sein wie ich. Und wahrscheinlich war er sogar genau der richtige Mann für Charlie. Aber es hatte keinen Zweck, darüber nachzudenken. Ich kann euch nur
raten, Leute, in so einer Situation nicht darüber nachzudenken. Wenn man gegen einen Gegner antritt, kann
man nicht darüber nachdenken, was er für ein sympathischer Junge ist und so. Das führt zu nichts.

Ich griff nach dem Mikro und teilte Willi den neusten
Stand der Dinge mit:

Er will mir wohl, und ich vermute, das ist Lottens

6. **ich mußte den beiden nach**   I had to keep after both of them

7. **Die erste Runde kann an dich gehen**   You can win the first round

8. **wetzen** *coll*   to run very fast, race (after someone)

9. **sich reinhängen** *coll* = **sich hineinhängen**   to join arms with   **Ich bring euch noch**   I'll walk you, accompany you

13. **Bescheid wissen**   to know what's what

15. **landen**   to end up (*literally*, to land)

16. **aufräumen**   to tidy up

18. **Freude an etwas haben** *dat*   to take delight in something

19. der **Wartesaal**   waiting room

21. **etwas (gut) leiden können** *coll*   to like something (used ironically here to mean the opposite: I couldn't stand *that*)

23. **bewohnen**   to inhabit, live in   der **Chef der Hygieneinspektion**   chief hygiene inspector

24. **Und das schönste war**   And to top it off

27. der **Stubendurchgang**   inspection of the premises

29. der **Druck**   print   **Old Gogh**   Vincent van Gogh (1853–1890), Dutch-born painter whose style was strongly influenced by French Impressionism

32. **rumhängen** = **herumhängen** *coll*   to hang (around)   **dann machte mich das immer fast gar nicht krank** *coll* = **dann wurde mir meistens schlecht**

33. **Bestenfalls tat es mir dann ekelhaft leid**   At best I felt terribly sorry for it

Werk. . ., denn darin sind die Weiber fein und haben
recht; wenn sie zwei Verehrer in gutem Vernehmen
miteinander erhalten können, ist der Vorteil immer ihr,
so selten es auch angeht. Ende.
Langsam gewöhnte ich mich an diesen Werther, aber 5
ich mußte den beiden nach. Ich wußte, daß man dranbleiben muß, Leute. Die erste Runde kann an dich gehen, aber dann am Gegner dranbleiben. Ich wetzte hinter ihnen her und hängte mich einfach mit rein. „Ich
bring euch noch", in diesem Stil. Charlie hing an Die- 10
ters Arm. Den andern gab sie fast sofort mir. Ich wurde
beinah nicht wieder. Ich mußte sofort an Old Werther
denken. Der Mann wußte Bescheid. Dieter sagte keinen Ton.
Wir landeten auf Dieters Bude. In einem Altbau. Ein 15
Zimmer und Küche. Das war das aufgeräumteste
Zimmer, das es überhaupt geben konnte. Mutter
Wiebau hätte ihre Freude dran gehabt. Es war ungefähr so gemütlich wie der Wartesaal auf dem Bahnhof
Mittenberg. Bloß, der war wenigstens nie aufgeräumt. 20
(Das) konnte ich leiden. Ich weiß nicht, ob das einer
kennt, diese Zimmer, die ewig so aussehen, als sind
sie nur zwei Tage im Jahr bewohnt und dann vom Chef
der Hygieneinspektion. Und das schönste war: Charlie
dachte plötzlich genau dasselbe. Sie sagte: Das wird 25
hier alles anders. Laß uns erst mal heiraten, ja?
Ich fing mit einer Art Stubendurchgang an. Zuerst
nahm ich mir die Bilder vor, die er hatte. Das eine war
ein mieser Druck von Old Goghs Sonnenblumen. Ich
hatte nichts gegen Old Gogh und seine Sonnenblumen. 30
Aber wenn ein Bild anfängt, auf jedem blöden Klo
rumzuhängen, dann machte mich das immer fast gar
nicht krank. Bestenfalls tat es mir dann ekelhaft leid.

2. der **Wechselrahmen** frame for interchangeable pictures

4. das **Brechmittel** emetic (something which induces vomiting)

5. **am Strand** at the beach

12. **stammen aus** to be from

14. **Dabei** But, yet

15. **stöhnen** to groan, moan, sigh

16. **sich nach jemandem umsehen** to look around for someone

19. **längst lief** was well underway

22. **Als nächstes** Next, next of all   **Er hatte die Masse** *coll* He had them (books) en masse

23. **Alle unter Glas** *coll* All of them unread (*literally*, behind glass, in glass cases)   **der Größe nach** according to size   **ordnen** to arrange

24. **zusammensacken** to cave in

27. **Reihenweise** Rows of, by the row

30. die **Abschaffung** abolishment   die **Ausbeutung** exploitation

Meistens konnte ich es für den Rest meines Lebens nicht mehr ausstehen. Das andere war in einem Wechselrahmen. Ich will nichts weiter darüber sagen. Wer es kennt, weiß, welches ich meine. Ein echtes Brechmittel, im Ernst. Dieses prachtvolle Paar da am Strand. 5
Überhaupt: Wechselrahmen. Wenn ich alle Bilder der Welt sehen will, geh ich ins Museum. Oder mir geht ein Bild an die Nieren, dann häng ich es mir dreimal ins Zimmer, damit ich es überall sehen kann. Wenn ich Wechselrahmen sah, dachte ich immer, die Leute haben 10 sich verpflichtet, im Jahr zwölf Bilder anzusehen.
Plötzlich sagte Charlie: Die Bilder stammen noch aus unserer Schulzeit.
Dabei hatte ich den Mund nicht *einmal* aufgemacht. Ich hatte auch nicht gestöhnt oder die Augen verdreht, 15 nichts. Ich sah mich nach Dieter um. Ich möchte sagen, der Mann stand in seiner Ecke, hatte die Fäuste unten und bewegte sich nicht. Kann sein, er hatte noch nicht begriffen, daß die zweite Runde längst lief. Charlie entschuldigte sich ständig für ihn, und er bewegte sich 20 nicht. Leute, ich wußte jedenfalls, was ich zu tun hatte. Als nächstes nahm ich mir seine Bücher vor. Er hatte die Masse. Alle unter Glas. Alle der Größe nach geordnet. Ich sackte zusammen. Immer wenn ich so was sah, sackte ich zusammen. Meine Meinung zu Büchern 25 hab ich wohl schon gesagt. Ich weiß nicht, was er alles hatte. Garantiert all diese guten Bücher. Reihenweise Marx, Engels, Lenin. Ich hatte nichts gegen Lenin und die. Ich hatte auch nichts gegen den Kommunismus und das, die Abschaffung der Ausbeutung auf der ganzen 30 Welt. Dagegen war ich nicht. Aber gegen alles andere. Daß man Bücher nach der Größe ordnet zum Beispiel. Den meisten von uns geht es so. Sie haben nichts gegen

3. **ansonsten** = **im allgemeinen** in general   **dafür sein** to approve, agree

4. **Mutig** Brave, courageous

7. **eine Menge aufzuholen** a lot of catching up to do

8. der **Dozent** assistant professor

9. **an seiner Stelle** in his place (if I were he)

10. **losgehen** to attack, take the offensive

12. der **Bums** *coll* = der **Krach** quarrel, explosion

16. der **Knicklauf** barrel that breaks open (for loading)

17. **runterholen** = **herunterholen** to take down   **lässig** nonchalantly

18. **halten (auf)** to point, aim (at)   die **Spritze** *coll* = das **Gewehr**

20. **wegdrehen** to push away

21. der **Lauf** barrel (of a gun)

22. **Geladen?** Loaded?

23. **vorkommen** = **geschehen, passieren**

23. die **Opa-Sprüche** *coll* old people's talk   **umbringen** = **töten** to kill

26. die **Schläfe** temple   **abdrücken** to pull the trigger

27. die **Reserve** composure, restraint, reserve; **einen aus der Reserve bringen** to provoke a reaction, cause someone to lose his composure

28. der **Grips** *coll* = der **Verstand** brains, sense

29. die **Flinte** = das **Gewehr**

33. **in Anschlag kommen** to be taken into account

den Kommunismus. Kein einigermaßen intelligenter Mensch kann heute was gegen den Kommunismus haben. Aber ansonsten sind sie dagegen. Zum Dafürsein gehört kein Mut. Mutig will aber jeder sein. Folglich ist er dagegen. Das ist es.

Charlie sagte: Dieter wird Germanistik studieren. Er hat eine Menge aufzuholen. Andere, die nicht so lange bei der Armee waren, sind längst Dozenten heute.

Ich sah Dieter an. Spätestens jetzt wäre ich an seiner Stelle losgegangen. Aber er hatte immer noch die Fäuste unten. Eine hervorragende Situation. Langsam begriff ich, daß es zu einem ungeheuren Bums kommen mußte, wenn ich so weitermachte und wenn Charlie nicht aufhörte, sich für ihn zu entschuldigen.

Das einzige in dem ganzen Zimmer war noch Dieters Luftgewehr, ein Knicklauf. Er hatte es über das Bett gehängt. Ich holte es lässig runter, ohne zu fragen, und fing an damit rumzufummeln. Ich hielt die Spritze auf dieses Paar am Strand, auf Dieter, auf Charlie. Bei Charlie kam Dieter endlich in Bewegung. Er drehte mir den Lauf weg.

Ich fragte: Geladen?

Und Dieter: Trotzdem. Ist schon zuviel vorgekommen. Solche Opa-Sprüche brachten mich immer fast gar nicht um. Trotzdem sagte ich nichts. Ich hielt mir bloß den Lauf an die Schläfe und drückte ab. Das brachte ihn endlich aus der Reserve: Das Ding ist kein Spielzeug! *Soviel* Grips wirst du doch haben!

Dabei riß er mir die Flinte aus der Hand.

Ich ließ sofort meine schärfste Waffe sprechen, Old Werther:

Mein Freund. . ., der Mensch ist Mensch, und das bißchen Verstand, das einer haben mag, kommt wenig

1. die **Leidenschaft** passion   **wüten** to rage

2. **drängen** to oppress

4. **unter dem** *coll* = **darunter**

5. **voll treffen** to score a direct hit

8. **an sich** = **eigentlich**

9. **schnabulieren** *coll* to snack (on)

10. **Von mir aus!** Fine with me!

11. **sich pflanzen** *coll* = **sich setzen** (*literally,* to plant oneself)

13. die **Aufnahmeprüfung** entrance exam

13. **konnte es nicht lassen** couldn't stop

16. **in die Luft gehen** *coll* to blow up   **eisig** icily

17. **unterwegs** on the way

18. **bleich werden** to turn pale   **ein glatter Rauswurf** a flat dismissal

19. **Ich hatte sie in eine herrliche Lage gebracht** I'd put her in a great (that is, difficult) position

22. **etwas fertigkriegen** *coll* = **etwas fertigbringen** to manage

24. **einen anfauchen** to hiss at someone

28. **daß ich bei Charlie vorläufig nichts zu bestellen hatte** *coll* that, for the time being, I wasn't going to get anywhere with Charlie

31. **in den Pfoten** *coll* = **in den Händen**

oder nicht in Anschlag, wenn Leidenschaft wütet und die Grenzen der Menschheit einen drängen. Vielmehr – Ein andermal davon.

Die Grenzen der Menschheit, unter dem machte es Old Werther nicht. Aber ich hatte Dieter voll getroffen. Er machte den Fehler, darüber nachzudenken. Charlie hörte gar nicht mehr hin. Aber Dieter machte den Fehler nachzudenken. Ich konnte an sich gehen. Da fing Charlie an: Ich mach uns noch was zu schnabulieren, ja? Und Dieter: Von mir aus! Aber ich hab zu tun.
Er war in Fahrt. Er pflanzte sich hinter seinen Schreibtisch. Mit dem Rücken zu uns.
Charlie: Er hat in drei Tagen Aufnahmeprüfung.
Charlie hatte wohl einen schlechten Tag. Sie konnte es nicht lassen. Ich stand immer noch rum. In dem Moment ging Dieter in die Luft. Er sagte eisig: Kannst ihm ja *unterwegs* noch was von mir erzählen.
Charlie wurde bleich. Das war ein glatter Rauswurf für uns beide. Ich hatte sie in eine herrliche Lage gebracht, ich Idiot freute mich noch. Charlie war bleich, und ich Idiot stand da und freute mich noch. Dann ging ich. Charlie kam mir nach. Auf der Straße kriegte ich es fertig, den Arm um ihre Schultern zu legen.
Charlie boxte mir sofort in die Rippen und fauchte mich an: Bist du noch normal, ja?
Dann rannte sie weg. Sie rannte weg, aber ich kam in eine völlig verrückte Stimmung. Ich begriff zwar langsam, daß ich bei Charlie vorläufig nichts zu bestellen hatte. Trotzdem war ich irgendwie echt high. Jedenfalls stand ich plötzlich vor meiner Laube und hatte ein Band von Old Willi in den Pfoten. Folglich mußte ich auf der Post gewesen sein. Ich weiß nicht, ob einer so was kennt, Leute.

3. der **Fußabtreter**   doormat

6. die **Hauptsache**   main thing

11. **jemanden abwimmeln**   to shake off someone

12. **ganz schön am Boden sein** *coll*   to be really down, depressed

18. **darauf paßte**   fit in with that

24. der **Nachschub**   replacement, fresh supply

25. **löschen**   to erase (a tape)

26. **ranschaffen** = **heranschaffen**   to provide

30. **es popte . . . nicht mehr** *slang* = **es war nicht mehr das Richtige für mich**

Lieber Edgar. Ich weiß nicht, wo du bist. Aber wenn du jetzt zurückkommen willst, der Schlüssel liegt unter dem Fußabtreter. Ich werde dich nichts fragen. Und ab jetzt kannst du nach Hause kommen, wann du willst. Und wenn du deine Lehre in einem anderen Betrieb 5 fertig machen willst, auch. Hauptsache, du arbeitest und gammelst nicht.

Ich dachte, mich tritt ein Pferd. Das war Mutter Wiebau.

Dann kam Willi: Salute, Eddie. Ich hab deine Mutter 10 einfach nicht abwimmeln *können*. Tut mir leid. Sie ist ganz schön am Boden. Sie wollte mir sogar Geld geben für dich. Vielleicht ist der Gedanke mit dem Arbeiten gar nicht so schlecht. Denk mal an van Gogh oder einen. Was die alles machen mußten, um malen zu können. 15 Ende.

Ich hörte mir das an. Ich wußte sofort, was von Old Werther darauf paßte:

Das war eine Nacht! Wilhelm! nun überstehe ich alles. Ich werde sie nicht wiedersehn! . . . Hier sitz ich und 20 schnappe nach Luft, suche mich zu beruhigen, erwarte den Morgen, und mit Sonnenaufgang sind die Pferde. . .

Länger war das Band blöderweise nicht, und ich hatte keinen Nachschub mehr. Ich hätte ein Stück Musik löschen müssen, aber das wollte ich nicht. Aus der Bude 25 gehen und neues Band ranschaffen wollte ich auch nicht. Ich analysierte mich kurz und begriff, daß die ganze Kolchose und das nicht mehr popte. Ich dachte nicht daran, zurück nach Mittenberg zu gehen, das nicht. Aber es popte einfach nicht mehr. 30

Fragen

1. Was sagt Charlie über das Verhältnis von Dieter zu Edgar? (S. 119)
2. Warum duzte Charlie Edgar, als sie ihn mit Dieter besuchte? (S. 121)
3. Wie verhielt sich Edgar bei diesem Besuch? (S. 121)
4. Wie beurteilte Edgar das Verhältnis zwischen Charlie und Dieter? (S. 121)
5. Weshalb, glaubte Edgar, hatte Charlie ihren Verlobten mitgebracht? (S. 121)
6. Wie reagierte Dieter auf Edgars Malerei? (S. 121)
7. Welchen Rat gab er Edgar? (S. 121)
8. Was sagte Edgar über Vor- und Nachteile von Regeln? (S. 123)
9. Wie wollte Dieter Edgar beweisen, daß er ihm doch uberlegen sei? (S. 123)
10. Was passierte, als Charlie und Dieter gehen wollten? (S. 123–125)
11. Wie war Edgars Meinung über die Armee? (S. 125)
12. Was sagt Edgar zum Abschluß über Dieter? (S. 125)
13. Geben Sie mit eigenen Worten wieder, was Edgar seinem Freund Willi mitteilt! (S. 125–127)
14. Warum folgte Edgar Charlie und ihrem Verlobten? (S. 127)
15. Wie reagierten Charlie und Dieter darauf? (S. 127)
16. Beschreiben Sie Dieters Bude! (S. 127)
17. Was dachte Charlie über das Zimmer? (S. 127)
18. Was erfährt man von Dieters Bildern über ihn selbst? (S. 127–129)
19. Was denkt Edgar über Bilder? (S. 129)
20. Wie verhielt sich Dieter, als Edgar sein Zimmer besichtigte? (S. 129) Wie verhielt sich Charlie dabei?
21. Was war Edgars Meinung zu Dieters Büchern? (S. 129) Warum?
22. Wie wollen viele von uns beweisen, daß sie Mut haben? Geben Sie Edgars Beispiele wieder! (S. 129–131)

23. Was begriff Edgar bei diesem Besuch? (S. 131)
24. Wodurch kam Dieter doch endlich in Bewegung? (S. 131)
25. Was sagt Edgars Zitat aus ,,Werther'' über den Verstand des Menschen? (S. 131–133)
26. Welchen Fehler machte Dieter Edgar gegenüber? (S. 133)
27. Wie reagierte Dieter, als Charlie ihn mit Edgar versöhnen wollte? (S. 133)
28. Wodurch kam es zu dem Rauswurf für Edgar und Charlie? (S. 133)
29. In was für eine Stimmung kam Edgar danach? (S. 133) Weshalb?
30. Welches Angebot machte Edgars Mutter ihm auf dem Band? (S. 135)
31. Was teilte Willi Edgar auf dem Band mit? (S. 135)
32. Welche Antwort fand Edgar darauf? (S. 135)
33. Wieso beendete Edgar das Zitat nicht? (S. 135)
34. Was begriff Edgar nach einer kurzen Analyse seiner Situation? (S. 135)

2. **beim Bau** in construction **Beim WIK** for the construction firm WIK

3. **einen aus den Augen verlieren** to lose track of someone

6. **Es fiel ihm nicht ganz leicht** He had some difficulty, it wasn't easy for him

7. **halbtags** part-time **jemandem etwas erleichtern** to make something easy for a person

8. **umziehen** to move

12. **unerlaubt = illegal**

16. **jemanden mögen** to like (*here*, to love) a person

9

„Aber irgendwann muß Edgar dann doch ange-
fangen haben zu arbeiten, beim Bau. Beim WIK."
„Ja, sicher. Ich hab ihn dann einfach aus den
Augen verloren. Ich hatte genug eigene Dinge.
Die Hochzeit. Dann fing Dieter an zu studieren.   5
Germanistik. Es fiel ihm nicht ganz leicht zu Anfang. Ich arbeitete nur noch halbtags, um ihm den
Start zu erleichtern. Dann zogen wir mit dem
Kindergarten in den Neubau um, das alte Haus
kam weg, wegen der Neubauten, auch der Aus-   10
lauf neben Edgars Grundstück. Wir hätten einfach zur Polizei gehen sollen. Da wohnt einer unerlaubt in einer Laube. Ich weiß nicht, ob ihm das
geholfen hätte. Jedenfalls wäre es dann nicht passiert."   15
„Darf ich Sie etwas fragen? – Haben Sie Edgar
gemocht?"
„Wie gemocht? Edgar war noch nicht achtzehn,
ich war über zwanzig. Ich hatte Dieter. Das war
alles. Was denken Sie?"   20

Richtig, Charlie, nicht alles sagen. Es hat keinen
Zweck, alles zu sagen. Ich hab das mein Leben lang
nicht gemacht. Nicht mal dir hab ich alles gesagt, Charlie. Man kann auch nicht alles sagen. Wer alles sagt, ist

4. **Rührend** Touching   **immerzu in Bewegung** always on the move

6. **Tu mir den Gefallen** Do me a favor

7. **nicht die Bohne was** *coll* = **überhaupt nichts**

   nothing at all

8. der **Spinner** *coll* = **jemand, der dummes Zeug redet** der **Angeber** braggart

10. **sich wenden an** to turn to

17. die **Streberleiche** *coll* real grind (*literally*, corpse of a striver)

18. **triezen** *coll* to annoy, pester

19. **schurigeln** to harass, torment

21. **rauslassen** = **herauslassen** to let something be known der **Steher** *coll* obstinate cuss   **unsterblich** immortal

22. **verwandt** related   die **Gehirnwindung** brain convolution, coil of the brain

23. **rechtwinklig** rectangular

24. **Erst waren wir ziemlich am Boden** *coll* At first we were pretty depressed

vielleicht kein Mensch mehr.

„Sie müssen mir nicht antworten.“
„Gemocht hab ich ihn natürlich. Er konnte sehr
komisch sein. Rührend. Er war immerzu in Bewegung. . . ich. . .“

Heul nicht, Charlie. Tu mir den Gefallen und heul
nicht. Mit mir war nicht die Bohne was los. Ich war
bloß irgend so ein Idiot, ein Spinner, ein Angeber und
all das. Nichts zum Heulen. Im Ernst.

„Guten Tag! Ich soll mich an Kollegen Berliner
wenden.“
„Ja. Das bin ich.“
„Wibeau ist mein Name.“
„Haben Sie was mit Edgar zu tun? Edgar Wi-
beau, der bei uns war?“
„Ja. Der Vater.“

Addi! Alte Streberleiche! Ich grüße dich! Du warst von
Anfang an mein bester Feind. Ich hab dich getriezt, wo
ich konnte, und du hast mich geschurigelt, wenn es
irgendwie ging. Aber jetzt, wo alles vorbei ist, kann ich
es rauslassen: Du warst ein Steher! Unsere unsterb-
lichen Seelen waren verwandt. Bloß deine Gehirn-
windungen waren rechtwinkliger als meine.

„Das war eine tragische Sache mit Edgar. Erst
waren wir ziemlich am Boden. Heute ist uns vie-
les klarer. Edgar war ein wertvoller Mensch.“

Addi, du enttäuschst mich, und ich dachte, du bist ein

1. **mitmachen** to go along, do as others do

2. **Mist reden** *coll* = **Unsinn, dummes Zeug reden** to talk nonsense

6. der **Abgegangene** = der **Tote**

8. **aufbringen** to introduce (a custom)

10. **anfassen** to handle **einwandfrei** without a doubt

13. der **Nichtskönner** good-for-nothing, ne'er-do-well **auf unsere Knochen** *coll* at our expense

15. **Klar** Certainly, of course

18. **geht zum Bau oder zur Bahn** goes into construction work or to the railroad

20. der **Ausweis** identification die **Aufenthaltsgenehmigung** residence permit

21. der **Käse** *coll* crap, junk

25. **hausweise** by the building (that is, an entire building at a time) **Morgen** = **Guten Morgen**

29. das **Fachbuch** technical book **das ihm entgangen ist** that he overlooked, that escaped his attention

30. **wäre alles anders gekommen** things would have turned out differently

31. **blaumachen** *coll* to skip (work)

Steher. Ich dachte, du machst das nicht mit, über einen,
der über den Jordan gegangen ist, diesen Mist zu reden.
Ich und ein wertvoller Mensch. Schiller und Goethe
und die, das waren vielleicht wertvolle Menschen. Oder
Zaremba. Es hat mich sowieso zeitlebens immer fast 5
gar nicht getötet, wenn sie über einen Abgegangenen
dieses Zeug redeten, was er für ein wertvoller Mensch
war und so. Ich möchte wissen, wer das aufgebracht hat.

„Wir haben Edgar leider von Anfang an falsch
angefaßt, einwandfrei. Wir haben ihn unter- 10
schätzt, vor allem ich als Brigadeleiter. Ich hab in
ihm von Anfang an nur den Angeber gesehen,
den Nichtskönner, der nur auf unsere Knochen
Geld verdienen wollte."

Klar wollte ich Geld verdienen! Wenn einer keine 15
Tonbänder mehr kaufen kann, muß er Geld verdienen.
Und wo geht er in diesem Fall hin? Zum Bau. Motto:
Wer nichts will und wer nichts kann, geht zum Bau
oder zur Bahn. Bahn war mir zu gefährlich. Da hätten
sie garantiert nach Ausweis und Aufenthaltsgenehmi- 20
gung gefragt und dem Käse. Also Bau. Auf dem Bau
nehmen sie jeden. Das wußte ich. Sauer war ich bloß,
als ich zu Addi und Zaremba und der Truppe reinkam,
sie renovierten olle Berliner Wohnungen, immer gleich
hausweise, und Addi sagte sofort: „Morgen", sagt man, 25
wenn man reinkommt!
Den Typ kannte ich. Frag so einen mal nach Salinger
oder einem. Da kommt garantiert nichts. Da denkt er,
das ist ein Fachbuch, das ihm entgangen ist.
Vielleicht wäre alles anders gekommen, wenn Addi an 30
dem Tag blau gemacht hätte oder was. Auf die Art war

1. **kontra sein** = **gegen jemanden eingenommen sein** to be prejudiced against (a person)

6. die **Malerrolle** paint roller **hinhalten** to hold out

8. der **Pionier** member of the Ernst Thälmann Pioneer Organization (**Jungpioniere**) which, in addition to organizing the usual outings and group activities, also aims to prepare children in grades 1 to 7 for membership in the youth movement of the GDR (**Freie Deutsche Jugend**) **die Aussage verweigern** to refuse to comment

9. **glatt** *coll* outright, simply

10. **vorstreichen** to prime, apply an undercoat of paint

11. **glotzen** *coll* to be anxious to see (*literally*, to stare) **sich anstellen** to set about doing something

14. das **Vieh** *coll* an okay guy (*literally*, beast) **konnte längst auf Rente sein** = **hätte längst auf Rente sein können**

15. **rumrackern** *coll* = **herumrackern** to drudge, toil away

16. der **Lückenbüßer** stand-in

17. die **Bockleiter** stepladder, folding ladder **klemmen** to press, squeeze

18. **regelrecht** = **tatsächlich** **nicht die Bohne** *coll* = **nicht ein bißchen** **naß** damp (from perspiration)

19. **Abgesehen davon** Aside from the fact

20. **bestehen aus** to consist of

23. **wie aus Gummi** as if made of rubber

24. der **Glöckner von Notre-Dame** hunchback of Notre-Dame

25. **knickte in der Hüfte ein** bent in at the hip

26. **wanken** to limp, stagger **Wir lagen regelmäßig am Boden** *coll* = **Wir krümmten uns jedes Mal vor Lachen** Each time we doubled up with laughter

27. **sich** *dat* **etwas einhandeln** *coll* to pick up, get ahold of something

29. **fehlen** to be missing

32. die **Tätowierung** tattoo

33. der **Anker** anchor

ich natürlich gleich kontra. Kann auch sein, daß meine Nerven nicht die besten waren zu der Zeit, wegen der Sache mit Charlie. Es ging mir doch mehr an die Nieren, als ich gedacht hatte.

Das nächste, was Addi machte, war, daß er mir eine von diesen Malerrollen hinhielt und mich fragte, ob ich so was schon mal in der Hand gehabt habe. Jeder Pionier kennt diese Dinger. Folglich verweigerte ich glatt die Aussage. Danach hielt er mir einen Pinsel hin und schickte mich zu Zaremba, Fenster vorstreichen. Alle glotzten natürlich, wie ich mich anstellen würde. Aber mir wurde sofort besser, als ich Zaremba sah. Sozusagen Liebe auf den ersten Blick. Ich sah sofort, der Alte war ein Vieh. Zaremba war über siebzig. Er konnte längst auf Rente sein, aber er rackerte hier noch rum. Und nicht etwa als Lückenbüßer. Er konnte sich eine Bockleiter zwischen die Beine klemmen und damit regelrecht durch die Stube tanzen und wurde nicht die Bohne naß dabei. Abgesehen davon, daß er sowieso nur aus Haut, Knochen und Muskeln bestand. Wo sollte da Wasser herkommen. Einer seiner Tricks war, sich von jemand ein offenes Taschenmesser auf den Bizeps fallen zu lassen. Es sprang weg wie aus Gummi. Oder er spielte den Glöckner von Notre-Dame. Dazu nahm er ein Auge raus, er hatte ein Glasauge, knickte in der Hüfte ein und wankte durch die Gegend. Wir lagen regelmäßig am Boden. Das Glasauge hatte er sich in Spanien eingehandelt. Das heißt: Gemacht hatte es ihm einer in Philadelphia. Außerdem fehlten ihm noch ein Stück von einem kleinen Finger und zwei Rippen. Dafür hatte er noch alle Zähne und beide Arme und die Brust voll Tätowierungen. Aber nicht diese dicken Weiber und Herzen und das und Anker.

1. **wimmeln von** to be filled with

2. **die Kremlmauer** wall of the Kremlin

3. **aus Böhmen** from Bohemia (province of Czechoslovakia)

4. **daß er es noch mit Frauen hatte** that he still was interested in women

6. **betreuen** to care for, look after **der Bauwagen** construction trailer

8. **schmuck** *coll* neat, great **das Fahrzeug** vehicle **die Koje** bunk, berth

9. **schleichen** to sneak

13. **am Wickel haben** *coll* to make out with (*literally*, to collar someone)

15. **jemandem um den Hals fallen** to embrace, hug a person

17. **die Gewerkschaft** trade union **auf dem laufenden sein** to be up to date (that is, having paid the dues)

18. **der Kassierer** cashier (for the union)

20. **kehrtmachen** to turn around abruptly (in order to leave)

21. **mein Buch** union membership booklet (indicating payment of dues)

22. **durchschnüffeln = neugierig durchsuchen** to look at, examine thoroughly

24. **die Blechschachtel** tin box

25. **nachzahlen** to pay up (his dues) **das Kunststück** clever trick, quite a feat

28. **freiweg** without hesitation

30. **x-mal** *coll* I don't know how many times

31. **fertigbringen** to manage, accomplish, achieve

33. **hinlegen** to produce

Das wimmelte bloß so von Fahnen, Sternen und Hammer und Sichel, da war sogar ein Stück Kremlmauer. An sich war er wohl aus Böhmen oder so. Aber das schönste war, daß er es noch mit Frauen hatte. Ich weiß nicht, ob das einer glaubt, es war aber Tatsache. Zaremba betreute unseren Bauwagen. Er machte da sauber und hatte immer den Schlüssel. Es war ein ziemlich schmuckes Fahrzeug. Mit zwei Kojen und allem Drum und Dran. Einmal, es war schon dunkel, schlich ich mich da ran. Ich wußte bis dahin gar nichts, sondern ich hatte aus einem ganz bestimmten Grund etwas unter dem Wagen zu machen. Da hörte ich deutlich, wie er eine Frau am Wickel hatte. Ihrem Lachen nach muß sie sehr nett gewesen sein. Es soll aber keiner denken, ich wäre Zaremba wegen alledem gleich um den Hals gefallen. Das nun nicht. Schon nicht, weil er mich als erstes fragte, ob ich mit der Gewerkschaft auf dem laufenden wäre. Er war Kassierer. Das tötete mich immer fast gar nicht. Wenn es nicht Zaremba gewesen wäre, hätte ich sofort kehrtgemacht. So hielt ich ihm kurz mein Buch hin. Er nahm es mir weg und fing an es durchzuschnüffeln. Wahrscheinlich wollte er nur Bescheid wissen über mich. Natürlich hatte ich in Berlin nicht bezahlt. Sofort hatte er seine komische Blechschachtel draußen, und ich sollte nachzahlen. Kunststück, wenn einer nicht mal Tonbänder kaufen kann. Wahrscheinlich wollte er das nur wissen.
Dann fing ich also an, freiweg eins von diesen Fenstern vorzustreichen. Die Farbe lief nur so über das Glas. Ich hatte zu Hause x-mal die Fenster gestrichen, aber ich brachte es einfach nicht anders fertig. Hätten sie nicht so geglotzt, wie ich mich anstelle, hätte ich das sauberste Fenster hingelegt. Nicht so sauber wie Za-

3. **einschließlich** including   **sichtlich** visibly

5. **jemanden aus der Ruhe bringen** to upset a person

8. **loskeifen** to scold, chide   **zuschmieren** to smear over, cover the whole thing (with paint)

15. **alles zusammen** everything at once

16. **dröhnen** to sing at the top of one's lungs (literally to roar)

17. der **Schlager** hit, popular song

19. die **Strophe** verse   **dröhnte den ganzen Song (he)runter** *coll* = **sang alle Strophen ab**

21. **die Reihen schließen** to close the ranks   **Die Trommel ruft, die Fahnen wehn** The drum calls, the flags flutter

23. die **Truppe** = die **Brigade**

26. **sich herausstellen** to turn out (to be the case)   **bei der nächsten Gelegenheit** on the next occasion

28. **rissig** cracked   **ausgipsen** to spackle, plaster

29. der **Gips** plaster

31. **In diesem Stil** *coll* In this manner

32. **anrühren** to mix

remba. Zaremba malte wie eine Maschine. Aber so sauber wie irgend ein anderer von ihnen immer noch, einschließlich Addi. Addi wurde sichtlich nervös. Er ging bloß deshalb nicht gleich in die Luft, weil ja Zaremba neben mir war. Daß ich Zaremba nicht aus der Ruhe bringen würde, war mir ziemlich schnell klar. Er sah mich gar nicht. Jedenfalls hielt es Addi nicht mehr aus und keifte los: Ich würde das *ganze* Fenster zuschmieren!

Was ich machte, ist wohl klar. Ich fing an, das ganze Fenster zuzuschmieren. Ich dachte, Addi fällt von der Leiter. Aber dann fiel *ich* fast von der Leiter, wenn ich auf einer gewesen wäre. Direkt neben mir fing Zaremba plötzlich an zu singen! Ich dachte, mich tritt ein Pferd und streift ein Bus und alles zusammen. Zaremba dröhnte, und die anderen machten fast sofort mit, und zwar nicht irgendeinen Schlager oder was, sondern eins von diesen Liedern, von denen man immer nur die erste Strophe kennt. Aber diese Truppe dröhnte den ganzen Song runter. Ich glaube: Auf, Sozialisten, schließt die Reihen. Die Trommel ruft, die Fahnen wehn. . .

Das war eine Truppe, Leute! Auf, Sozialisten! Mir fiel fast der Pinsel aus den Pfoten. Das war so Zarembas Methode, wenn der liebe Addi in die Luft gehen wollte. Das stellte sich bei der nächsten Gelegenheit heraus. Es war in irgendeiner ollen Küche. Die Wand war da ziemlich rissig, und ich sollte sie ausgipsen. Sagte Addi: Gelegentlich mit Gips zu tun gehabt? – Dann sieh dir mal die Wand an.

In diesem Stil.

Ich fing also an, in irgendeinem Eimer Gips anzurühren. Ich weiß nicht, wer das kennt, Leute. Ich nahm

3. das **As** genius (*literally*, ace)

6. **die Nerven verlieren** *coll* to lose one's composure **fauchen** to hiss, snarl

8. **parieren** = **gehorchen** to obey, follow instructions

9. **aufs Wort** to the letter **kippen** to pour

12. **stecken** to be (hiding) **riechen** to sense (*literally*, to smell)

14. die **Schote** *slang* song **mitziehen** = **mitmachen**

15. **etwas im Griff haben** to have something under control **sich zusammenreißen** to pull oneself together

17. **fegen** to sweep

19. die **Bonje** *Berlin dialect* = die **Birne** = der **Kopf**

20. **Da ging mir das Licht auf** Finally it dawned on me (what the singing was all about)

21. **abschieben** *coll* = **fortgehen** to leave, shove off

22. **gespannt sein** to wonder, be curious about

23. **wenn ich ihm selber so kam** *coll* if I behaved like that toward him

25. **anknurren** to growl, snarl at

29. **Die Flasche** *coll* = **Der Spinner**, der **Idiot**, der **Nichtskönner**

30. **machen** to say in a particular way

32. **unterbringen** to use (in a sentence)

jedenfalls zeitlebens immer erst zuviel Wasser, dann zuviel Gips und so weiter. Auf diese Art wurde langsam der Eimer voll, und ich hätte schon ein As sein müssen, wenn das Zeug nicht hart werden sollte. Ich sah schon ziemlich alt aus, da kam die Rettung. Addi 5 verlor die Nerven. Er fauchte: Ich würde den *ganzen* Eimer voll machen.

Was Besseres fiel ihm nicht ein. Ich parierte natürlich aufs Wort und kippte den ganzen Gips in den Eimer. Fast in derselben Sekunde fing Zaremba zu singen 10 an. Er konnte uns gar nicht sehen aus dem Klo oder wo er grade steckte. Aber er mußte es wohl gerochen haben, was los war. Es war wieder so eine Schote, diesmal mit Partisanen, und wieder zog die ganze Truppe mit. Er hatte sie gut im Griff. Addi riß 15 sich fast sofort zusammen und schickte mich in eins der Zimmer, den Boden fegen, wegen Vorstreichen. Ich an seiner Stelle hätte mir wahrscheinlich den ganzen ollen Eimer mit dem Gips über die Bonje gekippt. Aber Addi riß sich zusammen. Da ging mir das Licht auf, 20 was es mit dem Gesinge auf sich hatte. Ich schob ab. Ich war bloß gespannt, was Zaremba machen würde, wenn ich ihm selber so kam. Ob er da auch singen würde. Vorher hörte ich noch, wie Zaremba zu Addi in die Küche tobte und ihn anknurrte: Mußt ruhiger wer- 25 den, Kerl. Viel ruhiger. No?

Und Addi: Sag mir mal, was der bei uns will? Der will doch bloß auf unsere Knochen Geld verdienen, einwandfrei. Die Flasche, die.

Und Zaremba machte: No... Flasche?! 30

Ich sagte wohl schon, daß Zaremba aus Böhmen war. Deswegen wohl dieses „no". Er brachte es in jedem Satz mindestens dreimal unter. Der Mann konnte mit die-

2. **schräglegen**   to tilt to one side

4. **hochziehen**   to raise, lift   die **Filzbrauen**   bushy eyebrows

5. **zukneifen**   to squint

6. **bringen** *coll*   to perform, act out, put on

9. **fünfundvierzig** = 1945   **Oberster Richter**   chief justice

11. **ulkig** = **komisch, seltsam**   strange, peculiar   **scharf**   harsh, hard   **ein Urteil fällen**   to pass judgment

12. der **Angeklagte**   accused, defendant

13. **groß**   loyal

14. **herich** = **hör ich**   I hear

15. **kapieren** *coll* = **verstehen, begreifen**

18. **zurechtkommen**   to get along

19. der **Auftrag**   order, instructions

20. das **Paneel**   wainscot, wood paneling on the lower portion of an interior wall

21. **tünchen**   to whitewash

23. die **Soße** *coll*   paint (*literally,* sauce, gravy)

24. **verzieren**   to decorate

26. der **Entwurf**   sketch, design   die **Autobahnschleife**   cloverleaf of a thruway

29. **höllisch** *coll*   unbelievably, devilishly

30. **anstellen** *coll* = **machen**   to do

sem „no" mehr sagen als andere in ganzen Romanen.
Sagte er: No? und legte dabei den Kopf schräg, hieß
das: Darüber denk noch mal nach, Kollege! Machte er
No?! und zog dabei seine Filzbrauen hoch, hieß das:
Das sag nicht noch mal, Kumpel! Kniff er dabei seine 5
Schweinsritzen zu, wußten alle, jetzt bringt er gleich
den Glöckner von Notre-Dame. Ich weiß nicht, ob es
stimmt. Irgendeiner hatte mir erzählt, Zaremba soll
gleich nach fünfundvierzig für drei Wochen Oberster
Richter oder so von Berlin gewesen sein. Er soll ganz 10
ulkige und ganz scharfe Urteile gefällt haben.
No? Herr Angeklagter, Sie waren also schon immer ein
großer Freund der Kommunisten, herich? In dem Stil.
„Herich", das war auch so ein Wort von ihm. Ich
brauchte ewig, bis ich kapiert hatte, daß „herich" „hör 15
ich" heißt. Zaremba war schon ein Vieh.
Ich weiß nicht, ob er genug vom Singen hatte oder ob er
einsah, daß ich und Addi nicht zurechtkamen. Jedenfalls
fing *er* an, mir die Aufträge zu geben. Das erste war,
daß ich in irgendeinem ollen Klo das Paneel oder viel- 20
mehr das, was über dem Paneel kommt, tünchen sollte
und die Decke. Er ließ mich allein dabei, und ich mixte
mir die schönste blaue Soße und fing an, mit der Rolle
die Wände und die Decke zu verzieren, und zwar auf
diese Pop-Art. Am Ende sah das aus wie eine Serie von 25
Entwürfen für Autobahnschleifen. Und das alles schön
blau. Ich war noch gar nicht ganz fertig, da stand Zaremba da und der Rest der Truppe hinter ihm. Sie
waren wahrscheinlich höllisch gespannt, was er jetzt
mit mir anstellen würde, vor allem Addi. Aber er 30
machte bloß: No?!
Das war wohl das längste „no", was ich je von ihm gehört habe. Außerdem legte er dabei noch den Kopf

2. Ich hätte mich beölen können *slang* = Ich fand das großartig

Fragen

1. Weshalb verlor Charlie Edgar aus den Augen? (S. 139)
2. Wie erklärt Charlie ihre Haltung zu Edgar? (S. 139)
3. Wie sieht sich Edgar selbst nach seinem Tod? (S. 141)
4. Was denkt Edgar nach seinem Tod von Addi? (S. 141)
5. Wieso ist Edgar von Addi enttäuscht? (S. 141–143)
6. In welcher Weise hat die Brigade Edgar falsch behandelt? (S. 143)
7. Warum fing Edgar an zu arbeiten? (S. 143)
8. Weshalb ging Edgar zum Bau und nicht zur Bahn? (S. 143)
9. Welche Arbeit führte die Brigade aus? (S. 143)
10. Wieso war Edgar gleich gegen Addi? (S. 143–145)
11. Weshalb gab Edgar keine Antwort auf Addis Frage? (S. 145)
12. Wie beschreibt Edgar Zaremba? (S. 145)
13. Welche Tricks kannte Zaremba? (S. 145)
14. Was fand Edgar an Zaremba interessant? (S. 145–147)
15. Woher wußte Edgar, daß Zaremba ,,es noch mit Frauen hatte''? (S. 147)
16. Wonach fragte Zaremba Edgar als erstes? (S. 147) Warum?
17. Warum gelang es Edgar nicht, das Fenster sauber vorzustreichen? (S. 147)
18. Wie reagierten Addi und Zaremba darauf? (S. 149)
19. Was passierte, als Edgar das ganze Fenster zuschmierte? (S. 149)
20. Was für ein Lied sang die Truppe? (S. 149)
21. Welche Arbeit sollte Edgar in der Küche erledigen? (S. 149)
22. Wie rührte Edgar den Gips an? (S. 149–151)
23. Was rettete Edgar in dieser Situation? (S. 151)
24. Wie reagierte Zaremba auf den Streit zwischen Edgar und Addi? (S. 151)
25. Welche Meinung hatte Addi von Edgar? (S. 151)
26. Welche verschiedenen Bedeutungen hatte Zarembas ,,no''? (S. 151–153)
27. Was hatte Edgar über Zaremba gehört? (S. 153)
28. Welches andere Lieblingswort (außer ,,no'') hatte Zaremba? (S. 153)
29. Wieso gab Zaremba (anstatt Addi) Edgar die Aufträge? (S. 153)

154

schräg, zog die Filzbrauen hoch und kniff seine
Schweinsritzen zu. Ich hätte mich beölen können. Ich
bin heute noch stolz auf diese neue „no"-Variante.

---

30. Welchen Auftrag erhielt Edgar von Zaremba? (S. 153)
31. Wie führte Edgar den Auftrag aus? (S. 153)
32. Warum ist Edgar heute noch stolz auf Zarembas Reaktion? (S. 153–155)

1. **sich benehmen** to behave

2. **einen stutzig machen** to make someone suspicious *comprehend*

6. **stecken** to lie hidden   **ich war wie vernagelt** *coll* = **ich begriff das einfach nicht**

7. **NFG, nebelloses Farbspritzgerät** mistless paint sprayer

10. das **Gerät** machine. apparatus   **versprühen** to spray

11. **unverträglich** unbearable, aggravating   der **Farbnebel** paint vapor, mist (caused by spraying)   **entstehen** to generate, produce

13. **auftreten** to occur   **einmalig** unique

15. **ins Stocken kommen** to come to a standstill

16. **ranholen = heranholen** to consult

18. die **Bermerkung** comment, remark   **Da platzte mir ... der Kragen** *coll* Then I lost all patience, I burst with rage

20. **voll da sein** to be all there

21. **die Luft anhalten** to stop it, cut it out (*literally*, to hold one's breath)

23. **in Sachen = in Bezug auf** with regard to

23. die **Druckluft** compressed air   die **Hohldüse** concave valve

10

„Klar, er benahm sich komisch. Einwandfrei.
Aber eben das hätte uns stutzig machen müssen,
vor allem mich. Statt dessen jagte ich ihn weg,
daran konnte auch Zaremba nichts ändern. Zaremba war vielleicht der einzige von uns, der   5
ahnte, was in Edgar steckte. Aber ich war wie
vernagelt Es ging um unser NFG, nebelloses
Farbspritzgerät. Wir hatten schon mehrere Sachen gebaut, aber das sollte unsere größte werden. Ein Gerät, das Farben jeder Art versprüht,   10
ohne daß dieser unverträgliche Farbnebel ent-
steht, der bis jetzt noch bei jedem Gerät dieser
Art auftritt. Das wäre eine einmalige Sache gewesen, sogar auf dem Weltmarkt. Leider waren
wir damals ins Stocken gekommen damit. Nicht   15
mal Experten, die wir schließlich ranholten, kamen damit weiter. Und in dieser Situation stellte
sich Edgar hin und machte Bemerkungen. Da
platzte mir leider der Kragen. Ich will mich nicht
entschuldigen. Ich war einfach nicht voll da."   20

Jetzt tu mir einen Gefallen, Addi, und halt endlich die
Luft an damit. Was in mir steckte, kann ich dir genau
sagen: nichts. Und in Sachen NFG überhaupt nichts.
Deine Idee mit der Druckluft und der Hohldüse war

2. **wozu das Geplärre** *coll* why all the wailing **sich** *dat* **etwas versprechen von** to place high hopes in, expect much of something

5. der **Salonwagen** *euphemism* = der **Bauwagen**

6. **stolpern** to stumble

7. **beschnarchen** *slang* to examine

11. **den Mund aufmachen** to begin to talk (*literally*, to open one's mouth)   der **Hund** scoundrel (*meant as a friendly expression*)   **durch einen durchsehen** to look right through a person

14. die **Farbspritze** paint sprayer

17. **vergleichbar** comparable

18. **überlegen sein** to be superior

21. **wischen** to wipe   der **Staub** dust

22. **seufzen** to sigh

26. **anpieken** *coll* to annoy, nag (into doing something)

27. **Es funktionierte ... keineswegs** It didn't work at all

28. **nebeln** to vaporize

29. **ersetzen** to replace

33. **was du fürn Spleen hast** what's wrong with you

nichts, und meine Idee mit der Hydraulik war auch nichts. Also wozu das Geplärre. Ich gebe zu, daß ich mir von der Hydraulik allerhand versprochen hatte, eigentlich von Anfang an, kaum daß ich das Ding gesehen hatte. Es lag da unter unserem Salonwagen rum. Ich war schon mindestens dreimal darüber gestolpert und hatte es auch schon beschnarcht. Aber ich hätte mir doch lieber sonstwas abgebissen, als einen danach zu fragen, was das für ein Apparat war und so. Schon gar nicht Addi. Bis dann eines Tages Zaremba selber den Mund aufmachte. Ich glaube, dieser Hund sah durch mich durch wie durch Glas.

Hast du noch nicht gesehen, no? Kannst du auch nicht. Ist einmalig. Diese Farbspritze versprüht Farben jeder Art auf der Erde, im Wasser und in der Luft, schafft wie drei Maler am Tag in drei Stunden, no, arbeitet *ohne* diesen Farbnebel und ist damit allen vergleichbaren Sachen auf dem Weltmarkt überlegen, selbst amerikanischen, herich. – Wenn sie erst funktioniert, verstehst, no?

Anschließend wischte er ein bißchen Staub auf dem Ding und seufzte eine Weile rum. Dann sagte er noch: Es ist nicht unsere erste Erfindung, aber unsere beste, no.

Es sah so aus, als wollte er damit Addi und die Truppe anpieken, die natürlich längst dastanden. Das Ding lag wohl schon eine Weile rum. Es funktionierte nämlich keineswegs, es nebelte und nebelte, weiter nichts.

Ich sagte: Die Maschine wird ihn nie ersetzen.

Dabei hielt ich meinen Pinsel hoch. Ich durfte gerade mal wieder vorstreichen.

Sofort ging Addi los: Hör mal zu, mein Freund. Alles schön und gut. Ich weiß nicht, was du fürn Spleen hast,

3. **es wird dir... nicht viel übrigbleiben** you won't have much choice

4. **sich einfügen** to adapt oneself, fit in, shape up

6. **hinbiegen** to straighten out, bend (into shape)

7. **der muß erst noch kommen, der uns auf den Durchschnitt zieht** the man has yet to come (we have yet to meet the man) who could reduce us to mediocrity

9. **auf den Hacken kehrtmachen** to turn on one's heels

10. **abziehen** *coll* = **fortgehen**

12. **etwas auf der Pfanne haben** *coll* to have something down pat (that is, mastered perfectly)

15. **erwischen** to find, hit upon

17. der **Einfall** idea **an etwas rühren** to touch upon, make reference to something

18. der **Knüller** *coll* great success, sensation der **Reinfall** = der **Hereinfall** *coll* failure

22. **umständlich** fussy die **Base** = die **Kusine** old woman (*literally*, female cousin)

24. **jemandem etwas zu Danke machen** *outdated* to satisfy, please someone

26. **aufreißen** to open widely **knurren** to growl, grumble, snarl

28. das **Althochdeutsch** Old High German (that is, archaic language) **aus dem Sattel werfen** to confuse, throw for a loop

31. **aussuchen** to select, choose

32. **kam es... zum Treffen** it came to an open conflict, to a head

aber irgendeinen hast du. Einwandfrei. Interessiert
mich nicht. Aber wir sind hier eine Truppe und keine
ganz schlechte, und du gehörst nun mal dazu, und es
wird dir auf die Dauer nicht viel übrigbleiben, als dich
einzufügen und mitzuziehen. Und glaub nicht, du wärst   5
unser erster Fall. Wir haben schon ganz andere hingebogen. Frag Jonas. – Jedenfalls, der muß erst noch
kommen, der uns auf den Durchschnitt zieht.
Das war's mal wieder. Er machte auf den Hacken kehrt
und zog ab, die anderen ihm nach. Ich verstand bloß   10
die Hälfte. Der Spruch mit der Maschine war schließlich ziemlich harmlos. Ich hatte noch ganz andere Sachen auf der Pfanne. Old Werther zum Beispiel. Ich
analysierte kurz die Lage und stellte fest, daß ich Addis
schwächsten Punkt erwischt hatte mit der Spritze.   15
Zaremba sagte denn auch: Mußt ihn verstehen, no. Ist
sein Einfall, die Spritze. Jesus, nicht dran rühren. Entweder es wird der Knüller oder *der* Reinfall, no? – Sein
erster!
Und ich: 20
Er ist der pünktlichste Narr, den es nur geben kann;
Schritt vor Schritt und umständlich wie eine Base, ein
Mensch, der nie mit sich selbst zufrieden ist und dem
es daher niemand zu Danke machen kann.
Das war endlich mal wieder Old Werther. Zaremba   25
riß seine Schweinsritzen auf und knurrte: No! Das
sag du nicht!
Er war der erste, den dieses Althochdeutsch nicht aus
dem Sattel warf. Es hätte mir auch leid getan. Ich gebe
allerdings zu, ich hatte für ihn eine ziemlich normale   30
Stelle ausgesucht. Ich weiß nicht, ob das einer versteht,
Leute. Ein paar Tage später kam es dann zum Treffen.
Addi und die Truppe baute die Spritze auf dem Hof

1. **anschließen** to connect

2. die **Spezialbude** *coll* special institute

3. der **Kasten** case, box   die **Düse** valve

4. **durchprobieren** to try out

5. **anrobben** *coll* to gather, assemble   **Die ganzen** *coll* All the   der **Töpfer** potter

6. der **Maurer** mason, bricklayer

7. **klappen = gut gehen, funktionieren** to work

8. **armdick** very thick   der **Strahl** jet, stream (of paint)

9. der **Rasensprenger** lawn sprinkler

10. **rausrücken** *coll* = **herausrücken** to hand over (reluctantly)

11. **locker lassen** *coll* to give in

12. das **Kaliber** *coll* = die **Größe**

13. der **Schlauch** hose

14. **platzen** to burst   der **Umkreis** radius

16. der **Heiterkeitserfolg** comic effect

18. **Laßt man** *coll* Forget it, leave it be

20. **lösbar** solvable

21. **Das liegt nicht an den Düsen** The valves are not at fault

22. **zücken** to draw (a pistol)

32. **im Fall der Fälle = für alle Fälle** just in case

33. **Hau ab!** *coll* Scram! Beat it! Get lost!

von einem dieser ollen Häuser auf und schloß sie an.
Zwei Experten waren aus irgendeiner Spezialbude gekommen mit einem ganzen Kasten voller Düsen, jede
anders. Die sollten nun durchprobiert werden. Große
Show. Alles mögliche Volk robbte an. Die ganzen Töpfer und Maurer und was sonst noch in den Häusern
rumkroch. Es klappte mit keiner Düse. Entweder es
kam ein armdicker Strahl raus, oder es nebelte wie ein
Rasensprenger. Die Experten waren von vornherein
nicht besonders optimistisch, rückten aber jede Düse
raus. Addi ließ einfach nicht locker. Er war ein Steher.
Bis er dann zum kleinsten Kaliber griff, und dafür war
dann einfach der Druck zu groß. Der olle Schlauch
platzte, und wer im Umkreis von zehn Metern stand,
war gelb wie ein Chinese oder was. Vor allem Addi.
Der Heiterkeitserfolg war einmalig bei dem ganzen
Volk.

Die Experten meinten: Laßt man. Uns ist das nicht
besser gegangen, und wir haben alles! Nichts zu machen! Technisch nicht lösbar, jedenfalls heute noch
nicht. Das liegt nicht an den Düsen.
Und dann kam ich und zückte meine Werther-Pistole:
Es ist ein einförmiges Ding um das Menschengeschlecht.
Die meisten verarbeiten den größten Teil der Zeit, um
zu leben, und das bißchen, das ihnen von Freiheit übrigbleibt, ängstigt sie so, daß sie alle Mittel aufsuchen, um
es loszuwerden.

Die Experten dachten wohl, ich war der Clown der
Truppe. Sie grinsten jedenfalls. Aber die Truppe selbst
kam langsam auf mich zu, vorneweg Addi. Sie wischten
sich immer noch die gelbe Soße aus den Gesichtern. Ich
nahm die Fäuste hoch, im Fall der Fälle, aber es kam
doch zu nichts. Addi fauchte bloß kalt: Hau ab! Hau

3. das **Farbzeug** *coll* = die **Farbe** **es hörte sich ... an** it sounded

8. **den Bogen überspannen** to go too far

10. **sich wehren** to defend oneself

11. **jemanden dumm treffen** *coll* = **jemanden unglücklich treffen** to hit someone in the wrong place **Sperre** banned (that is, prohibited from boxing)

13. **sich wegmachen** *coll* = **verschwinden** to go away, get lost

14. **vorläufig** temporary das **Gastspiel** guest performance (by a visiting actor)

15. **und Genossen** and company

16. das **Sauwetter** *coll* lousy weather **sich hechten** *coll* to run (in leaps and bounds)

26. **feuern** *coll* = **entlassen** to fire **sich abkapseln** to isolate oneself, discriminate

27. **aus dem Bau** *coll* = **aus dem Gefängnis**

31. **zusammenkriegen** *coll* to put together, form

32. **etwas anfangen mit** to do something with

bloß ab, sonst garantier ich für nichts.

Ich konnte sein Gesicht nicht richtig erkennen. Ich hatte
selbst noch das Farbzeug in den Augen. Aber es hörte
sich ganz so an, als wenn er kurz vorm Heulen war.
Addi war über zwanzig. Ich wußte nicht, wann ich das 5
letztemal geheult hatte. Es war jedenfalls eine Weile
her. Vielleicht haute ich deswegen tatsächlich sofort ab.
Kann sein, ich hatte den Bogen überspannt oder was.
Ich hoffe, es hält mich deswegen keiner für feige, Leute.
Als Boxer darf man sich ja sowieso nicht richtig weh- 10
ren. Trifft man dumm, heißt es gleich: Sperre. Außerdem war da Zaremba, und der gab mir zu verstehen:
Mach dich weg. Es ist das beste im Moment. Das war
das vorläufige Ende meines Gastspiels als Anstreicher
bei Addi und Genossen. 15
Es war übrigens ein Sauwetter an dem Tag. Ich hech-
tete mich auf meine Kolchose.
Als erstes diktierte ich für Old Willi auf das neue
Band:
Und daran seid ihr alle schuld, die ihr mich in das Joch 20
geschwatzt und mir so viel von Aktivität vorgesungen
habt. Aktivität!. . .Ich habe meine Entlassung. . .ver-
langt!. . . Bringe das meiner Mutter in einem Säftchen
bei. Ende.
Ich fand, das paßte großartig. 25

„Ich hab ihn einfach gefeuert! Nicht, daß wir uns
abkapseln wollten. Jonas zum Beispiel kam aus
dem Bau zu uns. Aber bei uns sammelt sich sowieso allerhand Volk, das nichts kann und meistens auch nichts will. Es ist nicht leicht, eine 30
Truppe zusammenzukriegen, mit der man einigermaßen was anfangen kann.“

3. der **Querkopf** contrary fellow (one who swims against the stream) **vergnatzt sein** *coll* = **schlecht gelaunt sein** to be in a terrible mood, offended (by someone or something) **unfähig** incapable, unable

5. **sachte!** *coll* easy! slow down!

12. **Halt die Fresse** *slang* Shut up

13. **schwärmen** to be enthusiastic, rave (about something) die **Atelierwohnung** studio apartment

14. **nach Norden (he)raus** facing the north

Fragen

1. Wie schätzt Addi heute sein Verhalten Edgar gegenüber ein? (S. 157)
2. Was ist die Funktion eines ,, NFG"? (S. 157)
3. Warum jagte Addi Edgar weg? (S. 157)
4. Wodurch wußte Edgar von dem ,,NFG"? (S. 159)

„Sie brauchen sich doch nicht zu entschuldigen!
Edgar war vielleicht bloß ein Spinner und ein
Querkopf, ewig vergnatzt, unfähig, sich einzu-
fügen, und faul, was weiß ich. . ."
„Na, sachte! Vergnatzt war er eigentlich nie,   5
jedenfalls bei uns nicht. Und ein Querkopf. . .?
Aber Sie müssen ihn besser kennen."
„Wie denn kennen? Ich hab ihn seit seinem
fünften Lebensjahr nicht gesehen!"
„Ja, das wußte ich nicht – Das heißt, Moment!   10
Edgar hat Sie besucht. Er war doch bei Ihnen!"

Halt die Fresse, Addi!

„Er hat noch geschwärmt. Sie haben eine Atelierwohnung, nach Norden raus, alles voller Bilder, herrlich vergammelt."   15

Halt doch die Fresse, Addi!

„Entschuldigen Sie. Ich hab es nicht von Edgar
– von Zaremba."
„Wann soll denn das gewesen sein?"
„Das muß gewesen sein, nachdem wir ihn ge-   20
feuert hatten, Ende Oktober."
„Bei mir war niemand."

---

5. Wieso ist das ,,NFG" laut Zaremba eine einmalige Erfindung? (S.
   159)
6. Weshalb lag das ,,NFG" unter dem Salonwagen herum? (S. 159)
7. Wie sah Addi Edgars Position in seiner Truppe? (S. 161)
8. Wieso war die Spritze Addis schwächster Punkt? (S. 161)

9. Wie charakterisierte Edgar Addi durch das ,,Werther''- Zitat? (S. 161)
10. Beschreiben Sie den Versuch, den Addi und die Truppe mit der Spritze machten! (S. 161–163)
11. Wieso funktionierte keine Düse richtig? (S. 163)
12. Woran sieht man, daß Addi ein ,,Steher'' war? (S. 163)
13. Was tat Edgar nach dem mißglückten Versuch? (S. 163)
14. Wie reagierten die Experten auf Edgars Zitat? (S. 163)
15. Weshalb lief Edgar sofort von der Truppe weg? (S. 163–165)
16. Wie berichtete Edgar Willi von seiner Entlassung? (S. 165)
17. Wieso ist es für Addi nicht leicht, eine gute Truppe zusammenzustellen? (S. 165)
18. Was hält Edgars Vater heute von seinem Sohn? (S. 167)
19. Wann hat Edgars Vater seinen Sohn zum letzten Mal gesehen? (S. 167)
   —laut Edgars Vater.
   —laut Addi.

Edgar mit Mitgliedern der Malerbrigade. Nur Zaremba (rechts) versteht ihn. (Zum SWF-Programmbeitrag im Deutschen Fernsehen) Permission of Artus-Film, Munich.

2. **es ist Tatsache** it's a fact

3. der **Kachelwurm** *coll* derogatory term for a nondescript apartment

8. **sich vorstellen** to introduce oneself

10. die **Bauklamotten** *pl coll* work clothes, clothes worn at the construction site

11. der **Heizungsmonteur** heating service man

12. **von etwas erbaut sein** = **sich über etwas freuen** to be happy about something **einem etwas abnehmen** *coll* = **einem etwas glauben** to believe what a person says

18. die **Ledertasche** leather bag das **Fernmeldeamt** telephone and telegraph company

20. **übelnehmen** to take offense

22. **rumpingeln** *coll* = **herumpingeln** to bang, fiddle around der **Heizungskörper** radiator

11

Es stimmt aber leider. Ich weiß auch nicht, warum ich
da hinging, aber es ist Tatsache. Er wohnte in einem
dieser prachtvollen Kachelwürmer, von denen Berlin
langsam voll ist. Ich wußte seine Adresse. Aber ich
wußte nicht, daß es einer dieser prachtvollen Kachel-   5
würmer war. Er hatte da ein Appartement. Und nach
Norden raus stimmt auch. Ich weiß nicht, ob einer
glaubt, daß ich so blöd war, mich gleich vorzustellen.
Guten Tag, Papa, ich bin Edgar, in dem Stil. So nicht.
Ich hatte meine Bauklamotten an. Ich sagte einfach: 10
die Heizungsmonteure, als er aufmachte. Er war nicht
besonders erbaut davon, aber er nahm es mir sofort ab.
Ich weiß nicht, was ich gemacht hätte, wenn er es mir
nicht abgenommen hätte. Irgendeinen Plan hatte ich
nicht, aber ich war mir ziemlich sicher, daß es klappen   15
würde. Eine blaue Hose, und du bist der Heizungsmonteur. Eine olle Jacke, und du bist der neue Hausmeister.
Eine Ledertasche, und du bist der Mann vom Fernmeldeamt und so weiter. Sie nehmen dir alles ab, und
man kann es ihnen nicht mal übelnehmen. Man muß es   20
bloß wissen. Außerdem hatte ich noch einen Hammer
bei mir. Mit dem pingelte ich eine Weile an dem Heizungskörper im Bad rum. Er stand in der Tür und sah
zu. Ich sagte nichts. Ich brauchte einfach Zeit, um mich
an ihn zu gewöhnen. Ich weiß nicht, ob das einer be-   25

3. **Das warf mich fast völlig um** *coll*   That really threw me

7. **nagelneu**   brand-new

10. **kurz vor irgendwas** *coll*   about time for a big event to take place (a national holiday or a political celebration)   **Es sprach sich...(he)rum**   the word got around

12. das **Hinterhaus** = die **Lagerhalle**   warehouse (*literally,* house in a back alley)

13. die **Masse**   crowd   **fassen**   to hold

14. **Und so kam es denn auch**   And so it was, and that's the way it turned out

16. **Und** *wie* **ich dabei war!**   And was I ever there!

18. **abkriegen** *coll* = **bekommen**

20. das **Treppenhaus**   hall, well of a staircase   der **Einlaß**   permission to enter, opening of the door

23. **garantiert** *coll*   without a doubt, certainly, definitely

25. die **Bescherung**   distribution of Christmas presents   **voraussetzen**   to presuppose, assume

26. der **Weihnachtsmann**   Santa Claus

28. **loslassen**   to sing (*literally,* to let loose)

29. das **Theater** *coll*   show   **ausgewachsen**   fully grown, well developed

31. **sich stürzen auf**   to dive for, throw oneself at

32. **ein glatter Verlust** *coll*   a total loss

greift, Leute. Wissen, man hat einen Vater, und ihn dann sehen, das ist *überhaupt* nicht dasselbe. Er sah aus wie dreißig oder so. Das warf mich fast völlig um. Ich hatte doch keine Ahnung davon. Ich dachte doch immer, daß er mindestens fünfzig war! Ich weiß auch nicht, warum. Er stand da in der Tür in Bademantel und in nagelneuen Jeans. Ich sah das sofort. Um die Zeit gab es in Berlin nämlich plötzlich echte Jeans. Keine Ahnung, warum. Aber es gab sie. Es war mal wieder kurz vor irgendwas. Es sprach sich natürlich sofort rum, jedenfalls in gewissen Kreisen. Sie verkauften sie in einem Hinterhaus, weil sie wußten, daß kein Kaufhaus Berlins die Massen fassen konnte, die wegen der Jeans kamen. Und so kam es denn auch. Ich nehme an, keiner glaubt, daß ich nicht dabeigewesen war. Und *wie* ich dabei war! So früh war ich lange nicht mehr aufgestanden, um rechtzeitig dazusein. Ich hätte mir doch sonstwas abgebissen, wenn ich keine Jeans abgekriegt hätte. Wir standen da zu dreitausend Mann in dem Treppenhaus und warteten auf den Einlaß. Kein Mensch kann sich vorstellen, wie dicht wir da standen. An dem Tag fiel der erste Schnee, aber gefroren hat von uns garantiert keiner. Ein paar hatten Musik mit. Es war eine Stimmung wie Weihnachten, wenn gleich die Tür aufgeht und die Bescherung anfängt – vorausgesetzt, man glaubt noch an den Weihnachtsmann. Wir waren alle echt high. Ich war kurz davor, meinen Bluejeans-Song loszulassen, als sie die Tür aufmachten und das Theater anfing. Hinter der Tür standen vier ausgewachsene Verkäufer. Die wurden zur Seite geschoben wie nichts, und wir stürzten uns auf die Jeans. Leider wurde die Sache ein glatter Verlust. Es war nicht die echte Sorte, die sie hatten. Es waren zwar auch

2. **gelungen**   successful

3. die **Provinzmutti** *coll*   woman (*literally*, mother) from the country

5. **Kleindingsda** *coll*   little whatchamacallit (reference to any small village)

6. **auf den Höhepunkt kommen**   to reach a peak, climax

7. **Schiß kriegen** *coll* = **Angst bekommen**   to become frightened, get scared

8. die **Guten**   the (poor) dears

11. **halbwegs** *coll*   more or less, to some extent

16. **überwachen**   to watch over, supervise

18. der **Damenstrumpf**   nylon stocking

19. **gerade** *da   there* in particular

20. **sich zu erkennen geben**   to make oneself known

21. **Wolln mal sehen** *coll*   Now let's see

25. **nachgeben**   to give way, give in

27. **kampieren** *coll*   to spend the night, camp (out)

28. **Sie hatte irgendwas von** *coll*   She was somewhat like, reminiscent of

31. **zu dritt**   as a threesome

32. **anschaffen** = **kaufen**

authentische Jeans, aber es war nicht die echte Sorte.
Trotzdem war es ein gelungenes Happening an dem
Tag. Am besten waren vielleicht diese zwei Provinz-
muttis, die mit in dem Treppenhaus waren. Sie wollten
wohl ihren Söhnchen in Kleindingsda echte Jeans mit-
bringen. Aber als die Stimmung langsam auf den Höhepunkt kam, kriegten sie plötzlich Schiß. Sie wollten
raus, die Guten. Dabei hatten sie nicht die Bohne von
Chance dafür, selbst wenn ich oder einer ihnen hätte
helfen wollen. Sie mußten mitmachen, ob sie wollten
oder nicht. Ich hoffe, sie haben es halbwegs überstanden.
Jedenfalls muß an diesem Tag auch (dieser) Vater
irgendwo in der Masse gewesen sein. Ich konnte mir das
gut vorstellen, wie er da vor mir in der Tür stand und
mich überwachte. Warum er da stand, war mir übrigens
fast sofort klar. Über einer Leine in diesem Bad hing
ein Paar Damenstrümpfe. Garantiert hatte er eine im
Zimmer, und gerade *da* wollte ich mich umsehen, bevor
ich mich zu erkennen gab. Ich sagte also: Hier ist alles
in Ordnung. Wolln mal sehen, was im Zimmer ist.
Und er: Da ist alles normal.
Ich: Schön. Aber dies Jahr kommt keiner mehr von
uns.
Da gab er nach. Wir gingen in das Zimmer. Im Bett
lag die Frau. Neben dem Bett stand so ein Campingbett, in dem hatte er wohl kampiert. Die Frau gefiel mir
sofort. Sie hatte irgendwas von Charlie. Ich wußte
nicht, was. Wahrscheinlich war es die Art, einen immerzu anzusehen, immerzu die Scheinwerfer auf einen
zu halten. Ich konnte mir sofort vorstellen, wie wir zu
dritt gelebt hätten. Wir hätten ein breiteres Bett angeschafft, und ich hätte auf dem alten oder von mir aus

1. die **Campingliege** camping cot   **pennen** *coll* = **schlafen**

2. die **Schrippe** = das **Brötchen** breakfast roll

5. **schleppen** to drag

10. **sich über etwas hermachen** *coll* to go at something

11. **morsen** to transmit in Morse code   die **Röhre** pipe

12. **wie das diese Heizungskerle so d(a)raufhaben** *coll* just like the heating servicemen do

13. **beäugen** *coll* to take a look at, glance around

14. die **Leiterwand** ˙ wall unit with bookcases

15. **vorletzt** next to the last

16. **bot mir zu rauchen an** offered me a cigarette

17. **Nee** = **Nein**   das **Haupthindernis** main obstacle, impediment

19. **Ich machte so auf** *coll* I tried to act like   **gebildet** educated   der **Facharbeiter** skilled worker

21. der **Bilderfreund** friend of art

23. **Tabula rasa** *Latin* Bare walls, there's nothing there (*literally,* clean slate)

24. **rumkommen** = **herumkommen** to get around   **so'ne und solche** *coll* this kind and that, these and those

25. **Dafür** Instead of, in place of (pictures)

29. **was mich nicht tötete** that didn't turn me off

30. **kahl** bare

32. **schwafeln** to babble, blither, talk nonsense

auf der Campingliege auf dem Korridor gepennt. Ich
hätte morgens die Schrippen geholt und Kaffee gekocht,
und wir hätten zu dritt an ihrem Bett gefrühstückt.
Und abends hätte ich sie beide in die „Große Melodie"
geschleppt oder auch mal sie allein, und wir hätten ge- 5
flirtet, natürlich dezent, wie unter Kumpels.
Ich wurde denn auch sofort charmant: Pardon, Ma-
dame. Bloß der Heizungsmonteur. Gleich fertig. – In
dem Stil.
Ich machte mich über (den Heizungskörper) her. Ich 10
morste mit dem Hammer auf den Röhren und horchte
auf das Echo, wie das diese Heizungskerle so draufhaben. Dabei beäugte ich natürlich das ganze Zimmer.
Viel war da nicht. Eine Leiterwand mit Büchern. Ein
Fernseher, vorletztes Modell. Nicht ein einziges Bild 15
an den Wänden. Die Frau bot mir zu rauchen an.
Ich sagte: Nee, danke. Rauchen ist ein Haupthindernis
der Kommunikation.
Ich machte so auf gebildeter junger Facharbeiter. Dann
fragte ich diesen Vater: Sie sind wohl kein großer 20
Bilderfreund?
Er verstand nichts.
Ich weiter: Na, die Wände. Tabula rasa. Unsereins
kommt rum. Bilder haben sie überall, so'ne und solche,
aber Sie? – Dafür haben sie andere schöne Sachen. 25
Die Frau lächelte. Sie hatte sofort verstanden. Es war
vielleicht auch nicht schwer. Wir sahen uns eine Sekunde an. Sie war, glaube ich, das einzige in dem Zimmer, was mich nicht tötete. Alles andere tötete mich,
vor allem die kahlen Wände. Ich kann es mir nicht 30
anders erklären, daß ich plötzlich wie ein Blöder anfing zu schwafeln: Aber schon richtig. Ich sage immer,
wenn schon Bilder, dann selber gemalte – und die

1. **feinerweise** *coll*   for the sake of delicacy

2. **Mal 'ne Frage** *coll*   Just one question

5. **rot werden**   to blush

7. **zusammenreden**   to fabricate, make up

10. **ich brachte es einfach nicht fertig**   I simply couldn't bring myself

17. **nicht stimmen mit**   to be wrong with

19. **die Spritze** = **die Farbspritze**   paint sprayer   **bauen**   to build, construct

23. **richtig** proper   das **Werkzeug** tools

24. **vor etwas zurückschrecken**   to shy away, shrink from something

25. **im geheimen**   in secrecy

27. **lässig**   casually

28. **aufkreuzen** *coll*   to make an appearance

30. **verlassen** deserted   **brauchbar** useful

31. der **Gegenstand** object   **absuchen** to scour

33. **drinstecken** = **darinstecken**   to be (found) in

hängt man sich feinerweise natürlich nicht an die
eigenen Wände. Mal 'ne Frage: Haben Sie Kinder?
Tip von mir: Kinder können malen, daß man kaputtgeht. Das kann man sich jederzeit an die Wand hän-
gen, ohne rot zu werden. . .   5
Ich weiß nicht, was ich sonst noch für ein blödsinniges
Zeug zusammenredete. Ich glaube, ich hörte erst auf
zu reden, als ich wieder auf der Treppe stand, die Tür
zu war und ich feststellte, daß ich kein Wort gesagt
hatte, wer ich war und das. Aber ich brachte es einfach   10
nicht fertig, noch mal zu klingeln und alles zu sagen.
Ich weiß nicht, ob das einer versteht, Leute.
Anschließend kroch ich wieder in meine Laube, wie
immer. Ich wollte Musik machen und das und machte
es auch, bloß, irgendwie popte das nicht. Ich kannte   15
mich damals schon selbst genug, um zu kapieren, daß
in dem Fall irgendwas nicht stimmte mit mir. Ich analysierte mich kurz und stellte fest, daß ich sofort damit
anfangen wollte, *meine* Spritze zu bauen. *Mein* NFG.
Ich wußte zwar noch nicht, wie. Ich wußte nur, daß sie   20
völlig anders aussehen mußte als die von Addi. Ich
wußte zwar, daß es nicht einfach sein würde ohne
richtiges Werkzeug und das. Aber es war nie meine Art,
vor(solchen Schwierigkeiten) zurückzuschrecken. Klar
war auch, daß die Sache völlig im geheimen stattzu-   25
finden hatte. Und dann, wenn sie funktionierte, meine
Spritze, wollte ich lässig wie ein Lord bei der Truppe
aufkreuzen. Ich weiß nicht, ob mich einer begreift,
Leute. Jedenfalls fing ich Idiot noch am selben Tag
an, die ganze olle verlassene Kolonie nach brauch-   30
baren Gegenständen abzusuchen. Ich weiß nicht, ob
sich einer vorstellen kann, was in so einer Kolonie
alles drinsteckt. Ich kann nur sagen, alles, im Ernst,

4. der **Sarg**   coffin

6. **zurückholen**   to retrieve, get back

7. **Im Prinzip** = **Im Grunde, eigentlich**   Actually

10. **aufstöbern**   to seek out (and find)

12. **auf die Idee kommen** = **auf den Gedanken kommen**   to hit upon the idea

16. **zuschließen**   to lock (up)

17. **am schönsten Bauen** *coll*   right in the middle of building

18. der **Schädel** = der **Kopf**

19. **verschimmelt**   gray (as if covered by mold)   die **Hecke**   hedge

20. **dichtmachen** *slang* = **zuschließen**   **sich (hin)hauen** *coll* = **sich hinlegen**   to flop down

21. **husten**   to cough

24. die **Rumkramerei** *coll*   act of rummaging around   **sich** *dat* (**eine Krankheit**) **zuziehen**   to catch (a disease)

27. **sich** *dat* **etwas angewöhnen**   to become accustomed, used to something   **Es machte sich hervorragend so**   It was perfect that way

28. **bei der selbstlosen Arbeit**   working unselfishly

29. **die Lunge halb weggefressen**   his lung half eaten away

31. **anspornen**   to spur on

bloß nicht, was ich brauchte. Ich schleppte trotzdem alles ran, was irgendwie brauchbar aussah. Erst mal Material haben, dachte ich. Das war der erste Stein zu meinem Grab, Leute. Der erste Nagel zu meinem Sarg.

„Ich könnte sagen, daß wir ihn ziemlich schnell wieder zurückgeholt haben. Aber das war mehr auf Zarembas Initiative. Im Prinzip war es da schon zu spät. Edgar hatte zu der Zeit schon angefangen, an *seinem* NFG zu bauen. Zaremba wußte eben auch nicht alles. Wir stöberten ihn in seiner Laube auf. Aber davon, daß er an einer Spritze baute, war nichts zu sehen. Und auf die Idee, in die Küche zu sehen, sind wir leider nicht gekommen."

Das mit der Küche hätte euch die Bohne was genutzt, die war zugeschlossen. Da hätte ich kein Aas reingelassen. Vielleicht nicht mal Charlie. Ich war am schönsten Bauen. Da sah ich Zarembas Schädel mit seinen verschimmelten Haaren über meiner Hecke auftauchen. Sofort machte ich die Bude dicht, Leute. Ich haute mich auf das olle Sofa und fing an zu husten. Nicht, daß ich krank war oder so, jedenfalls nicht wirklich. Ich hatte zwar Husten. Wahrscheinlich hatte ich mir den bei der Rumkramerei in der ollen Kolonie zugezogen. Vielleicht hätte ich auch anfangen müssen zu heizen. Aber ich hätte auch aufhören können zu husten. Bloß, ich hatte es mir so schön angewöhnt. Es machte sich hervorragend so. Edgar Wibeau, das verkannte Genie, bei der selbstlosen Arbeit an seiner neuesten Erfindung, die Lunge halb weggefressen, und er gibt nicht auf. Ich war ein völliger Idiot, ehrlich. Aber das spornte mich an.

181

2. **etwas d(a)rauf haben** *coll* to be good at something, have something down pat   **stürmen** to take by storm

3. **fein** = **sehr**

7. **wegscheuchen** to frighten, scare away

10. **vorstrecken** to stretch forward, poke out

16. **zunächst** first of all, to begin with   **was zum Festhalten** something to hold onto

18. **geradezu** straightforward, direct, blunt

20. **passé** *French* over and done with   **Der Zug ist durch** *coll* We're through with that, that's behind us

21. **Es fiel ihm nicht leicht** It wasn't easy for him   **gerührt sein** to be moved, touched

22. der **Gebesserte** reformed person

23. **den Rest erledigen** to conclude, finish up

25. **I a** *coll* = **prima** great   **kegeln** bowling (German-style)

26. **mittlerweile** meanwhile, in the meantime   **vollzählig** in full strength, complete

27. **reintröpfeln** *coll* = **hereintröpfeln** to dribble in, enter one at a time (single file)

29. der **Posten** sentry, guard

30. **aufstellen** to place, position   **sich verdünnisieren** *coll* to make oneself scarce, disappear

32. **beglotzen** to gape, stare at

Ich weiß nicht, ob das einer begreift. Also diesen Husten hatte ich drauf, als die Truppe meine Bude stürmte. Das heißt, sie stürmte nicht. Sie kamen fein leise. Erst Addi und dann Zaremba. Wahrscheinlich schob ihn der Alte. Diese Kerle dachten glatt, daß sie wegen mir ein schlechtes Gewissen haben mußten oder so. Weil sie mich weggescheucht hatten. Und dann ich mit meinem Husten auf dem Sofa! Ich weiß nicht, ob sich einer vorstellen kann, wie hervorragend ich diesen Husten draufhatte. Außerdem streckte ich noch meine Füße unter der ollen Decke vor, als wenn sie zu kurz gewesen wäre.

Zaremba meinte denn auch: Ahoi! Hast auch schon mal besser gehustet, no? Dann drehte er sich weg, damit Addi seinen Speech loslassen konnte. Addi suchte sich zunächst was zum Festhalten, dann fing er an: Was ich noch sagen wollte, ich bin vielleicht manchmal 'n bißchen geradezu, ist so meine Art, einwandfrei. Müßten wir in Zukunft beide dran denken. Und die Spritze ist ja jetzt passé. Der Zug ist durch, einwandfrei. Es fiel ihm nicht leicht. Ich war beinah gerührt. Sagen konnte ich nichts, wegen dem Husten. Jonas, der Gebesserte, erledigte den Rest: Wir dachten, du könntest dich auf Fußböden spezialisieren. Geht auch mit Rolle I a. Und sonnabends sind wir immer kegeln. Natürlich war der Rest der Truppe mittlerweile vollzählig versammelt. Sie waren förmlich reingetröpfelt, erst einer, dann noch einer. Ich hatte das Gefühl, Zaremba oder Addi hatte sie als Posten an allen vier Seiten aufgestellt gehabt, falls ich mich verdünnisieren wollte. Ich hätte mich beölen können. Sie standen rum und beglotzten meine gesammelten Werke. Ich sah förmlich, wie das popte. Von da an hielten sie mich

1. **einen seltenen Vogel**   a strange bird

2. **zu nahe treten** *dat*   to offend, insult (*literally,* to approach too closely)

3. **dachte sich... sein Teil**   had his own thoughts on the matter (which he kept to himself)

4. **rumschnüffeln** *coll* = **herumschnüffeln**   to snoop, look around

5. die **Klinke**   door handle

6. die **Fangfrage**   trick question

7. **überwintern**   to spend the winter, hibernate

8. **unberechenbar**   unpredictable, incalculable

14. der **Heuhusten** = der **Heuschnupfen**   hay fever

15. das **Rätsel**   enigma. mystery, puzzle

16. **sich bessern**   to improve, get better

17. **sich verziehen** *coll*   to vanish, disappear

18. der **Anfall**   fit, attack, spell   **das hätte mir noch gefehlt**   that would have been all I needed (under the circumstances)

19. **Sie konnten mir gestohlen bleiben**   They could drop dead (for all I cared), I didn't want anything to do with them

21. der **Ausschlag**   rash

23. **dreschen** *coll*   to jab with a hypodermic needle (*literally,* to thrash)   der **Zeh**   toe   die **Spritze**   injection, shot

24. der **Zehnagel**   toenail

25. **himmelschreiend**   atrocious, excruciating (enough to make one scream bloody murder)

28. die **Binde**   bandage

29. der **Krankenstuhl** = der **Rollstuhl**   wheelchair

30. **Seitdem stand meine Meinung zu Ärzten fest**   Ever since, I've had a fixed opinion about doctors

31. der **Naturschutz**   preservation, conservation of wildlife

33. **sich** *dat* **etwas leisten** *coll*   to indulge in something

für einen seltenen Vogel oder was, dem man nicht mehr zu nahe treten durfte. Außer Zaremba. Old Zaremba dachte sich garantiert sein Teil. Er fing dann auch an rumzuschnüffeln in meinem Bau. Zuletzt drückte er auch noch auf die Klinke zur Küche. Aber die war zu, 5 wie gesagt, und auf seine ganzen Fangfragen, ob ich hier überwintern wollte, zum Beispiel, konnte ich kaum antworten. Dieser Husten war einfach unberechenbar. Er kam immer in den blödesten Momenten, Leute. Ich hatte ihn wirklich gut drauf. Zaremba wollte mich so- 10 fort zum Arzt haben, der Hund. Ich sah für einen Moment ziemlich alt aus. Dann fiel mir ein, daß ich diesen Husten jeden Herbst habe und daß er völlig harmlos ist. Eine Allergie. Heuhusten oder was. Einmaliger Fall. Rätsel für die Wissenschaft. Und da hörte er 15 schließlich auf. Aber mein Husten besserte sich hervorragend seit dem Tag, ich meine: er verzog sich, bis auf gelegentliche kleine Anfälle. Arzt, das hätte mir noch gefehlt. Meine Meinung zu Ärzten war: Sie konnten mir gestohlen bleiben. Ich war ein einziges Mal frei- 20 willig bei einem Arzt wegen einem Ausschlag an den Füßen. Eine halbe Stunde später lag ich auf seinem Tisch, und er drosch mir in jeden Zeh zwei Spritzen, und dann zog er mir die Zehennägel ab. Das war schon erstmal himmelschreiend. Und als er fertig war, 25 scheuchte er mich zu Fuß in das Krankenzimmer, ob das einer glaubt oder nicht, Leute. Ich blutete durch die Binden wie ein Blöder. Er dachte überhaupt nicht daran, mir einen Krankenstuhl oder was zu geben. Seitdem stand meine Meinung zu Ärzten fest. 30
Jedenfalls stand ich von dem Tag an unter Naturschutz bei Addi. Die Bilder und dann noch ein in der Welt einmaliger Husten. Ich hätte mir wahrscheinlich (sonstwas)

1. **ab da** *coll* = **ab dann** from then on, in the future **sich be-herrschen** to control, restrain oneself

2. **die Sehnsucht** desire

3. **jemandem auf die Schliche kommen** *coll* to find out about one's secret ways

5. **groß (he)rauskommen** *coll* to make a big splash

6. **sich** *dat* **etwas versagen** to deny oneself something **zücken** to draw (a pistol)

9. **wie auf Kohlen sitzen** *coll* to be in a state of suspense, on tenterhooks

Fragen

1. Wo wohnte Edgars Vater? (S. 171)
2. Wie stellte sich Edgar seinen Vater vor? (S. 171)
3. Warum hatte sich Edgar verkleidet, als er seinen Vater besuchte? (S. 171)
4. Weshalb sprach Edgar anfangs nicht mit seinem Vater? (S. 171)
5. Was fiel ihm an seinem Vater besonders auf? (S. 173)
6. Wann und wo konnte man in Berlin echte Jeans kaufen? (S. 173)
7. Wie kaufte Edgar in Berlin echte Jeans? (S. 173)
8. Welche Stimmung herrschte bei den Käufern? (S. 173)
9. Wieso wurde der Einkauf eine Enttäuschung? (S. 173–175)
10. Welche Leute machten einen besonderen Eindruck auf Edgar? (S. 175)
11. Wieso überwachte Edgars Vater seinen Sohn in der Wohnung? (S. 175)
12. Weshalb gefiel Edgar die Freundin seines Vaters? (S. 175)
13. Was stellte sich Edgar vor, als er die Freundin seines Vaters sah? (S. 175–177)
14. Was sagt Edgar über das Zimmer seines Vaters? (S. 177)
15. Was störte Edgar an dem Zimmer? (S. 177)

leisten können ab da. Aber ich konnte mich beherrschen. Ich hatte keine Sehnsucht, sie noch mal auf meiner Kolchose begrüßen zu dürfen. Daß sie mir womöglich auf die Schliche kamen mit der Spritze. Ich Idiot, ich dachte doch immer, ich würde mit der Spritze groß rauskom- 5 men. Ich versagte mir fast alles. Ich zückte zum Beispiel kein einziges Mal meine Werther-Pistole. Ich malte brav meine Fußböden mit der Rolle, und sonnabends ging ich sogar manchmal mit kegeln. Ich saß da wie auf Kohlen oder was, während sie kegelten und dachten: 10 Den Wibeau, den haben wir großartig eingereiht. Ich kam mir fast vor wie in Mittenberg. Und zu Hause wartete meine Spritze.

---

16. Was hielt Edgar von der Freundin seines Vaters? (S. 177)
17. Über welches Thema fing Edgar an zu reden? (S. 177–179)
18. Was stellte Edgar fest, nachdem er die Wohnung wieder verlassen hatte? (S. 179)
19. Beschreiben Sie Edgars Stimmung nach diesem Besuch! (S. 179)
20. Welche Idee hatte Edgar, als er wieder in seiner Laube war? (S. 179)
21. Was hatte Edgar mit *seiner* Spritze vor? (S. 179)
22. Wie begann er, seinen Plan auszuführen? (S. 179–181)
23. Was unternahm Addis Truppe auf Zarembas Initiative hin? (S. 181)
24. Was machte Edgar, als die Truppe bei seiner Laube auftauchte? (S. 181)
25. Wie war Edgars Gesundheitszustand? (S. 181)
26. Weshalb hatte sich Edgar den Husten angewöhnt? (S. 181)
27. Wie verhielten sich Addi und seine Truppe, als sie Edgar besuchten? (S. 183)
28. Wie entschuldigte sich Addi für sein Verhalten? (S. 183)
29. Was schlug Jonas Edgar vor? (S. 183)

30. Wie benahm sich der Rest der Truppe? (S. 183)
31. Wie unterschied sich Zarembas Verhalten von dem der anderen? (S. 183–185)
32. Weshalb konnte Edgar kaum auf Zarembas Fragen antworten? (S. 185)
33. Welche Erklärung hatte Edgar für seinen Husten? (S. 185)
34. Was war Edgars Meinung über Ärzte? (S. 185) Warum?
35. Wie änderte sich Addis Verhalten Edgar gegenüber? (S. 185)
36. Was nahm Edgar alles auf sich, um ungestört an seiner Spritze arbeiten zu können? (S. 187)

Goethes Werther. (Courtesy the New York Public Library)

1. **aufreißen** *coll* = **durch Zufall entdecken** to happen upon, discover by chance

4. die **Volksbefragung** public poll

5. **Erfolg gleich Null** With no success whatever, with zero success

12. **General Brussilow** Alexei Brusilov (1853–1926), the most successful Russian general of World War I

13. **einnehmen** to conquer, take (as in battle)

14. die **Pforte** portal

15. der **Umbau** reconstruction, building alterations

17. **stören** to keep from entering (*literally,* to disturb, bother)

18. **aussperren** to bar a person's entry **Schätzungsweise** To wager a guess

19. **jemandem um den Hals fallen** to welcome someone with open arms (*literally,* to embrace a person)

20. der **Hugenottensproß** offspring, descendant of Huguenots

21. **am Aussterben** (in the process of) dying out

24. **adlig** of noble birth

12

In der Zeit riß ich auch dieses Hugenottenmuseum auf, durch Zufall. Ich hatte es eigentlich längst aufgegeben, danach zu suchen. Anfangs hatte ich dutzendweise Leute gefragt, eine Art Volksbefragung. Können Sie mir sagen, wo ich das Hugenottenmuseum finde? Erfolg gleich Null. Kein Aas in ganz Berlin wußte was davon. Die meisten hielten mich wohl für blöd oder für einen Touristen. Und plötzlich stand ich davor. Es war in einer kaputten Kirche. Der Bau hatte mich interessiert, weil er die erste echte Kriegsruine war, die ich gesehen hatte. In Mittenberg war doch kein einziger Schuß gefallen! Das hatte doch General Brussilow oder wer beinah vergessen einzunehmen. Und an der einzigen intakten Pforte von dem ganzen Bau stand: Hugenottenmuseum. Und darunter: Wegen Umbau geschlossen. Normalerweise hätte mich dieses Schild nicht gestört. Schließlich war ich Hugenotte, und man konnte mich nicht aussperren. Schätzungsweise wäre (mir)doch der Museumschef um den Hals gefallen. Ein echter, lebender Hugenottensproß! Soviel ich wußte, waren wir doch am Aussterben. Aber aus irgendeinem Grund machte ich vor diesem Schild kehrt. Ich analysierte mich kurz und stellte fest, daß es mich einfach nicht interessierte, ob ich adlig war oder nicht, oder was die anderen Hugenotten machten; wahrscheinlich

4. **um die Zeit**   about that time

7. **sich vertragen mit**   to make peace, settle one's differences with

8. **nach allem**   after all (that had happened, gone before)

10. **etwas im Kopf haben**   to have something on one's mind

12. **in einer Tour** *coll* = **dauernd, ständig**   continuously

15. der **Schwall**   surge, flood, deluge, torrent

16. die **Zerstreuung**   distraction

18. **pinseln** *coll* = **schreiben**

19. der **Kegelschuppen** *coll*   bowling alley

21. **Damit konnte ich ihr nicht mehr kommen** *coll*   I couldn't use that on her any more

24. der **Briefkasten**   mailbox

25. das **Kuvert**   envelope   **von weitem**   from a distance, far away

26. **postlagernd**   poste restante, to be picked up at the post office   die **Briefmarke**   stamp

31. **Die Knie wackelten mir**   My knees began to tremble, my legs grew weak

32. der **Schüttelfrost**   shivering fit, shivers, chill

33. **lostoben**   to charge, race off

nicht mal, ob ich Hugenotte oder Mormone oder sonstwas war. Aus irgendeinem Grund interessierte mich
das nicht mehr.
Dafür kam ich um die Zeit auf eine andere blöde Idee,
nämlich an Charlie zu schreiben.   5
Ich hatte sie seit dem Tag damals praktisch nicht wiedergesehen. Mir war klar, daß sie sich längst wieder
mit ihrem Dieter vertragen hatte und daß ich nach
allem keine Chancen bei ihr haben konnte. Trotzdem
hatte ich (sie) immerzu im Kopf. Ich weiß nicht, ob das   10
einer begreift, Leute. Mein erster Gedanke war sofort
Old Werther. Der hatte doch in einer Tour Briefe an
seine Charlotte geschrieben. Ich brauchte denn auch
nicht lange zu suchen, bis ich einen passenden fand:
Wenn Sie mich sähen, meine Beste, in dem Schwall von   15
Zerstreuung! wie ausgetrocknet meine Sinne werden; . . . nicht eine selige Stunde! nichts! nichts!
Das pinselte ich auf die Rückseite von einer Speisekarte in diesem Kegelschuppen. Ich schickte es aber nie
ab. Mir wurde klar, daß ich mit Werther schon gar   20
keine Chancen mehr bei ihr hatte. Damit konnte ich ihr
nicht mehr kommen. Bloß, mir fiel nichts anderes ein. occuL
Einfach hingehen konnte ich doch nicht. Und dann
steckte an einem Abend in meinem Briefkasten ein
Kuvert. Ich sah das schon von weitem. Post kriegte ich   25
doch nur postlagernd. Es war auch keine Briefmarke
drauf. Und drin war eine Karte von Charlie: Lebst du
noch? Besuch uns doch mal. Wir haben längst gehei-
ratet.
Charlie mußte also selber dagewesen sein. Ich wurde   30
fast nicht wieder, Leute. Die Knie wackelten mir. Im
Ernst. Ich kriegte eine Art Schüttelfrost. Ich ließ alles
stehen und liegen und tobte sofort los. Acht Minuten

3. **anstarren**   to stare at

4. **daß ich ihr nicht ganz recht kam**   that she wasn't really expecting me, that I'd come at a somewhat inopportune moment

5. **um die Zeit**   at that time (hour, moment)

14. **mit dem Rücken zum Zimmer**   with his back to the room

17. **sich abschirmen**   to screen, block off oneself

22. die **Rohrzange**   pipe wrench

28. **Komischerweise**   Strangely, oddly enough

30. **rasant = sehr schnell, so schnell wie möglich**   like lightning   **zu einem Schluß kommen**   to come to a conclusion, conclude

31. **die Sache mit der Rohrzange mitspielte** *coll*   was playing along with the pipe wrench business

später stand ich vor Dieters Tür. Ich nahm einfach an, sie würden jetzt zusammen bei ihm wohnen. Und das war auch der Fall. Charlie machte auf. Sie starrte mich zuerst an. Ich hatte das Gefühl, daß ich ihr nicht ganz recht kam um die Zeit. Ich meine, ich kam ihr schon recht, aber doch nicht *ganz* recht. Vielleicht dachte sie auch bloß, ich würde nicht gleich am selben Tag kommen, an dem sie den Brief auf meine Kolchose gebracht hatte. Jedenfalls holte sie mich ins Zimmer. Sie hatten nur das eine Zimmer. Im Zimmer saß Dieter. Er saß da hinter seinem Schreibtisch, genau so, wie er da vor ein paar Wochen gesessen hatte. Das heißt, er saß nicht dahinter, sondern eigentlich davor. Er hatte den Schreibtisch am Fenster stehen und saß davor, mit dem Rücken zum Zimmer. Ich verstand das völlig. Wenn einer nur ein Zimmer hat, in dem er auch noch arbeiten muß, dann muß er sich irgendwie abschirmen. Und Dieter machte das mit dem Rücken. Sein Rücken war praktisch eine Wand.

Charlotte sagte: Dreh dich mal um!

Dieter drehte sich um, und mir fiel zum Glück ein: Wollte bloß mal fragen, ob ihr nicht 'ne Rohrzange habt.

Ich wurde einfach das Gefühl nicht los, Dieter sollte vielleicht gar nicht wissen, daß Charlie mich eingeladen hatte. Ich ging auch höchstens einen Schritt in das Zimmer.

Komischerweise sagte Charlie: Haben wir eine Rohrzange?

Ich analysierte rasant die Lage und kam zu dem Schluß, daß Charlie die Sache mit der Rohrzange mitspielte. Sofort kriegte ich wieder diesen Schüttelfrost.

1. der **Rohrbruch** burst pipe

6. der **Schuppen** shed **dermaßen vergammelt** *coll* so worn out, beat up, hopelessly beyond repair

8. **hauen** *coll* = **schlagen** to whack **gaben wir uns die Pfoten** *coll* we shook hands

10. das **Onkel-Na** *coll* paternalistic "well"

11. **ranhängen** = **daranhängen** to add

12. die **Zusammenkunft** meeting, get-together

13. die **Flausen** *pl* = **dumme Gedanken**

14. **einen auf die Palme bringen** *coll* = **einen wütend machen** to drive someone up the wall, infuriate a person

15. **war ich sofort oben** = **war ich sofort wütend** (that is, **auf der Palme**)

16. **ich... kam wieder (he)runter** I cooled off

17. **der bescheidene, vernünftige, gereifte Junge** the modest, reasonable, mature youth

18. **seit kurzem** of late, lately

21. **in der Hinterhand** as my ace in the hole

25. der **Erfinder** inventor

28. der **Spitzensportler** star, top athlete

32. die **Riesenidiotie** *coll* something very foolish, idiotic

33. **in Erfüllung gehen** to come true

Dieter fragte: Wozu brauchst du 'ne Rohrzange? Rohr-bruch?

Und ich: Kann man so sagen.

Übrigens brauchte ich tatsächlich diese Zange. Für die Spritze. Ich hatte zwar etwas in der Art aufgerissen in einem ollen Schuppen. Bloß, die war dermaßen ver-gammelt, daß einer sich damit höchstens noch ein Loch ins Knie hauen konnte. Dann gaben wir uns die Pfo-ten, und Dieter machte: Na?

Das war dieses Onkel-Na. Hätte bloß noch gefehlt, daß er rangehängt hätte: Junger Freund. Haben wir uns denn seit unserer letzten Zusammenkunft gebes-sert, oder haben wir immer noch diese Flausen im Kopf? Für gewöhnlich brachte mich so was sofort auf die Palme, und auch diesmal war ich sofort oben. Aber ich nahm mich zusammen und kam wieder runter und war ganz der bescheidene, vernünftige, gereifte Junge, der ich seit kurzem war, Leute. Ich weiß nicht, ob sich das einer vorstellen kann – ich und bescheiden. Und alles das bloß, weil ich dachte, ich hab diese Spritze in der Hinterhand, ich Idiot. Ich weiß gar nicht mehr, was ich mir eigentlich dachte dabei. Ich war wohl einfach so sicher, daß meine Idee mit der Hydraulik genau richtig war, daß ich schon vorher so bescheiden war wie ein großer Erfinder nach seinem Erfolg. Edgar Wibeau, der große, sympathische Junge, der trotzdem so bescheiden geblieben ist und so weiter. Wie bei die-sen Spitzensportlern. Mann, Leute, war ich ein Idiot. Außerdem sah ich natürlich, daß Charlie rot wurde. Ich meine, ich *sah* es nicht. Ich konnte sie die ganze Zeit einfach nicht ansehen. Ich hätte sonst wahrscheinlich irgendeine Riesenidiotie gemacht. Aber ich *merkte* es. Wahrscheinlich ging in dem Moment ihr größter Traum

3. **aufgeregt** excited

6. **bloß = nur** **renovieren** to renovate, redecorate **neu einrichten** to refurnish

7. die **Möbel** *pl* furniture

8. die **Gardine** curtain

9. das **Kleinzeug** *coll* bric-a-brac, assorted small articles die **Wirtschaft** household

11. **aufeinander abgestimmt sein** to be coordinated, matched

12. der **Teppich** carpet, rug

13. die **Tapete** wallpaper

14. der **Sessel** armchair, easy chair

20. die **Tusche** watercolor, drawing ink **wenn man ihm alles geklaut hat** *coll* when everything was stolen from him (that is, woebegone, forlorn)

22. die **Luftflinte** = das **Luftgewehr**

24. **sich hinhocken** *coll* = **sich hinsetzen**

25. **nacheinander** one after another

26. **hin und her zu wetzen** *coll* to race back and forth

28. **scharf sein auf** *coll* to be keen on

30. **Bei mir gehörte das einfach zum Service** That was simply part of my customary service (that is, my treatment of women)

31. **plump** clumsy, awkward

32. **Abgesehen davon** Apart from the fact

in Erfüllung, daß ich und Dieter gute Freunde wurden. Bis dahin hatte sie noch hinter mir in der Tür gestanden. Jetzt wurde sie ganz aufgeregt, wollte Tee
machen und das, und ich sollte mich hinsetzen. Das
Zimmer war nicht wiederzuerkennen. Es war nicht 5
bloß renoviert und so, sondern völlig neu eingerichtet.
Ich meine, nicht mit Möbeln. Neu waren eigentlich
bloß Bilder und Lampen und Gardinen und allerhand
Kleinzeug, das Charlie wahrscheinlich mit in die Wirtschaft gebracht hatte. Plötzlich hätte ich da wohnen 10
wollen. Ich meine nicht, daß da alles aufeinander abgestimmt war. Die Sessel nach dem Teppich. Der Teppich nach den Gardinen. Die Gardinen nach den Tapeten und die Tapeten nach den Sesseln, so was konnte
mich immer fast gar nicht töten. Das war es nicht. Aber 15
die Bilder waren zum Beispiel aus dem Kindergarten
von den Gören. Daß Kinder malen können, daß man
kaputtgeht, hab ich wohl schon gesagt. Das eine Bild
sollte wohl ein Schneemann sein. Er war nur mit roter
Tusche. Er sah aus wie Charlie Chaplin, wenn man ihm 20
alles geklaut hat. Er konnte einem regelrecht an die
Nieren gehn. Daneben hing Dieters Luftflinte. Die
ganzen Bücher sahen plötzlich so aus, als liest sie ständig einer immer wieder. Man hatte plötzlich Lust, sich
irgendwo hinzuhocken und sie alle nacheinander zu 25
lesen. Ich fing an im Zimmer hin und her zu wetzen,
mir alles zu besehen und darüber zu reden. Ich lobte
alles wie ein Blöder. Ich kann nur jedem sagen, der auf
ein Mädchen oder eine Frau scharf ist, der muß sie
loben. Bei mir gehörte das einfach zum Service. Natür- 30
lich nicht auf die plumpe Art. Sondern so, wie zum Beispiel ich in diesem Zimmer bei Charlie. Abgesehen davon, daß es mir *wirklich* gefiel, sah ich natürlich, daß

1. **abwechselnd** alternately

2. **keinen Ton sagen = ganz Still bleiben**

8. **wie mir zumute war** how I felt, what kind of a mood I was in

9. **winken** to wave, signal

11. **(he)raus aus allem** *coll* out of it (that is, not in the mainstream of things)

13. das **Richtige** the right field **flüstern** to whisper

14. **so gut wie** *coll* practically, almost **Was macht** What about

16. **dezent** respectably

19. **Wohl kaum** Very unlikely, hardly

22. **Klar** Sure

23. **förmlich** clearly

25. das **,,Gute im Menschen"** the "good in man"

27. **siegen** to triumph, be victorious

28. **seinerzeit = damals** previously **gründlich** thoroughly, profoundly

31. **abwesend sein** to be lost in thought **aussteigen** *coll* = **kein Interesse mehr haben**

Charlie abwechselnd rot und blaß wurde. Ich hielt es
für möglich, daß Dieter noch keinen Ton zu alldem gesagt hatte. Dazu paßte auch, daß er ganz schnell anfing,
sich wieder abzuschirmen. Er arbeitete wieder. Als
Charlie das sah, setzte sie sich sofort hin, und ich mußte   5
auch. Ich wurde fast nicht wieder.. Sie hatte immer noch
diese Art, sich hinzusetzen mit ihrem Rock. Leute, ich
kann einfach nicht beschreiben, wie mir zumute war.
Später winkte sie mich aus dem Zimmer. Draußen erklärte sie mir: Du mußt ihn verstehen, ja? Er ist *völlig*   10
raus aus allem durch die lange Armeezeit. Er ist der Äl-
teste in seinem Studienjahr. Ich glaube, er weiß noch
gar nicht, ob Literatur das Richtige ist für ihn. Sie flü-
sterte so gut wie. Dann fragte sie mich: Und du? Was
macht deine Laube?   15
Ich fing fast automatisch mit meinem Husten an, dezent
natürlich.
Charlie sofort: Du willst doch da nicht überwintern?
Ich sagte: Wohl kaum.
Ich hatte diesen Husten wirklich drauf wie nichts.   20
Dann fragte sich mich: Arbeitest du?
Und ich: Klar. Auf dem Bau.
Ich sah förmlich, wie das popte bei ihr. Charlie gehörte zu denen, die man fragen konnte, ob sie an das
„Gute im Menschen" glaubten, und die, ohne rot zu wer-   25
den, ja sagen. Und damals glaubte sie wahrscheinlich,
das Gute hätte in mir gesiegt und vielleicht, weil sie
mir seinerzeit so gründlich ihre Meinung gesagt hatte.
Wenn ich in irgendeinem Buch las, irgendeiner steht
plötzlich irgendwo und weiß nicht, wie er da hingekom-   30
men ist, weil er angeblich dermaßen abwesend ist, stieg
ich meistens sofort aus. Ich hielt das für völligen
Quatsch. An dem Abend stand ich vor meiner Laube

10. **Meine war wirklich das Letzte** *coll*   Mine (my pipe wrench) was the worst imaginable

13. der **Baldachin**   ceiling plate

14. **halten**   to stay in place

17. **sich schwingen auf**   to swing, climb onto, mount   der **Bock** = die **Bockleiter**

19. **schrauben**   to screw (something in)

20. die **Madenschraube**   set screw   **zu fassen kriegen** *coll*   to get (the screw) to take hold

27. **absterben**   to become numb

29. **streichen** = **anstreichen**   **anmachen** *coll*   to hang (curtains)

30. **stöhnen**   to groan, moan   **im Chor**   in unison

und wußte tatsächlich nicht, wie ich da hingekommen
war. Ich mußte den ganzen Weg lang gepennt haben
oder was. Ich ließ sofort den Recorder laufen. Erst
wollte ich die halbe Nacht lang tanzen, aber dann fing
ich an, wie ein Irrer an der Spritze zu bauen. An dem 5
Abend war ich so sicher wie nie, daß ich mit der Spritze
auf dem richtigen Weg war. Es tat mir bloß leid, daß
ich nicht wirklich die Rohrzange mitgenommen hatte
von Charlie. Davon war natürlich keine Rede mehr gewesen. Meine war wirklich das Letzte. Aber auf die Art 10
hatte ich einen Grund, am nächsten Nachmittag wieder
bei Charlie aufzukreuzen. Dieter war nicht da. Charlie
war dabei, an dem Baldachin von einer ihrer Lampen
rumzubauen. Er wollte einfach nicht halten. Sie stand
auf einer Bockleiter, wie wir sie auf dem Bau hatten. 15
So eine, auf der Old Zaremba tanzen konnte. Ich
schwang mich mit auf diesen Bock, und wir bauten zusammen an dem blöden Baldachin. Charlie hielt und
ich schraubte. Aber ob das einer glaubt, Leute, oder
nicht, mir zitterte die Hand. Ich kriegte diese Maden- 20
schraube einfach nicht zu fassen. Immerhin hatte ich
Charlie so dicht vor mir wie eigentlich noch nie. Das
wäre vielleicht noch gegangen. Aber sie hielt ihre
Scheinwerfer voll auf mich. Es kam so weit, daß ich
hielt und Charlie schraubte. Auf jeden Fall war das für 25
die Schraube das beste. Sie faßte endlich. Charlie und
mir waren die Arme abgestorben. Ich weiß nicht, ob das
einer kennt, wenn man die Arme stundenlang nach
oben hält. Wer Decken streicht oder Gardinen anmacht,
weiß Bescheid. Wir stöhnten im Chor und massierten 30
uns die Arme, alles auf der Leiter. Dann fing ich an, ihr
von Zaremba zu erzählen, wie er mit der Leiter tanzen
konnte, und dann faßten wir uns an den Armen

1. **wackeln** to wobble, rock, totter

2. **am Umkippen** *coll* about to topple over

4. **absteigen** to climb off **Ich kriegte sie dazu** *coll* I got her to do it

7. **passen** to pass (as in a card game), give up, refuse to play along **rumkreischen** *coll* = **herumkreischen** to scream, shriek, screech

8. **abspringen** to jump off

10. die **Schwelle** threshhold **jumpen** *slang* = **springen**

12. **man** *coll* = **mal**

14. **Schiß haben vor** *coll* = **Angst haben vor**

15. **anfassen** to take hold of, touch

19. **sich** *dat* **etwas verkneifen** to forego something

22. **ehrlich** decent

23. **Das lohn ihm Gott** May God reward him

31. **rumständern** *coll* = **herumstehen** to stand, hang around

und wackelten auf der Leiter durch das Zimmer. Wir waren mindestens dreimal am Umkippen, aber wir hatten uns vorgenommen, bis zur Tür zu kommen, ohne abzusteigen, und wir schafften es. Ich kriegte sie dazu. Das war es eben: Zu so was konnte man 5 Charlie kriegen. Neunundneunzig von hundert Frauen hätten doch sofort gepaßt oder eine Weile rumgekreischt und wären dann abgesprungen. Charlie nicht. Als wir an der Tür waren, stand Dieter auf der Schwelle. Wir jumpten sofort von der Leiter. Charlie 10 fragte ihn: Willst du essen? Und ich: Dann werd ich man gehen. Es war bloß wegen der Rohrzange. Ich hatte ungeheuren Schiß davor, daß er Charlie vor meinen Augen irgendwie anfaßte und sie vielleicht 15 küßte oder was. Ich weiß nicht, was dann passiert wäre, Leute. Aber Dieter dachte überhaupt nicht daran. Er ging mit seiner Mappe zu seinem Schreibtisch. Entweder er küßte Charlie nie, wenn er kam, oder er verkniff es sich wegen mir. Ich mußte sofort an Old Wer- 20 ther denken, wie er an seinen Wilhelm da schreibt: Auch ist er so ehrlich und hat Lotten in meiner Gegenwart noch nicht ein einzigmal geküßt. Das lohn ihm Gott. Ich begriff zwar nicht, was das mit ehrlich zu tun hatte, 25 aber alles andere begriff ich. Ich hatte nie im Leben gedacht, daß ich diesen Werther mal so begreifen würde. Außerdem hätte er Charlie auch gar nicht küssen können oder was. Sie war ziemlich schnell in der Küche. Trotzdem hätte ich natürlich gehen müssen. Ich blieb 30 aber. Ich stellte die Leiter weg. Dann ständerte ich in dem Zimmer rum. Ich wollte ein Gespräch mit Dieter anfangen, bloß mir fiel einfach nichts ein. Plötzlich hatte

1. die **Luftbüchse** = das **Luftgewehr**

2. das **Freßchen**   food, chow (usually for animals)

3. der **Vorschlag**   suggestion

4. der **Bahndamm**   railroad embankment   **jemandem etwas beibringen**   to teach a person something

6. das **Büchsenlicht**   light for shooting

9. das **Kinderzeug** *coll*   child's play, kid stuff

10. **nachgeben**   to give in

14. das **Parkverbotsschild**   no-parking sign

15. **mimen**   to pretend to be   die **Zielanzeige**   target judge (that is, person who points out where one has hit the target)

21. **sich halb umbringen** *coll*   to half kill oneself

22. der **Kolben**   butt (of a rifle)

23. **in die Schulter ziehen**   to place againat one's shoulder   **im rechten Winkel**   at a right angle

24. **ins Ziel gehen**   to take aim at, focus on the target

25. **ausatmen**   to exhale

27. das **Vollkorn**   rear sight and foresight lined up perfectly in aiming   das **Feinkorn**   error in aiming which occurs when only the tip of the foresight is visible in the notch or rear sight   **gestrichen(es) Korn**   to take aim in such a way that rear sight and foresight are perfectly aligned   der **Druckpunkt**   point of resistance (when squeezing a trigger)

ich die Luftbüchse in den Klauen. Dieter sagte keinen
Ton dazu. Und als Charlie mit dem Freßchen für ihn
kam, sagte sie sofort: Vorschlag, Männer, ja? Wir ge-
hen dann zusammen schießen, an den Bahndamm. Bei-
bringen wolltst du's mir schon immer.   5
Dieter knurrte: Ist doch kein Büchsenlicht mehr um die
Zeit.
Er war dagegen: Er wollte arbeiten. Er hielt das für
Kinderzeug. Genau wie das mit der Leiter. Aber
Charlie hielt ihre Scheinwerfer voll auf ihn, und da gab   10
er nach.
Schlecht für ihn war bloß, daß er dann am Bahndamm
einfach nicht mitspielte. Wir schossen auf ein altes
Parkverbotsschild, das ich ziemlich schnell aufgerissen
hatte. Das heißt: Charlie schoß. Dieter mimte die Ziel-   15
anzeige, und ich korrigierte Charlies Technik. Das
hatte sich so ergeben, weil Dieter überhaupt nicht daran dachte, sich um Charlie zu kümmern. Er ließ die
Kinder sozusagen spielen. Er dachte wahrscheinlich
bloß an die Zeit, die ihn das alles kostete. Ich konnte   20
ihn an sich verstehen, trotzdem brachte ich mich wegen
Charlie halb um. Ich zeigte ihr, wie man den Kolben
in die Schulter zog und wie man die Füße im rechten
Winkel stellte und daß man von oben ins Ziel ging und
dabei ausatmete, und das ganze Zeug aus der vormili-   25
tärischen Ausbildung, das sie einem da beibringen.
Vollkorn, Feinkorn, gestrichen Korn und Druckpunkt
und das. Charlie schoß und schoß und ließ sich geduldig
von mir anfassen, bis sie dann doch merkte, was mit
Dieter los war, oder vielleicht, bis sie es schließlich mer- 30
ken *wollte*. Da hörte sie auf. Übrigens hatte Dieter
recht gehabt, es war eigentlich längst zu dunkel. Bloß
mußte Dieter versprechen, am nächsten Sonntag mit ihr

1. der **Ausflug** excursion   **Hauptsache raus** = **Hauptsache hinaus**
the main thing is to get away

2. **ausdrücklich** explicitly

3. **geschickt** skillfully, adroitly, cleverly

5. **Da war alles d(a)rin** *coll* That said everything, everything was in
that (one statement)   **sich** *dat* **einbilden** to imagine

Fragen

1. Wie hatte Edgar versucht, das Hugenottenmuseum zu finden? (S. 191)
2. Warum ging Edgar weg, ohne das Museum besichtigt zu haben? (S. 191)
3. Auf was für eine andere Idee kam Edgar? (S. 193)
4. Wie war Edgars Beziehung zu Charlie während jener Zeit? (S. 193)
5. Inwiefern paßte das ,,Werther''-Zitat auf Edgars Beziehung zu Charlie? (S. 193)
6. Weshalb schickte Edgar den Brief an Charlie nie ab? (S. 193)
7. Was fand Edgar eines Abends in seinem Briefkasten? (S. 193)
8. Wie reagierte er auf Charlies Nachricht? (S. 193–195)
9. Welches Gefühl hatte Edgar, als Charlie ihm die Tür aufmachte? (S. 195)
10. Was tat Dieter, als Edgar zu Besuch kam? (S. 195) Warum?
11. Welche Begründung gab Edgar für seinen Besuch an? (S. 195)
12. Wie benahm sich Charlie bei Edgars Besuch? (S. 195) Warum?
13. Wofür brauchte Edgar tatsächlich eine Zange? (S. 197)
14. Was dachte Edgar über Dieters Begrüßung? (S. 197)
15. Warum benahm sich Edgar so vernünftig und bescheiden? (S. 197)
16. Wie reagierte Charlie auf Edgars Besuch? (S. 197–199)
17. In welcher Weise hatte sich Dieters Zimmer verändert? (S. 199)

einen Ausflug zu machen, irgendwohin, Hauptsache raus. Von mir war nicht die Rede, jedenfalls nicht ausdrücklich. Charlie machte das sehr geschickt. Sie sagte: ... machen wir einen Ausflug.

Da war alles drin. Aber vielleicht bildete ich Idiot mir auch bloß alles ein. Vielleicht dachte sie wirklich nicht an mich. Vielleicht wär alles, was dann kam, nicht passiert, wenn ich Idiot mir nicht eingebildet hätte, Charlie hätte auch mich eingeladen. Aber ich bedaure nichts. Nicht die Bohne bedaure ich was.

---

18. Welche Bilder hingen nun in Dieters Zimmer? (S. 199)
19. Wie lobte Edgar Charlie? (S. 199) Warum?
20. Was hielt Edgar für möglich, als er Charlie lobte? (S. 201)
21. Wie erklärte Charlie Dieters Verhalten? (S. 201)
22. Wieso freute sich Charlie, daß Edgar arbeitete? (S. 201)
23. Aus welchem Grund besuchte Edgar Charlie am nächsten Tag wieder? (S. 203)
24. Womit war Charlie beschäftigt, als Edgar kam? (S. 203)
25. Weshalb gelang es Edgar nicht, den Baldachin anzuschrauben? (S. 203)
26. Was machten Charlie und Edgar, nachdem er ihr von Zaremba erzählt hatte? (S. 203–205)
27. Wie unterschied sich Charlie von anderen Frauen? (S. 205)
28. Wovor hatte Edgar Angst, als Dieter nach Hause kam? (S. 205)
29. Wie begrüßte Dieter Charlie, wenn Edgar dabei war? (S. 205)
30. Wieso begriff Edgar ,,Werther'' plötzlich so gut? (S. 205)
31. Welchen Vorschlag machte Charlie? (S. 207)
32. Warum wollte Dieter nicht mitgehen zum Schießen? (S. 207)
33. Wieso kümmerte sich Dieter nicht um Charlie? (S. 207)
34. Was brachte Edgar Charlie bei? (S. 207)

35. Weshalb hörte Charlie schließlich auf zu schießen? (S. 207)
36. Was mußte Dieter Charlie versprechen? (S. 207–209)
37. Wie denkt Edgar heute über Charlies Einladung? (S. 209)

Ulrich Plenzdorf. (Copyright Claus Flemming)

1. die **Liege** sofa

2. **wie blöd** *coll* like mad, crazy

4. **fertig werden** to get ready

6. **hatte alles seine Richtigkeit** everything was in order, settled

9. **aus dem Kopf** from memory

10. **Eine Arbeit** A term paper

11. **Es rollte nicht bei ihm** *coll* He wasn't getting anywhere, wasn't making any progress

12. **tippen = auf der Maschine schreiben** to type der **Buchstabe** letter, character

16. das **Stuhlbein** leg of a chair

17. **drehen** to wind, twist **sich festhacken** to hook oneself fast

18. die **Angewohnheit** habit, custom

22. **Das wirkt manchmal Wunder!** That sometimes works wonders (miracles)!

23. **Sie war nicht etwa wütend oder so** Not that she was angry or anything

24. **sanft** gentle die **Krankenschwester** nurse

13

Nächsten Sonntag saß ich neben Charlie auf der Liege
in ihrem Zimmer. Es regnete wie blöd. Dieter saß an
seinem Schreibtisch und arbeitete, und wir warteten,
daß er fertig wurde. Charlie war schon in Regenmantel
und allem. Sie war überhaupt nicht überrascht gewesen   5
oder was, als ich klingelte. Also hatte alles seine Richtigkeit. Oder vielleicht war sie auch überrascht, aber
sie zeigte es nicht. Diesmal *schrieb* Dieter. Mit zwei
Fingern. Auf der Maschine. Er schrieb aus dem Kopf.
Eine Arbeit, dachte ich, und das stimmte wohl auch.   10
Ich sah sofort. Es rollte nicht bei ihm. Das kannte ich.
Er tippte ungefähr alle halbe Stunde einen Buchstaben.
Das sagt wohl alles. Charlie sagte schließlich: Du
kannst es doch nicht *zwingen!*
Dieter äußerte sich dazu nicht. Ich mußte die ganze Zeit   15
auf seine Beine sehen. Er hatte sie um die Stuhlbeine
gedreht und sich mit den Füßen dahinter festgehakt.
Ich wußte nicht, ob das seine Angewohnheit war. Aber
mir war eigentlich die ganze Zeit klar, daß er nicht mit-
kommen würde.   20
Charlie fing wieder an: Komm! Laß doch mal alles
stehn und liegen, ja? Das wirkt manchmal Wunder!
Sie war nicht etwa wütend oder so. Noch nicht. Sie war
vielleicht so sanft, wie eine Krankenschwester sein soll.

213

4. **ausleihen** to rent

5. der **Dampfer** steamer, steamboat

7. die **Schnapsidee** *coll* crazy idea

10. das **Karree** *coll* block; **ums Karree** around the block

11. das **Angebot** offer

12. **sich rühren** = **sich bewegen**

13. **aus Zucker** very sensible (*literally,* made of sugar)

14. **war es schon mit ihrer Geduld vorbei** her patience had already run out

20. **sich ausrechnen** to figure out for oneself   **fehl am Platz sein** to be out of place

23. **ganz** completely, altogether   **fertigkriegen** *coll* = **fertigbringen** to manage, bring oneself (to do something)

27. **anziehen** to attract

28. **köstlich** precious, exquisite   die **Sattigkeit** = die **Sättigung** satiation, satiety   die **Gleichgültigkeit** indifference, apathy

33. das **Stipendium** scholarship, grant

Dieter meinte: Bei dem Wetter doch nicht mit 'nem Boot.

Ich weiß nicht, ob ich schon sagte, daß Charlie ein Boot ausleihen wollte.

Charlie sagte sofort: Dann nicht Boot, dann Dampfer.

An sich hatte Dieter recht. Bei dem Wetter im Boot war eine echte Schnapsidee.

Er fing wieder an mit Tippen.

Charlie: Dann nicht Dampfer. Dann bloß ein paar Runden ums Karree.

Das war ihr letztes Angebot, und es war wirklich eine Chance für Dieter. Er rührte sich aber nicht.

Charlie: Außerdem sind wir ja nicht aus Zucker.

Ich glaube, in dem Moment war es schon mit ihrer Geduld vorbei. Dieter sagte ruhig: Fahrt doch.

Und Charlie: Du hast es fest versprochen!

Dieter: Ich sag doch: Fahrt!

Da wurde Charlie laut: Wir fahren auch!

In dem Moment ging ich. Wie das weiterging, konnte sich jeder ausrechnen. Ich war auch völlig fehl da am Platze.

Ich meine: ich ging aus dem Zimmer. Ich hätte natürlich ganz gehen sollen. Das sehe ich ein. Aber ich kriegte es einfach nicht fertig. Ich ständerte da in der Küche rum.

Ich mußte plötzlich an Old Werther denken, wie er schreibt:

Zieht ihn nicht jedes elende Geschäft mehr an als die teure, köstliche Frau? . . . Sattigkeit ist's und Gleichgültigkeit!

Nun war ja Dieter kein Geschäftsmann und Charlie alles andere als eine teure Frau. Und Sattigkeit war's bei Dieter auch nicht. Klar, daß er von wegen der Armee ein hohes Stipendium hatte. Aber unsereins ver-

1. die **Pinselei** *coll* painting (apartment houses, etc.)

3. **gegen Dieter nichts einzuwenden** no objection to Dieter **feststehen** to be established as fact, certain

7. **geschossen** on the run, like a bullet

11. der **Kleiderhaken** clothes hook

12. der **Umhang** wrap, cape

14. **riechen nach** to smell like der **Gummi** rubber

15. der **Müll** garbage, trash

20. **glatt** *coll* without hesitation, unhesitatingly

21. **Was ist?** *coll* What's wrong? What's the matter (with you)?

29. **Zack** zoom

31. **PS** = die **Pferdestärke** horsepower **wie irr** *coll* like crazy

32. die **Spree** river flowing through Berlin die **Betonmauer** cement, concrete wall

33. die **Mühe** trouble, difficulty; **alle Mühe haben** to have great difficulty

diente garantiert dreimal soviel mit dem bißchen Pinselei. Ich wußte auch nicht, was es war. An sich hatte ich
gegen Dieter nichts einzuwenden. Feststand bloß, daß
er seit ewig mit Charlie nicht mehr aus ihrer Bude gegangen war. Das war das einzige, was feststand. Unge- 5
fähr als ich das analysiert hatte, kam Charlie aus dem
Zimmer geschossen. Ich sage nicht umsonst: geschossen,
Leute. Zu mir sagte sie bloß: Komm!
Ich war sofort bei ihr.
Dann sagte sie: Warte! 10
Ich wartete. Sie griff sich vom Kleiderhaken diesen
grauen Umhang und drückte ihn mir an die Brust. Die-
ter hatte das Ding wohl von der Armee mitgebracht.
Es roch außer nach Gummi nach Benzin, Käse und ver-
branntem Müll. 15
Sie fragte mich: Kannst du Motorboot fahren?
Ich sagte: Kaum.
Normalerweise hätte ich gesagt: Klar. – Bloß, ich hatte
die Rolle des braven Jungen schon wieder so gut drauf,
daß ich glatt die Wahrheit sagte. 20
Charlie fragte: Was ist?
Sie sah mich an, wie wenn einer nicht richtig verstanden hat.
Ich sagte sofort: Klar.
Drei Sekunden später waren wir auf dem Wasser. Ich 25
meine: Es dauerte sicher eine Stunde oder so. Es ging
mir bloß zum zweitenmal mit Charlie so, daß ich einfach nicht wußte, wie ich wohin gekommen war. Wie
im Film ging das. Zack – und man war da. Ich hatte
damals bloß keine Zeit, das zu analysieren. Dieses 30
blöde Boot hatte ziemlich viel PS. Es schoß wie irr über
die Spree, und drüben war die Betonmauer von irgendeinem Werk. Ich hatte alle Mühe, noch irgendwie die

217

1. **die Kurve kriegen** *coll* to make the turn, round the bend **Gas wegnehmen** to slow down, ease up on the throttle

2. **glatt** *coll* plainly **ersaufen** *slang* = **ertrinken** to drown

3. **nicht die Bohne was** *coll* not a trace

4. **anlassen** to turn on (the motor)

5. die **Kupplung** clutch

6. der **Bootsmensch** *coll* man tending the boats

7. der **Kahn** = das **Boot** **(er) wurde nicht wieder dabei** *coll* (he) lost his composure at that (when he saw that)

8. der **Steg** dock

9. **jemandem etwas aus dem Kreuz leiern** *coll* to take something away from someone by persuasion

10. **ein Kapitel für sich** *coll* a chapter unto itself, another story

11. **schüchtern** shy

12. die **Hemmung** inhibition **passen** to pass (in a card game), give up

13. die **Ausleihstation** place where one can rent something (in this case, boats) **Das triefte alles vor Nässe** Everything was soaking wet

15. **konnte von Saison keine Rede mehr sein** one couldn't speak of the tourist season any longer

16. **verrammeln** *coll* to barricade, bar

18. der **Zaun** fence

19. **jemanden beknien** *coll* to beg, plead with someone (on one's knees)

23. **nicht zu bremsen** not to be stopped, held back

25. die **Pelerine** cape

29. **ekelhaft** *coll* unpleasantly, disgustingly **klamm** = **feuchtkalt** chilly, damp, cold

30. **ich merkte kein Stück davon** *coll* I didn't notice it at all

Kurve zu kriegen. Statt daß ich Idiot einfach Gas weggenommen hätte. Wir wären glatt ersoffen, und von
dem Boot wäre nicht die Bohne was übriggeblieben.
Diese Boote gehen ja sofort los, wenn man sie anläßt.
Nichts mit Kupplung und so. Ich sah Charlie an. Sie 5
sagte keinen Ton. Ich nehme an, der Bootsmensch, von
dem wir den Kahn hatten, wurde nicht wieder dabei.
Ich sah ihn bloß auf seinem Steg stehen. Wie Charlie
ihm das Boot aus dem Kreuz geleiert hatte, war sowieso ein Kapitel für sich. Ich weiß nicht, ob einer glaubt, 10
daß ich sehr schüchtern war und das. Oder daß ich
Hemmungen hatte. Aber ich hätte gepaßt, als ich den
Bau sah von dieser Ausleihstation der Jugend. Das
triefte alles vor Nässe. Im Wasser kein einziges Boot.
Schließlich konnte von Saison keine Rede mehr sein 15
kurz vor Weihnachten. Und der Bau war verrammelt
wie für den dritten Weltkrieg. Aber Charlie fand ein
Loch im Zaun und klingelte den Bootsmenschen aus
dem Bau und bekniete ihn so lange, bis er uns dieses
Boot aus seinem Bootshaus rausgab. Ich hätte das nicht 20
für möglich gehalten. Der Bootsmensch wahrscheinlich
auch nicht. Ich glaube, an dem Tag hätte Charlie *alles*
erreicht. Sie war einfach nicht zu bremsen. Sie hätte
jeden zu allem rumgekriegt.
Auf dem Wasser kroch sie mit unter die Pelerine. Es 25
regnete immer noch wie verrückt. Ein paar Grad weniger, und wir hätten den schönsten Schneesturm gehabt. Wahrscheinlich wird sich keiner mehr an den letzten Dezember erinnern. Es war sicher ekelhaft klamm
in dem Kahn, aber ich merkte kein Stück davon. Ich 30
weiß nicht, ob das einer begreift. Charlie legte den Arm
um meinen Sitz und den Kopf auf meine Schulter. Ich
dachte, ich wurde nicht wieder. Das Boot hatte ich lang-

1. **im Griff haben**   to get a feel for, have under control

2. die **Verkehrsregel**   traffic regulation   **etwas läuten hören** *coll* to hear about something

5. **den Gasgriff ganz (he)rausziehen**   to open the throttle all the way (that is, full speed ahead)   der **Bug**   bow

6. **sich hochstellen**   to rise, lift up (out of the water)   **nicht übel = nicht schlecht**

8. **allerhand Kurven zu ziehen**   to do a series of turns

10. **drücken (gegen)**   to press, push (against)

11. **lenken = fahren**   to steer, drive

12. der **Brückenpfeiler**   pillar supporting a bridge

17. **von hinten**   from behind

18. der **Werkhof**   factory yard

19. der **Lagerschuppen**   warehouse

21. **fuhren ... d(a)runter weg** *coll*   drove too fast for the rain to fill the boat

22. **naß bis auf die Haut**   soaked to the skin

24. **egal sein** *dat*   not to matter, not to care

25. **Sachen** *coll* = **Kleider**   clothes

28. der **Schuppen** = der **Lagerschuppen**

29. die **Villa**   villa, country house   **abbiegen**   to turn

sam im Griff. Ich wußte nicht, ob es auf dem Wasser auch Verkehrsregeln gab. Ich hatte mal (so was) läuten hören. Aber auf dieser ganzen ewig langen Spree war an dem Tag nicht ein einziges Boot unterwegs oder Dampfer. Ich zog den Gasgriff ganz raus. Der Bug 5 stellte sich hoch. Dieses Boot war nicht übel. Wahrscheinlich war es für den Privatgebrauch von diesem Bootsmenschen. Ich fing an, allerhand Kurven zu ziehen. Hauptsächlich Linkskurven, weil das Charlie so gut gegen mich drückte. Sie hatte nicht die Bohne was 10 dagegen. Später fing sie selber an zu lenken. Einmal kamen wir nur knapp an einem Brückenpfeiler vorbei. Charlie sagte keinen Ton. Sie hatte immer noch ungefähr dasselbe Gesicht von dem Moment, als sie von Dieter rausgeschossen kam. 15
Ich hatte bis dahin nicht gewußt, daß man eine Stadt auch von hinten sehen kann. Berlin von der Spree, das ist Berlin von hinten. Die ganzen ollen Werkhöfe und Lagerschuppen.
Zuerst dachte ich, der Regen würde uns das Boot voll- 20 machen. Aber da war nichts. Wahrscheinlich fuhren wir drunter weg. Wir waren längst naß bis auf die Haut, trotz der Pelerine. Gegen diesen Regen half sowieso nichts. Wir waren so naß, daß uns längst alles egal war. Wir hätten ebensogut baden können in den Sachen. Ich 25 weiß nicht, ob das einer kennt, Leute. Man ist so naß, daß einem wirklich alles egal ist.
Irgendwann hörten dann die Schuppen auf. Nur noch Villen und das. Dann mußten wir abbiegen, entweder links oder rechts. Ich zog natürlich nach links. Ich hatte 30 bloß die Hoffnung, daß wir aus diesem See wieder raus- kamen. Ich meine: auf einem anderen Weg. Ich wollte zeitlebens nie den gleichen Weg zurück machen, den ich

1. der **Aberglaube** superstition

5. **vorbeirauschen** to race, zoom by

6. **mal müssen** *coll* to have to go to the john

7. die **Lücke** opening, gap, breach

8. das **Schilf** reed, rush, bulrush

9. **wie aus Eimern gießen** *coll* to rain cats and dogs

10. **sich verkrümeln** *coll* to slip away, vanish, disappear

12. **klitschnaß** soaking wet

13. die **Halbinsel** peninsula

16. **zittern** to tremble, shiver, shake

19. die **Wäsche** laundry   die **Bleiche** bleaching-ground

28. **aussteigen** *coll* to tune out, lose interest

irgendwo hingegangen war. Nicht aus Aberglauben und
so. Das nicht. Ich wollte es nicht. Es langweilte mich
wahrscheinlich. Ich glaube, das war auch so eine meiner
fixen Ideen. Wie die mit der Spritze zum Beispiel. Als
wir an einer Insel vorbeirauschten, wurde Charlie un-   5
ruhig. Sie mußte mal. Ich verstand das. Wenn es reg-
net, geht einem das immer so. Ich suchte eine Lücke im
Schilf. Zum Glück gab es davon massenweise. Eigentlich mehr Lücken als Schilf. Es goß immer noch wie aus
Eimern. Wir jumpten an Land. Charlie verkrümelte   10
sich irgendwohin. Als sie zurück war, hockten wir uns
unter die Pelerine in das klitschnasse Gras von dieser
Insel. Kann aber auch sein, es war nur eine Halbinsel.
Ich bin da nie wieder hingekommen. Da fragte mich
Charlie: Willst du einen Kuß von mir?   15
Leute, ich wurde nicht wieder. Ich fing an zu zittern.
Charlie hatte noch immer diese Wut auf Dieter, das sah
ich genau. Trotzdem küßte ich sie. Ihr Gesicht roch wie
Wäsche, die lange auf der Bleiche gewesen ist. Ihr
Mund war eiskalt, wahrscheinlich alles von diesem Re-   20
gen. Ich ließ sie dann einfach nicht mehr los. Sie riß die
Augen auf, aber ich ließ sie nicht mehr los. Es wäre
auch nicht anders gegangen. Sie war wirklich naß bis
auf die Haut, die ganzen Beine und alles.
In irgendeinem Buch hab ich mal gelesen, wie ein Ne-   25
ger, also ein Afrikaner, nach Europa kommt und wie
er seine erste weiße Frau kriegt. Er fängt dabei an zu
singen, irgendeinen Song von sich zu Hause. Ich stieg
sofort aus. Es war vielleicht einer meiner größten Fehler, gleich auszusteigen, wenn ich was nicht kannte.   30
Bei Charlie hätte ich wirklich singen können. Ich weiß
nicht, wer das kennt, Leute. Ich war nicht mehr zu retten.

2. **es eilig haben**   to be in a hurry

6. **als ich sie ihr ganz gab**   when I let her have it all (the whole cape) to herself

7. die **Rückfahrt**   return trip

8. **Ich kam mir ... vor**   I thought of myself (as a criminal)

11. **ausgehen**   to run out   der **Sprit** fuel, gas   **pätscheln** *coll* to paddle (a boat) slowly

13. die **Tankstelle**   gas station

16. **jemandem nachrennen**   to run after a person

17. die **Stelle**   part (of a movie), scene

19. **jemandem nachrufen**   to call after a person

22. **über den Jordan** *coll* = **tot**

27. **anwesend**   present

28. **aus und vorbei**   over and done with   **unwiderruflich** irrevocable

30. **schaffen**   to manage, be able, succeed

31. **einfallen** *dat*   to occur (to one's mind), enter one's head

33. **grauenhaft**   abominably, horribly, terribly

Wir sind dann zurück nach Berlin auf demselben Weg. Charlie sagte nichts, aber sie hatte es plötzlich sehr eilig. Ich wußte nicht, warum. Ich dachte, daß ihr einfach furchtbar kalt war. Ich wollte sie wieder unter die Pelerine haben, aber sie wollte nicht, ohne eine Erklärung. Sie faßte die Pelerine auch nicht an, als ich sie ihr ganz gab. Sie sagte auf der ganzen Rückfahrt überhaupt kein Wort. Ich kam mir langsam wie ein Schwerverbrecher vor. Ich fing wieder an, Kurven zu ziehen. Ich sah sofort, daß sie dagegen war. Sie hatte es bloß eilig. Dann ging uns der Sprit aus. Wir pätschelten uns bis zur nächsten Brücke. Ich wollte zur nächsten Tankstelle, Sprit holen. Charlie sollte warten. Aber sie stieg aus. Ich konnte sie nicht halten. Sie stieg aus, rannte diese triefende Eisentreppe hoch und war weg. Ich weiß nicht, warum ich ihr nicht nachrannte. Wenn ich in Filmen oder wo diese Stellen sah, wo eine weg will und er will sie halten, und sie rennt zur Tür raus, und er stellt sich bloß in die Tür und ruft ihr nach, stieg ich immer aus. Drei Schritte, und er hätte sie gehabt. Und trotzdem saß ich da und ließ Charlie laufen. Zwei Tage später war ich über den Jordan, und ich Idiot saß da und ließ sie laufen und dachte bloß daran, daß ich das Boot jetzt allein zurückbringen mußte. Ich weiß nicht, ob einer von euch schon mal über Sterben nachgedacht hat und das. Darüber, daß einer eines Tages einfach nicht mehr da ist, nicht mehr anwesend, ab, weg, aus und vorbei, und zwar unwiderruflich. Ich hab eine ganze Zeit oft darüber nachgedacht, dann aber aufgegeben. Ich schaffte es einfach nicht, mir vorzustellen, wie das sein soll, zum Beispiel im Sarg. Mir fielen nichts als blöde Sachen ein. Daß ich im Sarge liege, es ist völlig dunkel, und es fängt an, mich grauenhaft am

1. **jucken** to itch **kratzen** to scratch

5. **scheintot** seemingly dead, in a trance

9. das **Scheißboot** *vulgar* = das **Boot**

10. **an der euch was liegt** who means something to you

12. die **Wasserpolizei** river (harbor) police

15. **einen Riesenaufriß machen** *coll* to make a scene, a big fuss

17. der **Tankwart** gas station attendant

19. **(einen) vollnölen** *coll* to give (someone) a piece of one's mind

20. der **Kanister** gas container

Fragen

1. Woraus schloß Edgar, daß er doch zu dem Ausflug eingeladen war? (S. 213)
2. Was erkannte Edgar sofort, als er Dieter arbeiten sah? (S. 213)
3. Beschreiben Sie Dieters Position an der Schreibmaschine und seine gesamte Haltung! (S. 213)
4. Wie versuchte Charlie, Dieter zum Spazierengehen zu überreden? (S. 213)
5. Welche Angebote machte Charlie Dieter? (S. 215)

Rücken zu jucken, und ich muß mich kratzen, weil ich sonst umkomme. Aber es ist so eng, daß ich die Arme nicht bewegen kann. Das ist schon der halbe Tod, Leute, wer das kennt. Aber da war ich doch höchstens scheintot! Ich schaffte es einfach nicht. Kann sein, wer 5 das schafft, der ist schon halb tot, und ich Idiot dachte wohl, daß ich unsterblich war. Ich kann euch bloß raten, Leute, das nie zu denken. Ich kann euch bloß raten, nie an ein Scheißboot oder was zu denken und sitzen zu bleiben, wenn euch eine wegläuft, an der euch was liegt. 10 Jedenfalls, dieser Bootsmensch hatte so gut wie die Wasserpolizei alarmiert, als ich endlich mit dem Boot kam. Aber er war stumm vor Glück, daß er seinen Kahn wiederhatte. Ich dachte: Der Mann vergißt diesen Tag auch nicht. Erst dachte ich, er würde einen 15 Riesenaufriß machen. Ich nahm schon die Fäuste hoch. Ich war gerade in der richtigen Stimmung. Diesen Tankwart zum Beispiel an der Sonntagstankstelle hatte ich dermaßen vollgenölt, daß er nicht wieder wurde. Er wollte mir keinen Kanister pumpen. Er war von dem 20 Typ: Und-wer-bezahlt-mir-den-Kanister-wenn-er-weg-ist? Mit solchen Leuten kann man nicht leben.

---

6. Wie entwickelte sich der Streit zwischen Charlie und Dieter? (S. 215)
7. Weshalb verließ Edgar das Zimmer? (S. 215)
8. Wie kann man das ,,Werther''-Zitat auf die Beziehung zwischen Charlie und Dieter übertragen? (S. 215–217)
9. Was tat Charlie, nachdem sie aus dem Zimmer gestürmt kam? (S. 217)
10. Warum beantwortete Edgar Charlies Frage, ob er Motorboot fahren könne, mit der Wahrheit? (S. 217)

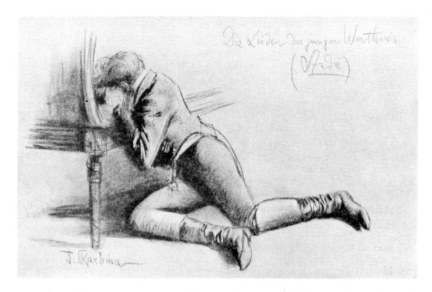

Goethes Werther. (Studie von Franz Skarbina, Courtesy the New York Public Library)

3. **Ich war am Boden wie noch nie** *coll*   I was down and out like never before

4. **laufen lassen** *coll*   to play (a recording)

5. **bis ich kochte** *coll*   until I was in a frenzy

7. **sich wälzen**   to toss and turn

9. der **Panzerangriff**   tank attack

11. **tobte so ein Vieh mit Raupenketten und Stahlschild genau auf mich zu** *coll*   a creature (outfitted) with caterpillar tracks and steel armor was charging right at me

13. **brüllen**   to shout, holler, scream

15. **den Motor abwürgen** *coll*   to throttle the engine (by reversing the gears)

16. der **Bock**   driver's seat   **ansetzen**   to deliver, let fly, ram home (a punch)

17. **eine rechte Gerade**   a straight right (punch with the right fist)

18. **eine Rolle rückwärts**   a backwards somersault

20. der **Gegenangriff**   counterattack

21. **einen linken Haken**   a left hook

23. der **Linkshänder**   left-handed person

24. **jemandem etwas abgewöhnen**   to break someone of, wean from (a habit)

14

Zu Hause hängte ich meine nassen Sachen an den Nagel. Ich wußte nicht, was ich machen sollte. Ich wußte
einfach nicht, was ich machen sollte. Ich war am Boden
wie noch nie. Ich ließ die M.S.-Jungs laufen. Ich tanzte,
bis ich kochte, vielleicht zwei Stunden, aber dann wußte 5
ich immer noch nicht, was ich machen sollte. Ich versuchte es mit Schlafen. Ich wälzte mich ewig und drei
Stunden auf dem ollen Sofa. Als ich wach wurde, war
draußen der dritte Weltkrieg ausgebrochen. Ein Panzerangriff oder was. Ich jumpte von dem ollen Sofa und 10
an die Tür, da tobte so ein Vieh mit Raupenketten und
Stahlschild genau auf mich zu. Ein Bulldozer. Hundert-
fünfzig PS. Ich brüllte schätzungsweise wie ein Idiot.
Einen halben Meter vor mir kam er zum Stehen, mit
abgewürgtem Motor. Der Kerl da, der Fahrer, kam 15
von seinem Bock. Ohne eine Warnung setzte er mir
eine rechte Grade an, daß ich zwei Meter in meine
Laube flog. Ich machte sofort eine Rolle rückwärts. Damit kommt man am schnellsten wieder auf die Beine.
Ich zog den Kopf ein zum Gegenangriff. 20
Ich hätte ihm einen linken Haken angesetzt, daß er
nicht wieder geworden wäre. Ich glaube, ich sagte noch
nicht, daß ich ein echter Linkshänder war. Das war ungefähr das einzige, was Mutter Wiebau mir nicht ab-
gewöhnen konnte. Sie machte alles mögliche, um es zu 25

2. **stottern** to stammer, stutter   **ins Bett machen** to wet one's bed

3. **stopp** stop! halt!

5. **mit etwas zurechtkommen** to get along well, manage fine with something

7. **vorn liegen** *coll* to be stronger, better

10. **käseweiß** white as a sheet

11. der **Brei** pulp, mush

12. **im Zet** *coll* = **im Gefängnis** in the cooler

14. die **Baufreiheit** space on which to build   der **Schrapper** *coll* bulldozer (*literally*, scraper)

16. **nuscheln** *coll* = **murmeln**

19. **zu bestellen haben** = **zu tun haben**

20. **Darauf lief es doch hinaus** That's about what it amounted to

21. die **Küsserei** *coll* kissing

23. die **Übersicht behalten** to keep one's senses, one's head

29. **knapp** barely sufficient, tight, (cutting it) close

30. **blaumachen** *coll* to skip (work)

31. das **Risiko** risk; **ein Risiko eingehen** to take a risk

33. **nach dem Rechten schnüffeln** *coll* to check and see that everything is O.K.

schaffen, und ich Idiot machte auch noch mit. Bis ich anfing zu stottern und ins Bett zu machen. An dem Punkt
sagten die Ärzte stopp. Ich durfte wieder mit der Linken schreiben, hörte auf zu stottern und wurde wieder
trocken. Der ganze Erfolg war, daß ich später mit der 5
Rechten ganz gut zurechtkam, viel besser zum Beispiel
als andere mit der Linken. Aber die Linke lag doch immer vorn. Bloß, dieser Panzerfahrer dachte gar nicht
daran, die Fäuste hochzunehmen. Er war plötzlich selber käseweiß, setzte sich auf die Erde. Dann sagte er: 10
'ne Sekunde später, und du warst ein Brei und ich war
im Zet. Und ich hab drei Kinder. – Bist du wahnsinnig,
hier noch zu wohnen?
Der machte Baufreiheit mit seinem Schrapper für die
nächsten Neubauten. Ich sah wahrscheinlich ziemlich 15
alt aus. Ich nuschelte: Ein paar Tage noch, und ich bin
hier weg.
Soviel war mir in der Nacht klargeworden, daß ich in
Berlin nichts mehr zu bestellen hatte. Ohne Charlie
hatte ich da nichts mehr zu bestellen. Darauf lief es 20
doch hinaus. Zwar hatte *sie* mit der Küsserei angefangen. Aber langsam begriff ich, daß ich trotzdem zu
weit gegangen war. Ich als Mann hätte die Übersicht
behalten müssen.
Er sagte noch: Drei Tage noch. Bis nach Weihnachten. 25
Dann ist Schluß, klar?!
Dann schwang er sich wieder auf seinen Panzer. Ich war
zwar entschlossen, so schnell wie möglich die Spritze
fertigzumachen, aber drei Tage, das war knapp. Und
blaumachen wollte ich nicht. Ich wollte nicht noch im 30
letzten Moment ein Risiko eingehen durch Blaumachen.
Zaremba wäre doch glatt nach vierundzwanzig Stunden aufgetaucht und hätte nach dem Rechten geschnüf-

1. der **Erziehungserfolg** pedagogical success (that is, Edgar had been the most difficult one to reform)

3. **knallen** *coll* to slam down (with a bang) **abdampfen** *coll* = **abhauen** to take off

5. **So weit war ich** It had come to that, I had come that far

6. **mulmig** *coll* = **nicht ganz wohl, übel** *probably not totally bad*

7. **stehen auf** = **mögen, gern haben**

8. der **Weihnachtsklimbim** *coll* Christmas festivities, fuss and bother „**O du fröhliche"** German Christmas carol

11. das **Schließfach** post-office box

13. der **Feierabend** time for leaving off work; **nach Feierabend** after work

14. der **Eilbrief** special delivery letter

18. **sich wundern** to be surprised, amazed

22. der **Frühzug** early train

23. die **Wegezeit** driving time **einrechnen** to include, figure, calculate in

25. die **Milchtüte** milk carton

26. **sich einschließen** to lock oneself in **verhängen** to veil, cover (with curtains)

27. der **Zettel** note

29. **Im Fall aller Fälle** Just in case

31. **schuften** *coll* = **schwer arbeiten**

felt. Oder Addi. Ich war immerhin sein größter Erziehungserfolg. Ich wollte die Spritze fertigmachen, sie Addi auf den Tisch knallen und dann abdampfen nach Mittenberg und von mir aus die Lehre zu Ende machen. So weit war ich. Ich weiß nicht, ob das einer versteht. Leute. Wahrscheinlich war mir einfach bloß mulmig wegen Weihnachten. Ich stand zwar nie besonders auf diesen Weihnachtsklimbin und das „O du fröhliche" und Bäumchen und Kuchen. Aber mulmig war mir doch irgendwie. Wahrscheinlich ging ich auch deswegen *gleich* zur Post, um zu sehen, ob im Schließfach was von Willi war. Sonst ging ich immer erst nach Feierabend.

Mir wurde sofort komisch, als im Schließfach ein Eilbrief von Willi war. Ich riß ihn auf. Ich wurde nicht wieder. Der wichtigste Satz war: ... mach mit mir, was du willst. Ich hab es nicht ausgehalten. Ich hab deiner Mutter gesagt, wo du bist. Daß du dich nicht wunderst, wenn sie auftaucht.

Der Brief war zwei Tage gegangen. Ich wußte, was ich zu tun hatte. Ich machte sofort kehrt. Wenn sie den Frühzug in Mittenberg nahm, hätte sie schon dasein müsen, Wegezeit eingerechnet. Folglich hatte ich noch eine Chance bis zum Abendzug. Ich kaufte einen Arm voll Milchtüten, weil Milch am einfachsten satt macht, und schloß mich in der Laube ein. Ich verhängte alle Fenster. Vorher machte ich draußen noch einen Zettel an: Bin gleich wieder da!

Im Fall aller Fälle. Das konnte auch für den nächsten blöden Bulldozer gut sein, dachte ich. Dann stürzte ich mich auf meine Spritze. Ich fing an zu schuften wie irr, ich Idiot.

4. **wir hatten den Jahresplan längst in der Tasche** *coll*   we had long since fulfilled our productivity quota for that year

9. die **Rechnung**   calculation

10. **aufgehen**   to come out exactly, leave no remainder

13. **wie nur was** *coll*   as it could be

14. **wegfallen**   to be eliminated

16. **gelaufen** *coll* = **gelungen**   *successful*

17. **anfertigen**   to make, manufacture

20. **abschreiben**   to write off (as worthless)

21. **ranschaffen** *coll* = **heranschaffen**   to get, obtain

23. der **E-Motor** = der **Elektromotor**   electric motor

24. **drosseln**   to slow down, throttle, choke

26. **anrichten**   to accomplish, achieve, do   **loslassen**   to turn loose, unleash, release

27. die **Spielerei**   childish amusement

31. der **Vorderradantrieb**   front-wheel drive

„Am Montag, einen Tag vor Weihnachten, kam er nicht zur Arbeit. Wir waren nicht besonders sauer deswegen. Es war unwahrscheinlich mild, und wir konnten den Tag gut nutzen, aber wir hatten den Jahresplan längst in der Tasche. Außerdem fehlte Edgar das erste Mal, seit wir ihn wiedergeholt hatten."

Das war mein Glück, oder wie man das nennen soll. So ziemlich die einzige von meinen Rechnungen, die aufging. Ich begreife zum Beispiel nicht mehr, warum ich mit meiner Spritze so sicher war. Aber ich war tatsächlich so sicher wie nie. Der Gedanke mit der Hydraulik war so logisch wie nur was. Dieser Farbnebel beim Spritzen kam durch die Druckluft. Fiel die weg und man brachte den nötigen Druck ohne Luft, war das Ding gelaufen. Blöd war bloß, daß ich auf die Art keine Zeit mehr hatte, mir die nötige Düse anzufertigen. Ich mußte bis Feierabend warten, am besten bis es dunkel wurde, und dann die von Addi klauen. Addis Spritze lag abgeschrieben unter unserem Salonwagen. Mein nächstes Problem war, die nötigen PS ranzuschaffen für die beiden Druckzylinder. Zum Glück hatte ich tatsächlich einen E-Motor von gut zwei PS auftreiben können. Den mußte ich sogar noch drosseln. Ich weiß nicht, ob sich einer vorstellen kann, was zwei PS anrichten können, wenn sie losgelassen sind. Vielleicht denkt auch einer, das Ganze war eine Spielerei oder was. Hobbybeschäftigung. Das ist Quatsch. Was Zaremba gesagt hatte, war richtig. Das Ding wäre eine echte Sensation gewesen, technisch und ökonomisch. Ungefähr in der Art wie der Vorderradantrieb bei Autos seinerzeit, wenn einer weiß, was das ist. An sich sogar

1. die **Stufe**   step, level

2. **in der Fachwelt**   among specialists, experts in the field

4. das **Knöpfchen**   push button

5. **wäre er nicht wieder geworden** *coll*   he wouldn't have recovered

9. **langsam**   gradually

10. die **Jauchepumpe**   liquid manure pump   **mit Windantrieb**   driven by wind

11. **zusammenpassen**   to fit together

12. **pfuschen**   to cut corners, improvise, do careless work

14. die **(elektrische) Bohrmaschine**   (power) drilling machine

16. die **Drehmaschine** = die **Drehbank**   lathe

18. **hochtransformieren**   to transform to a higher voltage

19. der **Trafo** = der **Transformator**   transformer

20. das **Meßgerät**   measuring device, instrument

24. der **LKW** = der **Lastkraftwagen**   truck   der **Stoßdämpfer** shock absorber

28. **aufgeschmissen** *coll* = **verloren**   at a loss   der **Mantel**   lining, casing, outer covering

29. **Notfalls**   If necessary

30. **aufbohren**   to open by drilling

31. die **Ölfarbe**   oil-base paint

33. **zum Einpassen**   for the purpose of fitting   **losrobben** *coll*   to get on the move, get moving

noch eine Stufe höher. Es konnte einen berühmt machen, jedenfalls in der Fachwelt. Ich wollte es Addi auf
den Tisch knallen und sagen: Drück mal auf dieses
Knöpfchen hier.
Schätzungsweise wäre er nicht wieder geworden. Dann 5
hätte ich die Sache mit Charlie in Ordnung gebracht
und wäre dann abgedampft. Ich meine, ich hätte sie
ihm natürlich nicht *wirklich* auf den Tisch geknallt. Dazu war sie langsam zu groß. Sie sah langsam aus wie
eine olle Jauchepumpe mit Windantrieb. Ich hatte zwar 10
alles, was ich brauchte, bloß nichts paßte richtig zusammen. Ich *mußte* einfach anfangen zu pfuschen. Sonst
wäre ich nie im Leben fertig geworden. Am meisten
fehlte mir eine elektrische Bohrmaschine. Außerdem
hatte der Motor natürlich dreihundertachtzig Volt. 15
Ich nahm an, er war aus einer alten Drehmaschine.
Das heißt, ich mußte die zweihundertzwanzig in der
Laube erst hochtransformieren. Ich hoffte bloß, daß
der Trafo in Ordnung war, den ich hatte. Irgendein Meßgerät hatte ich nicht. Das war wahrschein- 20
lich ein weiterer Nagel zu meinem Sarg. Und Zeit,
eins irgendwo aufzureißen, hatte ich schon gar nicht.
Außerdem liegen Meßgeräte nicht so rum wie ein
oder zwei alte LKW-Stoßdämpfer. Die hatten übrigens
auch nicht gerade rumgelegen, und alt waren sie viel- 25
leicht auch nicht, aber man konnte doch rankommen,
wenn man wollte. Ohne die Stoßdämpfer wäre ich einfach aufgeschmissen gewesen. Die Mäntel hätten zwar
dicker sein müssen, für den Druck. Notfalls wollte ich
deswegen die Düse aufbohren. Das hätte zwar den 30
Strahl dicker gemacht, aber ich wollte sowieso mit Ölfarbe anfangen. Gegen zwölf war ich so weit, daß ich
die Düse brauchte zum Einpassen. Ich robbte los in

4. **zum Verbessern** for improvements

8. die **Überwurfmutter** outer (screw-)nut

9. **lösen** to unscrew, loosen   das **Universalwerkzeug** universal tool

10. **halbvergammelt** *coll* practically useless

11. **festsitzen** to be stuck, sit fast   die **Übermutter** = die **Überwurfmutter** **sich den Arsch aufreißen** *slang* to bust one's ass

12. **locker** loose

15. **aufstören** to rouse, disturb

16. **vorkriechen = hervorkriechen** to crawl out from

19. das **Beil** hatchet

20. **blenden** to blind

21. **Auf** *die* **Entfernung** At *that* distance

26. **was gespielt wurde** what was going on

27. der **Rückweg** way back   **keinen Schwanz** *slang* not a soul, nobody

31. **vor der Röhre hocken** *coll* to watch TV, sit in front of the tube

32. der **Halbstarke** derisive term for adolescents who cultivate toughness (*literally*, half-tough guy)

Richtung Baustelle. Ich war nicht der Meinung, daß ich
schon fertig war und daß der erste Versuch gleich klappen würde. Aber auf die Art hatte ich noch die Nacht
lang Zeit zum Verbessern. Ich war wieder ruhiger. Mutter Wiebau konnte höchstens am nächsten Vormittag   5
auftauchen. Sie hatte mir noch eine Chance gegeben.
Auf dem Bau war alles dunkel. Ich tauchte unter unseren Salonwagen und fing an, die Überwurfmutter zu
lösen. Blöderweise hatte ich kein anderes Universalwerkzeug als die halbvergammelte Rohrzange. Außer-   10
dem saß die Übermutter fest wie Mist. Ich riß mir fast
den halben Arsch auf, bis ich sie locker hatte. In dem
Moment hörte ich, daß Zaremba im Wagen war, und
zwar mit einer Frau. Ich sagte es schon. Wahrscheinlich
hatte ich sie aufgestört. Jedenfalls, als ich unter dem   15
Wagen vorkroch, stand er vor mir. Er knurrte: No?
Er stand direkt vor mir und starrte mich an. Allerdings
stand er da im Licht, das aus dem Wagen kam. Er hatte
dieses kleine Beil von uns in der Hand. Ich nahm damals an, er war einfach geblendet. Aber er hatte dieses   20
Grinsen in seinen Schweinsritzen. Auf *die* Entfernung
hat er mich einfach sehen müssen. Ich machte zwar
keine Bewegung. Ich kann nur jedem raten, in dieser
Situation einfach keine Bewegung zu machen. Meiner
Meinung nach war Zaremba der letzte Mensch, der   25
mich gesehen hat und der auch genau wußte, was gespielt wurde.
Auf dem ganzen Rückweg sah ich keinen Schwanz. Um
die Zeit hätte man auch nach Mittenberg gehen können. Überhaupt sah Berlin nach acht genau wie Mitten-   30
berg aus. Alles hockte vor der Röhre. Und die paar
Halbstarken verkrümelten sich in den Parks oder Kinos

1. **Kein Schwanz** *slang* = **Niemand**

3. der **Stutzen**   socket

4. die **Patrone**   cartridge   **überprüfen**   to check

5. die **Schaltung**   electrical circuit

7. **vertretbar**   defensible (from a technical standpoint)

11. der **Klingelknopf**   doorbell, push button   **abbauen**   to dismantle

12. der **Schalter**   switch

16. **daß ich mit der Hand nicht mehr von dem Knopf loskam**   that I was unable to free my hand from the push button

20. die **Spannung**   voltage   **hochgehen**   to rise, increase

22. **Macht's gut, Leute!**   So long, folks!

25. die **VP** = die **Volkspolizei**

32. **feucht**   moist, damp

oder sie waren Sportler und zum Training. Kein
Schwanz auf der Straße.
Gegen zwei hatte ich die Düse im Stutzen. Ich füllte
die Hälfte der Ölfarbe in die Patrone. Dann überprüfte
ich noch mal die Schaltung. Ich sah mir überhaupt das   5
ganze Ding noch mal an. Ich sagte wohl schon, wie es
aussah. Es war normalerweise technisch nicht vertretbar. Aber mir kam es auf das Prinzip an. Das war
schätzungsweise mein letzter Gedanke, bevor ich auf
den Knopf drückte. Ich Idiot hatte doch tatsächlich den   10
Klingelknopf von der Laube abgebaut. Ich hätte jeden
normalen Schalter nehmen können. Aber ich hatte den
Klingelknopf abgebaut, bloß damit ich zu Addi sagen
konnte: Drück mal auf den Knopf hier.
Ich war vielleicht ein Idiot, Leute. Das letzte, was ich   15
merkte, war, daß es hell wurde und daß ich mit der
Hand nicht mehr von dem Knopf loskam. Mehr merkte
ich nicht. Es kann nur so gewesen sein, daß die ganze
Hydraulik sich nicht bewegte. Auf die Art mußte die
Spannung natürlich ungeheuer hochgehen, und wenn   20
einer dann die Hand daran hat, kommt er nicht wieder
los. Das war's. Macht's gut, Leute!

„Als Edgar auch am Dienstag nicht kam, gingen
wir gegen Mittag los.
Auf dem Grundstück war die VP. Als wir sagten,   25
wer wir sind, sagten sie uns, was los war. Auch,
daß es keinen Zweck hatte, ins Krankenhaus zu
gehen. Wir waren wie vor den Kopf geschlagen.
Sie ließen uns dann in die Laube. Das erste, was
mir auffiel, war, daß die Wände voller Ölfarbe   30
waren, vor allem in der Küche. Sie war noch
feucht. Es war dieselbe, mit der wir die Küchen-

2. **verschmort** burnt, scorched   das **Isolationsmaterial** insulation, insulating material

3. **Sämtliches Glas** All of the glass   die **Scherbe** fragment, broken piece

4. **verbiegen** to twist, bend out of shape

5. das **Rohrende** end of a pipe, tube   der **Gartenschlauch** garden hose

10. **keinen Handschlag machen** = **nicht arbeiten**   not to lift a finger

13. **vorziehen** to pull forth (out)

17. das **Gasrohr** gas line

18. **rumliegen** *coll* = **herumliegen**   to lie around (untidily)

19. **festschrauben** to screw down, fasten firmly   **reinigen** to clean

21. die **Anordnung** original design, arrangement of parts

22. das **Puzzlespiel** jigsaw puzzle

24. der **Druckbehälter** pressure tank

26. **einebnen** to level, flatten, demolish

28. der **Reinfall** *coll* failure   **überleben** to survive

31. **den Löffel abgeben** *coll* = **Selbstmord begehen, sterben**   **sich hängen** to hang oneself

paneele machten. Es roch nach der Farbe und nach verschmortem Isolationsmaterial. Der Küchentisch lag um. Sämtliches Glas lag in Scherben. Unten lagen ein verschmorter Elektromotor, verbogene Rohrenden, Stücke von Gartenschlauch. Wir sagten denen von der VP, was wir wußten, aber eine Erklärung hatten wir auch nicht. Zaremba sagte noch, aus welchem Betrieb Edgar gekommen war. Dann war Schluß.

Wir machten an dem Tag keinen Handschlag mehr. Ich schickte alle nach Hause. Bloß Zaremba ging nicht. Er fing an, unter unserem Bauwagen unsere alte Spritze vorzuziehen. Er untersuchte sie, und dann zeigte er mir, daß die Düse fehlte. Wir gingen sofort zurück auf Edgars Grundstück. Die Düse fanden wir in der Küche in einem Stück alten Gasrohr. Ich suchte zusammen, was sonst noch rumlag, auch das Kleinste. Auch, was auf dem Tisch festgeschraubt war. Zu Hause reinigte ich es von der Ölfarbe. Über Weihnachten versuchte ich, die ganze Anordnung zu rekonstruieren. Ein besseres Puzzlespiel. Ich schaffte es nicht. Wahrscheinlich fehlte doch noch die Hälfte der Sachen, vor allem ein Druckbehälter oder etwas in der Art. Ich wollte noch mal in die Laube, aber da war sie schon eingeebnet."

Schätzungsweise war es am besten so. Ich hätte diesen Reinfall sowieso nicht überlebt. Ich war jedenfalls fast so weit, daß ich Old Werther verstand, wenn er nicht mehr weiterkonnte. Ich meine, ich hätte nie im Leben freiwillig den Löffel abgegeben. Mich an den nächsten Haken gehängt oder was. Das nie. Aber ich wär doch

3. **schlecht im Nehmen sein**   to be a sore loser

4. **einstecken** *coll*   to take, accept (defeat)

5. der **Sieger**   winner, victor

6. die **Apparatur**   apparatus, equipment (used for his invention)

8. **etwas** *dat* **auf der Spur sein**   to be on the track of, onto something

18. **sie wären nicht von schlechten Eltern** *coll*   they (the pictures) were pretty good, not bad at all

22. der **Statiker**   statistician

28. **murksen** *coll*   to mess around, work without supervision

29. **welcher Fehler ihm unterlaufen ist** = **welchen Fehler er gemacht hat**

30. **eine Stromsache**   an electrical problem, caused by electricity

nie *wirklich* nach Mittenberg zurückgegangen. Ich weiß
nicht, ob das einer versteht. Das war vielleicht mein
größter Fehler: Ich war zeitlebens schlecht im Nehmen.
Ich konnte einfach nichts einstecken. Ich Idiot wollte
immer der Sieger sein.   5

„Trotzdem. Edgars Apparatur läßt mich nicht
los. Ich werde das Gefühl nicht los, Edgar war da
einer ganz sensationellen Sache auf der Spur,
einer Sache, die einem nicht jeden Tag einfällt.
Jedenfalls keine fixe Idee. Einwandfrei."   10
„Und die Bilder?! Glauben Sie, daß davon noch
irgendwo eins zu finden ist?"
„Die Bilder? – Daran hat keiner mehr gedacht.

Die waren voller Farbe. Die werden wahr-
scheinlich mit eingeebnet sein."   15
„Können Sie welche beschreiben?"
„Ich versteh nichts davon. Ich bin nur einfacher
Anstreicher. Zaremba meinte, sie wären nicht
von schlechten Eltern. Kein Wunder, bei dem
Vater."   20
„Ich bin nicht Maler. Ich war nie Maler. Ich bin
Statiker. Ich hab Edgar seit seinem fünften Lebensjahr nicht gesehen. Ich weiß nichts über ihn,
auch jetzt nicht. Charlie, eine Laube, die nicht
mehr steht, Bilder, die es nicht mehr gibt, und   25
diese Maschine."
„Mehr kann ich Ihnen nicht sagen. Aber wir durf-
ten ihn wohl nicht allein murksen lassen. Ich weiß
nicht, welcher Fehler ihm unterlaufen ist. Nach
dem, was die Ärzte sagten, war es eine Strom-   30
sache."

Fragen

1. Welches Problem hatte Edgar, als er nach Hause kam? (S. 231)
2. Wodurch wurde Edgar geweckt? (S. 231)
3. Wie verhielt sich der Fahrer des Bulldozers, als er Edgar sah? (S. 231)
4. Warum hätte Edgar dem Fahrer einen *linken* Haken gegeben? (S. 231)
5. Welchen Erfolg hatte Edgars Mutter, als sie versuchte, Edgar zum Rechtshänder umzuerziehen? (S. 231–233)
6. Weshalb hatte der Fahrer des Bulldozers Edgar angegriffen? (S. 233)
7. Welche Arbeit hatte der Fahrer zu erledigen? (S. 233)
8. Was sah Edgar in der Nacht ein? (S. 233)
9. Wie lange durfte Edgar noch in seiner Laube bleiben? (S. 233)
10. Weshalb wagte Edgar es nicht, seiner Arbeit fernzubleiben? (S. 233–235)
11. Welche Pläne hatte Edgar für die Zeit nach der Fertigstellung seiner Spritze? (S. 235)
12. Woran sieht man, daß Edgar Heimweh nach zu Hause hatte? (S. 235)
13. Welche Nachricht erhielt Edgar von Willi? (S. 235)
14. Was rechnete Edgar sich aus, nachdem er Willis Brief gelesen hatte? (S. 235)
15. Was unternahm Edgar, als er vom bevorstehenden Besuch seiner Mutter erfuhr? (S. 235)
16. Wieso machte sich die Brigade keine Sorgen, als Edgar nicht zur Arbeit kam? (S. 237)
17. Warum war sich Edgar so sicher, daß eine hydraulische Spritze funktionieren würde? (S. 237)
18. Was mußte Edgar tun, weil ihm für die Arbeit an der Spritze nur noch so wenig Zeit blieb? (S. 237)
19. Welches Problem hatte Edgar beim Bau der Spritze? (S. 237)
20. Was hätte Edgars Erfindung bedeutet, wenn sie funktioniert hätte? (S. 237–239)
21. Beschreiben Sie Edgars Spritze! (S. 239)
22. In welcher Weise pfuschte Edgar an der Maschine? (S. 239) Warum?
23. Wozu brauchte Edgar zwei LKW-Stoßdämpfer? (S. 239)
24. Wieso wurde Edgar nachts wieder ruhiger? (S. 241)
25. Wodurch störte Edgar Zaremba und dessen Bekannte im Salonwagen? (S. 241)

26. Was dachte Edgar damals über Zarembas Verhalten? (S. 241) Was hält er heute davon?
27. Wieso verglich Edgar Berlin bei Nacht mit Mittenberg? (S. 241–243)
28. Was tat Edgar, bevor er die Maschine anstellte? (S. 243)
29. Warum nahm Edgar keinen normalen Schalter für seine Spritze? (S. 243)
30. Was war das letzte, was Edgar merkte? (S. 243)
31. Was unternahm Addis Truppe, als Edgar auch am Dienstag nicht zur Arbeit kam? (S. 243)
32. Was fiel der Brigade in Edgars Laube auf? (S. 243)
33. Wie sah es in der Küche von Edgars Laube aus? (S. 243–245)
34. Was machte Zaremba, anstatt nach Hause zu gehen? (S. 245)
35. Warum konnte Addi Edgars Spritze nicht mehr rekonstruieren? (S. 245)
36. Wieso meint Edgar, sein Tod sei vielleicht doch das beste für ihn gewesen? (S. 245)
37. Was sieht Edgar als den größten Fehler in seinem Leben an? (S. 247)
38. Weshalb denkt Addi auch jetzt noch über Edgars Maschine nach? (S. 247)
39. Was geschah mit Edgars Bildern? (S. 247)
40. Warum weiß Edgars Vater auch jetzt nichts von seinem Sohn? (S. 247)
41. Wie erklären die Ärzte Edgars Tod? (S. 247)

Fragen zur Diskussion

1. Untersuchen Sie Plenzdorfs Stil in *Die neuen Leiden des jungen W*!
2. Skizzieren Sie Plenzdorfs Erzähltechnik!
3. Zeigen Sie Parallelen auf zwischen der Entwicklung Werthers, die wir durch Edgars „Werther"-Zitate kennen, und der Edgars!
4. Charakterisieren Sie das Verhältnis Edgars zu seinem Vater!
5. Vergleichen Sie die beiden Charaktere Edgar und Dieter! Stellen Sie Unterschiede und mögliche Ähnlichkeiten heraus!
6. Was kann man von Edgars Lieblingsbüchern (*The Catcher in the Rye, Robinson Crusoe*) auf seine Weltanschauung schließen?
7. Geben Sie Edgars Meinung zu seinem Leben in Mittenberg und in Berlin wieder!
8. Welches Bild von der Jugend zeichnet Plenzdorf in *Die neuen Leiden des jungen W.*? Mit welchen Problemen der Jugend in der DDR konfrontiert er uns?
9. Wie kommt die Rebellion gegen die Gesellschaft in *Die neuen Leiden des jungenW.* zum Ausdruck?
10. Was können Sie aus dem Buch über Plenzdorfs Einstellung zum Leistungsprinzip entnehmen?
11. Eine der wichtigsten Tugenden in der sozialistischen Gesellschaft ist „Solidarität". Erklären Sie den Begriff am Verhalten der Truppe!
12. Welches Bild vom Leben und vom Sozialismus in der DDR zeichnet Plenzdorf in *Die neuen Leiden des jungen W.*?

Ulrich Plenzdorf. (Christian Borchert)

Interview Mit Plenzdorf

wortkarg   taciturn

3. **erfinden**   to make up

4. **zusammensetzen**   to piece together

5. die **Figur**   character (in a play or novel)   **gegenüber** *with preceding dat*   with regard to, as concerns

8. **ließ sich aber kaum vermeiden**   but it could hardly be avoided

9. **widersprechen** *dat*   to contradict, be at variance with   der **Mut**   courage; **jemandem Mut machen**   to inspire a person with courage

10. die **Lust**   desire; **jemandem Lust auf etwas machen** *coll*   to excite a person's desire for something   **sich selbst auszuprobieren**   to put themselves to the test

11. das **Ableben**   death, decease, demise   **erlaubt**   justifiable   die **Zuspitzung**   calling attention to (*literally,* pointing)

18. **juristisch**   legally. juridically   **als Warnung an alle, die es angeht**   as a warning to all whom it concerns

19. **seinesgleichen**   people like him, his kind

21. **Schon recht**   All right, fine

22. **vermuten**   to presume, surmise

Interview
mit einem
wortkargen Autor

This interview with Ulrich Plenzdorf has been taken from the program notes for the premiere performance of *Die neuen Leiden des jungen W.* at the Landestheater Halle, May 18, 1972.

Kennen Sie einen wie Ihren Helden Edgar?
Sie meinen im Leben?—Nein.
Er ist also erfunden?
Eher zusammengesetzt, wenn Sie wollen, ein Gruppenporträt.
Welche Gefühle haben Sie Ihren Figuren gegenüber? 5
Ich mag sie alle. Besonders Edgar.
Trotzdem lassen Sie ihn «über den Jordan» gehen?
Das tut mir auch leid, ließ sich aber kaum vermeiden.
Widerspricht das nicht Ihrer Absicht, den Leuten Mut zu sich selbst zu machen, Lust darauf, sich selbst auszuprobieren? 10
Kaum. Edgars Ableben ist nur die erlaubte Zuspitzung der Tatsache, daß es Leute wie er schwer haben. Übrigens ist es ein Unfall.
Aber Edgar weiß doch, daß «dreihundertachtzig Volt kein Scherz» sind.
Das ja. 15
Also ist er am Ende gar selbst schuld?
Schuld ist da niemand. Das soll vorkommen.
Sie meinen juristisch. Und sonst? Wir wollen das Stück spielen als Warnung an alle, die es angeht, so mit Edgar und seinesgleichen umzugehen. Was sagen Sie dazu? 20
Schon recht.
Wir vermuten, daß sich die Figur Edgar nicht so einfach über Nacht

23. **Nach Kenntnis = Nachdem man etwas zur Kenntnis genommen hat** After taking notice (of something)

24. **das Drehbuch** film scenario **nach etwas aussehen** to look like something die **Vorarbeit** preliminary study, sketch

29. die **Lesung** reading das **Stück** = das **Theaterstück** play

30. **aufgeregt** excited, stimulated

31. **beeindrucken** to make an impression (upon a person)

33. **unmittelbar** direct, immediate der **Zugang** access

35. der **Jahrgang** age group

37. **abbrechen** to interrupt, stop short **von vorn anfangen** to start anew, at the beginning

38. **wesentlich** considerably, substantially **die Schulbank drücken** *coll* to go to school (*literally,* to weigh down the schoolbench)

42. **teilen** to share

hat «zusammensetzen» lassen. Nach Kenntnis zweier Filme und Dreh-
büchern von Ihnen sehen bestimmte Leute darin nach Vorarbeiten für
Edgar aus. Absicht oder Zufall?   25
Beides. Aber von einem bestimmten Punkt an Absicht, fast Plan.
Dies ist Ihr erstes Stück?
Ja.
Wir haben Sie bei und nach einer Lesung des Stückes vor Lehrlingen
recht aufgeregt gesehen. Der für Sie neue Kontakt mit dem jungen   30
Publikum hat Sie beeindruckt?
Es war tatsächlich aufregend.
Wodurch haben Sie so einen unmittelbaren Zugang zu Edgars Genera-
tion? Sie sind . . .?
Jahrgang vierunddreißig.   35
Es handelt sich also kaum um eine Autobiografie. Sollte da eine Rolle
spielen, daß Sie Ihre erste Ausbildung abgebrochen und viel später von
vorn angefangen und dadurch lange Zeit mit wesentlich Jüngeren die
Schulbank gedrückt haben?   40
Ja, das könnte sein.
Haben Sie literarische Vorbilder?
Ich teile da völlig Edgars Meinung zu diesem Thema.

Vocabulary

Vocabulary

The vocabulary is not intended to be complete; words and expressions usually learned in an elementary course in German have been omitted, as have a number of close cognates. Only definitions applicable to the textual context have been given. Nouns which change form in the plural are listed with their plural endings; masculine and neuter nouns are also listed with their genitive singular endings. The principal parts of strong and irregular verbs are given (with the third-person singular of the present tense in parentheses, when it is irregular); separable verbs are indicated by a hyphen between the prefix and the stem.

A

das **Aas, -es, -e**   carrion, carcass; *slang* somebody

kein Aas *slang*   nobody

ab-bauen   to dismantle

ab-beißen, biß ab, abgebissen   to bite off

ich hätt mir doch lieber sonstwas abgebissen, als *slang*   I'd rather have done anything else than

ab-biegen, bog ab, abgebogen   to turn

ab-brechen (bricht ab), brach ab, abgebrochen   to interrupt, stop short

ab-dampfen *coll*   to take off

ab-drücken   to pull the trigger

der **Abend, -s, -e**   evening

abends   evenings, in the evenings

am Abend   on the evening (of)

das **Abendzug, -(e)s, ⸚e**   evening train

der **Aberglaube, -ns, -n**   superstition

ab-fegen *coll*   to leave in a hurry

ab-geben (gibt ab), gab ab, abgegeben   to give up; to be suited, good for a particular job)

der **Abgegangene, -n, -n**   deceased person

abgeschmackt   tasteless, disgusting

etwas Abgeschmacktes   anything disgusting

abgesehen davon   aside from the fact

abgestimmt   coordinated, matched

aufeinander abgestimmt sein   to be coordinated, matched

ab-gewöhnen: jemandem etwas abgewöhnen   to break someone of, wean from (a habit)

ab-hauen, hieb ab, abgehauen   to take off, clear out

Hau ab! *coll*   Scram! Beat it! get lost!

sich **ab-kapseln**   to isolate oneself, discriminate

ab-kratzen *slang*   to kick the bucket

ab-kriegen *coll*   to receive

ab-laufen (läuft ab), lief ab, abgelaufen   to run down

das **Ableben, -s**   death, decease, demise

ab-lehnen   to reject, turn down, refuse

ab-machen   to agree upon, arrange

sich **ab-murksen** *slang*   to commit suicide

• **ab-nehmen (nimmt ab), nahm ab, abgenommen**   to take off

einem etwas abnehmen *coll*   to believe what a person says

sich **ab-rackern** *coll*   to knock oneself out, slave away

der **Abriß, -(ss)es, -(ss)e: auf Abriß stehen**   about to be torn down, demolished

ab-ruppen *coll*   to pick

die **Abschaffung, -, -en**   abolishment

ab-schicken   to send away

ab-schieben, schob ab, abgeschoben *coll*   to leave, shove off

ab-schießen, schoß ab, abgeschossen *coll*   to come up with

sich **ab-schirmen**   to screen, block off oneself

ab-schreiben, schrieb ab, abgeschrieben   to write off (as worthless)

ab-sehen (sieht ab), sah ab, abgesehen   to look away from

davon abgesehen   aside from the fact

sich **ab-seifen**   to lather one's body (with soap)

sich **ab-setzen**   to remove oneself; to leave

absolut   absolute(ly)

sich **ab-spielen**   to occur, take place

ab-springen, sprang ab, abgesprungen   to jump off

der **Abstand, -(e)s, ⸚e**   distance

ab-steigen, stieg ab, abgestiegen   to climb off

ab-sterben (stirbt ab), starb ab,
  abgestorben to become numb
abstrakt abstract
ab-suchen to search thoroughly
ab-trocknen to dry
abwechselnd alternatively
ab-wenden, wandte ab, abgewandt to
  avert
abwesend absent
  abwesend sein to be lost in thought
ab-wimmeln to shake off
  einen von sich abwimmeln, jemanden
    abwimmeln to shake someone off
ab-würgen to throttle
  den Motor abwürgen *coll* to throttle
    the engine (by reversing the gears)
das Abzeichen, -s badge
dem Abzeichen nach according to the
  badge (one wears)
ab-zeichnen to copy a drawing
ab-ziehen, zog ab, abgezogen to extract;
  coll to leave, go away
die Achse, -, -n axis
adlig of noble birth
der Adlige, -n, -n nobleman
die Adresse, -, -n address
der Afrikaner, -s African
der Agitator, -s, -en (political) agitator
ahnen to suspect, surmise
die Ahnung, -, -en idea, notion,
  presentiment
die Aktivität, -, -en activity
alarmieren to alarm
albern silly, foolish
alldem all of that
allein alone
der Alleinerbe, -ns, -n sole heir
allemal always
allerdings to be sure, certainly; anyway,
  at any rate
die Allergie, -, -n allergy
allerhand various, all sorts of, anything
alles everything
  alles andere als anything but
  alles zusammen everything at once
  nach allem after all (that had
    happened, gone before)
  vor allem above all
also therefore
alt old
der Altbau, -s, -ten old building
der Alte, -n, -n old man
  die Alten *slang* parents
das Alter, -s age
altersmäßig judging by age

das Althochdeutsch, -en Old German
sich amüsieren to amuse oneself
an on, in
  an sich actually
sich analysieren to analyze oneself
an-bieten, bot an, abgeboten to offer
  bot mir zu rauchen an offered me a
    cigarette
andere others
  unter anderem among other things
andererseits on the other hand
andermal: ein andermal some other time
ändern to change
anders otherwise, different(ly)
der Anfall, -s, ⁻e fit, attack, spell
der Anfang, -s, ⁻e beginning
  zu Anfang in the beginning
an-fangen (fängt an), fing an,
  angefangen to begin, start,
  commence
  etwas anfangen mit to do something
    with
  von vorn anfangen to start anew, at the
    beginning
anfangs at the beginning
an-fassen to handle, touch, take hold of
an-fauchen: einen anfauchen to hiss at
  someone
an-fertigen to make, manufacture
der Anführer, -s leader
an-geben (gibt an), gab an, angegeben
  coll to brag, boast
der Angeber, -s braggart
angeblich supposedly, allegedly
das Angebot, -es, -e offer
an-gehen, ging an, angegangen to
  concern, have to do with, apply to
  so selten es auch angeht seldom though
    it may happen
der Angeklagte, -n, -n accused,
  defendant
angenehm pleasant
angewiesen: auf etwas angewiesen sein to
  be dependent on something
sich an-gewöhnen to acquire the habit
  sich etwas angewöhnen to become
    accustomed, used to something
die Angewohnheit, -, -en habit, custom
ängstigen to frighten, scare
an-haben to have on, wear
an-heben, hob an, angehoben to lift, raise
an-himmeln *coll* to look at (with
  adoration)
an-hören to listen to
  sich anhören to sound
der Anker, -s anchor

an-knurren to growl, snarl at

an-kommen, kam an, angekommen to
arrive, be successful
darauf ankommen to be important,
depend on
es kommt nicht so darauf an, daß it
isn't so important that, it doesn't
really matter whether

an-lassen (läßt an), ließ an. angelassen to
turn on (a motor)

die Anleitung, -, -en guidance

an-machen *coll* to hang (curtains)

annehmbar acceptable

an-nehmen (nimmt an), nahm an,
angenommen to assume, suppose,
believe
nehmen wir mal an let's suppose,
supposing

an-öden *coll* to bore

die Anordnung, -, -en original design,
arrangement of parts

an-peilen to estimate distance

an-pieken *coll* to annoy, nag, aggravate
(into doing something)

an-reden to address, speak to

an-richten to accomplish, achieve, do

an-robben *coll* to gather, assemble

an-rühren to mix

an-schaffen, schuf an, angeschaffen to
buy
sich anschaffen to buy, get oneself
(something)

der Anschlag, -s, ⁻e: in Anschlag
kommen to be taken into account

an-schließen, schloß an, angeschlossen to
connect

anschließend subsequently, following
that, after that

der Anschluß, -(ss)es, ⁻(ss)e connection

an-sehen (sieht an), sah an, angesehen to
look at, regard, watch

an-setzen to hit, deliver, let fly, ram
home (a punch)

ansonsten besides, otherwise, in general

an-spornen to spur on

anständig decent

anstänkern *slang* to scold, rebuke

an-starren to stare at

an-stellen *coll* to do
sich anstellen to set about doing
something

an-stinken, stank an, angestunken
slang to annoy, aggravate, bother,
disturb

an-streichen, strich an, angestrichen to
paint (houses, etc.)

der Anstreicher, -s housepainter

an-toben to approach in a rage

an-treten (tritt an), trat an, angetreten to
enter upon, begin
antreten gegen to set out against, step
up to
zur Arbeit antreten to report for work

die Antwort, -, -en answer

antworten to answer

an-werfen (wirft an), warf an, angeworfen
coll to switch, turn on

anwesend present

die Anwesenheit, -, -en presence

die Anzeige, -, -n notice, announcement
(in a newspaper)

an-ziehen, zog an, angezogen to attract
sich anziehen to dress

der Apparat, -(e)s, -e apparatus,
contrivance

die Apparatur apparatus, equipment

das Appartement, -s, -s small apartment

die Arbeit, -, -en work, job; term paper
bei der selbstlosen Arbeit working
unselfishly
eine richtige Arbeit a decent job

arbeiten to work

der Arbeitsscheue, -n, -n someone
allergic to work, one who shuns work

der Ärger, -s trouble
jemandem Ärger machen to cause
trouble for someone

arm poor

der Arm, -es, -e arm

armdick very thick

die Armee, -, -n army

der Armvoll, -s armfull

der Arsch, -es, -e *vulgar* backside,
behind, ass
sich den Arsch aufreißen *slang* to bust
one's ass

die Art, -, -en manner, way, style; kind,
sort
auf die Art thus
in der Art of that kind

der Arzt, -es, ⁻e doctor

das As, -ses, -se genius

die Atelierwohnung, -, -en studio
apartment

auch also, too
auch so anyway

auf-bauen to erect, construct
sich aufbauen *coll* to stand erect

auf-blasen (bläst auf), blies auf,
aufgeblasen to blow up

auf-bohren to open by drilling

auf-bringen, brachte auf, aufgebracht   to provoke, enrange; to introduce (a custom)

die **Aufenthaltsgenehmigung, -, -en**   residence permit

auf-fallen (fällt auf), fiel auf, aufgefallen   to attract attention

jemandem auffallen   to strike, occur to a person

auf-finden, fand auf, aufgefunden   to discover

auf-fressen (frißt auf), fraß auf, aufgefressen   to devour, gobble up

auf-geben (gibt auf), gab auf, aufgegeben   to give up

auf-gehen, ging auf, aufgegangen   to open; to come out exactly, leave no remainder

aufgeregt   excited, stimulated

aufgeschmissen *coll*   at a loss

sich **auf-halten (hält auf), hielt auf, aufgehalten**   to reside, live

auf-holen   to catch up

eine Menge aufzuholen   a lot of catching up to do

auf-hören   to stop, cease

auf-klären   to enlighten

auf-kreuzen *coll*   to appear, show up, make an appearance

auf-machen   to open

den Mund aufmachen   to open one's mouth, begin to talk

die **Aufnahme, -, -n**   recording

die **Aufnahmeprüfung, -, -en**   entrance exam

auf-räumen   to tidy up

auf-reißen, riß auf, aufgerissen   to rip up, tear up, break up; to open widely; *slang* to come across, find, happen upon, discover by chance

sich **den Arsch aufreißen** *slang*   to bust one's ass

der **Aufsatz, -es, ¨e**   essay

auf-stehen, stand auf, aufgestanden   to get up

auf-stellen   to place, position

auf-stöbern   to seek out (and find)

auf-stören   to rouse, disturb

auf-suchen   to seek out, search for

auf-tauchen   to appear, show up; to come to, regain consciousness

der **Auftrag, -(e)s, ¨e**   order, instructions

auf-treiben, trieb auf, aufgetrieben   to get hold of, procure

auf-treten (tritt auf), trat auf, aufgetreten   to occur

das **Auge, -s, -n**   eye

die **Augen verdrehen**   to roll one's eyes

einem ins Auge fallen   to catch one's eye

einen aus den Augen verlieren   to lose track of someone

der **Augenaufschlag, -(e)s, ¨e**   stare

der **Augenschein, -(e)s: in Augenschein nehmen**   to inspect closely, examine

aus   out of, from, of, by

aus und vorbei   over and done with

von mir aus *coll*   if you like, for all I care, as far as I'm concerned

aus-atmen   to exhale

die **Ausbeutung, -, -en**   exploitation

der **Ausbilder, -s**   instructor, teacher in a trade school or factory workshop

die **Ausbildung, -, -en**   training, education, instruction, schooling

aus-brechen (bricht aus), brach aus, ausgebrochen   to burst forth, break out

sich **aus-breiten**   to spread

aus-denken, dachte aus, ausgedacht   to think out, invent, conceive

sich etwas ausdenken   to think of

der **Ausdruck, -(e), ¨e**   expression

ausdrücklich   explicitly

auseinander-gehen, ging auseinander, auseinandergegangen   to separate, break up

auseinander-halten (hält auseinander), hielt auseinander, auseinandergehalten   to keep apart

der **Ausflug, -(e)s, ¨e**   excursion

ausgedacht   made up

aus-gehen, ging aus, ausgegangen   to run out

ausgehungert   starved

ausgeprägt   pronounced, distinct

ausgeschlafen *coll*   capable, bright, intelligent

ausgewachsen   fully grown, well developed

aus-gipsen   to spackle, plaster

aus-halten (hält aus), hielt aus, ausgehalten   to endure, bear

aus-knocken *coll*   to knock out

aus-kommen, kam aus, ausgekommen   to get along

zusammen auskommen   to get along with one another

der **Auslauf, -(e), ¨e**   playground

der **Ausleger, -s**   beam

aus-leihen, lieh aus, ausgeliehen   to borrow, rent

die **Ausleihstation, -, -en** place where one can rent something

aus-lernen to finish one's apprenticeship

aus-packen to unpack

aus-probieren to test, try out

 sich ausprobieren to put oneself to the test

sich **aus-rechnen** to figure out for oneself

die **Ausrede, -, -n** excuse

aus-reden to finish speaking

 das ließ er sich nicht ausreden he couldn't be talked out of that

die **Aussage, -, -n** statement, comment

der **Ausschlag, -(e), ⸚e** rash

aus-sehen (sieht aus), sah aus, ausgesehen to appear, look seem

 ich sah ziemlich alt aus *coll* I was quite embarrassed

der **Außen-Hausmeister, -s** unofficial custodian, custodian for outside affairs

außer except, besides

außerdem besides, moreover, other than that

sich **äußern** to express an opinion

aus-setzen: da setzte es bei mir aus *coll* that was all I needed, that did it.

aus-sperren to bar a person's entry

aus-stehen, stand aus, ausgestanden to put up with, endure, bear

aus-steigen, stieg aus, ausgestiegen *coll* to tune out, be turned off, lose interest

die **Ausstellung, -, -en** exhibit

aus-sterben (stirbt aus), starb aus, ausgestorben to die out

 am Aussterben (in the process of) dying out

aus-suchen to select, choose

aus-trocknen to dry out

der **Ausweis, -es, -e** identification

auswendig by heart

 auswendig kennen to know by heart

die **Auszeichnung, -, -en** distinction

authentisch authentic

das **Auto, -s, -s** automobile, car

die **Autobahnschleife, -, -n** cloverleaf of a thruway

der **Automat, -en, -en** vending machine, automat

automatisch automatically, by machine

B

das **Bad, -es, ⸚er** bathroom

der **Bademantel, -s, ⸚** bathrobe

die **Bahn, -, -en** railroad

der **Bahndamm, -(e)s, ⸚e** railroad embankment

der **Bahnhof, -(e)s, ⸚e** train station

 am Bahnhof at the train station

der **Baldachin, -s, -e** ceiling plate

die **Bananenschale, -, -n** banana peel

der **Bananenstoff, -(e)s** banana stuff

das **Band, -es, ⸚er** tape

die **Bank, -, ⸚e** bench

die **Base, -, -n** old woman

die **Bastelei, -, -en** amateur construction

 bei Basteleien while tinkering

der **Bau, -es, -ten** building, construction; *coll* jail

 aus dem Bau *coll* from prison

 beim Bau in construction

der **Bauarbeiter, -s** construction worker

der **Bauch, -es, ⸚e** belly, stomach

bauen to build, construct

 am schönsten Bauen *coll* right in the middle of building

die **Baufreiheit, -, -en** space on which to build

die **Bauklamotten** *pl coll* work clothes, clothes worn at the construction site

der **Baum, -es, ⸚e** tree

das **Bäumchen, -s** little tree

die **Baustelle, -, -n** building site

der **Bauwagen, -s** construction trailer

beäugen *coll* to have a look at, glance around

sich **bedanken** to thank

bedauern to regret

das **Bedauern, -s** pity, sympathy

bedenken, bedachte, bedacht to consider, think over

beeindrucken to make an impression (upon a person)

beenden to end, put a stop to

sich **befehden** to fight against one another

begabt talented, gifted

 echt begabt zumTanzen truly talented when it came to dancing

die **Begier(de), -, -n** passion, desire

beglotzen to stare, gape at

begreifen, begriff, begriffen to comprehend, understand

begrüßen to greet

behalten (behält), behielt, behalten to keep

behaupten to maintain, claim

sich **beherrschen** to control, restrain oneself

bei-bringen, brachte bei, beigebracht to teach, instruct; to tell, communicate

jemandem etwas beibringen to teach a person something
beide both, either
das **Beil, -(e)s, -e** hatchet
das **Bein, -(e)s, -e** leg
beinah(e) almost, nearly
das **Beispiel, -s, -e** example
 zum Beispiel for example
beispielsweise for example
beißen, giß, gebissen to bite
bekannt known
 bekannt sein mit to be acquainted with
bekanntlich as everyone knows, as is known
die **Bekanntschaft, -, -en** acquaintance
beknien: jemanden beknien *coll* to beg, plead with someone (on one's knees)
bemalen to paint (over)
 eine Wand bemalen to paint a mural
die **Bemerkung, -, -en** comment, remark
sich **benehmen (benimmt), benahm, benommen** to behave
das **Benzin, -s, -e** gasoline
beobachten to observe, watch
sich **beölen** *slang* to die laughing, be highly amused
der **Beruf, -(e)s, -e** job, occupation, profession
die **Berufschule, -, -n** trade school
sich **beruhigen** to compose oneself, calm down
berühmt famous
der **Bescheid, -(e)s, -e** information, instructions
 Bescheid wissen to know what's what, be informed
bescheiden modest
die **Bescherung, -, -en** distribution of Christmas presents
beschließen, beschloß, beschlossen to decide, resolve
beschnarchen *slang* to examine
 sich etwas beschnarchen *slang* to look around, become acquainted with
beschreiben, beschrieb, beschrieben to describe
besehen (besieht), besah, besehen to look at
beseitigen to put an end to, eliminate
besonders especially, particularly
sich **besorgen** to get, fetch
besprechen (bespricht), besprach, besprochen to record
besser better
sich **bessern** to improve, get better
das **Beste, -n, -n** the best

bestehen, bestand, bestanden (aus) to consist (of)
bestellen to order
 nichts mehr zu bestellen haben *coll* to be through
bestenfalls at best
bestimmt certain(ly), for sure
 nichts Bestimmtes nothing definite
bestrafen to punish
besuchen to visit
die **Betonmauer, -, -n** cement, concrete wall
betreuen to care for, look after
der **Betrieb, -(e)s, -e** factory, plant
sich **betrügen** to deceive oneself
das **Bett, -es, -en** bed
 ins Bett machen to wet one's bed
bewahren to preserve, save
 (Gott) bewahre (God) forbid
bewegen to move
 sich bewegen to carry oneself
die **Bewegung, -, -en** movement
 immerzu in Bewegung always on the move
der **Beweis, -es, -e** proof
beweisen, bewies, bewiesen to prove
 er ließ sich das nicht beweisen he couldn't be convinced of that
bewohnen to inhabit, live in
bezahlen to pay
 nicht zu bezahlen priceless
die **Bibel, -, -n** Bible
das **Bild, -es, -er** painting, picture; impression, idea
bilden to form, shape, mold
 sich nach etwas bilden to live according to, observe (the rules)
der **Bilderfreund, -(e)s, -e** friend of art
die **Binde, -, -n** bandage
die **Birne, -, -n** *slang* head
bis until, up to, as far as to
 bis auf with the exception of, except for, all but
 bis dahin until then
 bis dato up to a certain date
bißchen, -s: ein bißchen a little, little bit
der **Bizeps** biceps
blaß pale
das **Blatt, -es, ̈er** page, sheet of paper
blättern to leaf through (a book); to lay out (one by one)
blau blue
blau-machen *coll* to skip (work), take a holiday
das **Blech, -(e)s, -e** *slang* nonsense, rubbish

Blech reden *slang* to talk nonsense
die **Blechschachtel, -, -n** tin box
bleiben, blieb, geblieben to remain, stay
bleiben-lassen (läßt bleiben), ließ bleiben, bleibenlassen to resist, stop, leave alone
ich hab's dann bleibenlassen I didn't bother to do it
bleich pale
bleich werden to turn pale
die **Bleiche, -, -n** bleaching ground
der **Bleistift, -s, -e** pencil
blenden to blind
der **Blick, -es, -e** glance
blöd stupid, dumb, silly, crazy
schön blöd very stupid, really dumb
wie blöd *coll* like mad, crazy
der **Blöde, -n, -n** fool, jerk
jeder Blöde *coll* any fool, jerk
blöderweise foolishly, of all the dumb things
blödsinnig idiotic, ridiculous; terribly
bloß merely, only, simply
blühen to blossom, bloom
was uns blüht *coll* what's in store for us
die **Blume, -, -n** flower
der **Blutdruck, -(e)s, -̈e** blood pressure
bluten to bleed
der **Bock, -es, -̈e** driver's seat
die **Bockleiter, -, -n** stepladder, folding ladder
der **Boden, -s, -(or -̈)** ground, floor
am Boden sein *coll* to be down and out, depressed
wir lagen regelmäßig am Boden *coll* each time we doubled up with laughter
der **Bogen, -s, -̈** bow
Böhmen Bohemia
die **Bohne, -, -n** bean
nicht die Bohne was *coll* nothing at all
nicht die Bohne was taughten *coll* weren't worth a hill of beans, a plug nickel
die **Bohrmaschine, -, -n** (power) drilling machine
die **Bonje, -, -n** *Berlin dialect* head
das **Boot, -es, -e** boat
der **Bootsmensch, -en, -en** *coll* man tending the boats
das **Bootshaus, -es, -̈er** boathouse
der **Bösewicht, -s, -e (or -er)** villain
boxen to box
der **Boxklub, -s, -s** boxing club
brauchbar useful

brauchen to need; to use, make use of
braucht noch lange nicht blöd zu sein is far from being crazy
braun brown
der **Bräutigam, -s, -e** fiancé
brav obedient
brechen (bricht), brach, gebrochen to break
das **Brechmittel, -s** emetic (something which induces vomiting)
der **Brei, -es** pulp, mush
bremsen to brake, slow down
nicht zu bremsen not to be stopped, held back
der **Brief, -es, -e** letter
das **Briefgeheimnis, -ses, -se** private letter (not to be opened, under penalty of law, by anyone other than the addressee)
der **Briefkasten, -s** mailbox
die **Briefmarke, -, -n** stamp
die **Brigade, -, -n** team of workers
der **Brigadeleiter, -s** head of a "brigade" of workers
der **Brigadier, -s, -e** head of a "brigade" of workers
die **Brille, -, -n** glasses
bringen, brachte, gebracht to bring; *coll* to perform, act out, put on
dann hätten wir sie dazu gebracht we would have made them do it
ich bringe euch noch I'll walk you, accompany you
das **Brot, -es, -e** bread
die **Brücke, -, -n** bridge
der **Brückenpfeiler, -s** pillar supporting a bridge
der **Bruder, -s, -̈** brother
brüllen to shout, holler
die **Brust, -, -̈e** chest
das **Buch, -es, -̈er** book; film scenario
das **Büchsenlicht, -(e)s, -er** light for shooting
der **Buchstabe, -ns, -n** letter, character
der **Buddelkasten, -s** sandbox
die **Bude, -, -n** shack, hut; *coll* place
der **Bug, -es, -̈e** bow
die **Bügelfalte, -, -n** crease *trousers*
der **Bulldozer, -s, -s** bulldozer
der **Bulle, -n, -n** *slang* cop
der **Bums** *coll* quarrel, explosion
der **Bund, -es, -̈e** waistband
im Bund zugehen to close at the waistline
bürgerlich bourgeois, middle-class
der **Bursch(e), -(e)n, -(e)n** youth, boy

der **Bus, -ses, -se** bus
   mich streift ein Bus *coll* I was utterly
     amazed
der **Busch, -es, ⁼e** bush, shrub

C

das **Campingbett, -es, -en** camping bed
die **Campingliege, -, -n** camping cot
die **Chance, -, -n** chance
charmant charming
das **Charmantsein, -s** *coll* being charming
   weitermachen mit Charmantsein to
     continue being charming
der **Charme, -s** charm
der **Charmebolzen, -s** *coll* real charmer
der **Chef, -s, -s** boss, master
   Chef in allen Fächern tops in all
     subjects
die **Chefin, -, -nin** boss (*female*)
die **Chemie** chemistry
der **Chor, -s, ⁼e** chorus
   im Chor in unison
der **Clou, -s, -s** gag
   das war der Clou *coll* that was the
     greatest, the ultimate
   der **Code, -s, -s** code

D

da there
   ab da *coll* from then on, in the future
dabei but, yet, nevertheless; in so doing;
   with that
   er wurde nicht wieder dabei *coll* he lost
     his composure at that (when he saw
     that)
   dabei-sein (ist dabei), war dabei,
     dabeigewesen to be present
   Und *wie* ich dabei war! And was I ever
     there! And how I was there!
da-bleiben, blieb da, dageblieben to stay,
   remain
das **Dach, -es, ⁼er** roof
dafür instead of, in place of
   dafür sein to approve, agree, be in
     favor of
dagegen on the other hand
   dagegen sein to object, be against
     something
   dagegen reden to speak against
     something
dahin to that place, time
   bis dahin until then
damals at that time
die **Dame, -, -n** lady
der **Damenstrumpf, -es, ⁼e** nylon stocking
damit therewith
   und damit gut and that's all

der **Damm, -es, ⁼e** dam
der **Dampfer, -s** steamer, steamboat
danach after that; based on it
der **Dank, -es** thanks, gratitude
   jemandem etwas zu Danke machen
     outdated to satisfy, please
     someone
dankbar grateful
dann then
daran: ich bin d(a)ran it's my turn
d(a)ran-bleiben, blieb daran,
     darangeblieben *coll* to stay close to
     (a person), stick with (something)
(da)ran-hängen (hängt daran), hing daran,
     darangehangen to add
darauf thereupon; afterwards, then, next
   etwas d(a)rauf haben *coll* to be good at
     something, have something down
     pat
darin in such matters; inside
   da war alles d(a)rin *coll* that said
     everything, everything was in that
     (one statement)
d(a)rin-stecken to be (found) in
der **Darm, -(e)s, ⁼e** intestine
darüber on that subject
da-sitzen, saß da, dagesessen to sit there
die **Dauer** length, duration
   auf die Dauer in the long run
dauern to last
davon from it, by it
die **Decke, -, -n** ceiling, cover, blanket
der **Deckel, -s** cover
dakorativ decorative
delegieren to delegate, choose
das **Delikt, -s, -e** crime, offense
demnach thereafter, afterwards
denken, dachte, gedacht to think
   denken an to think of
   er dachte sich . . . sein Teil he had his
     own thoughts on the matter
dermaßen to such an extent, so much
deshalb for that reason, therefore
deutlich distinctly
dezent decent; respectably
dicht crowded, dense; close
dicht-machen *slang* to lock
dick fat, thick
dienen to serve
diesmal this time
diktieren to dictate
das **Ding, -(e)s, -e** thing
   die **Dinger** *coll* things
direkt directly
diszipliniert disciplined
der **Donner, -s** thunder
   wie vom Donner gerührt thunderstruck

dort there

bis dorthinaus up to the hilt

der **Dozent, -en, -en** assistant professor

drängen to oppress

draußen outside

dreckig dirty, filthy

das **Drehbuch, -(e)s, ¨er** film scenario

drehen to turn, wind, twist; to make a movie

die **Drehmaschine, -, -n** lathe

dreimal three times

dreimal soviel three times as much

dreißig thirty

dreitausend three thousand

dreschen (drischt), drosch, gedroschen *coll* to jab with a hypodermic needle

dritt third

zu dritt as a threesome

drohend threatening

dröhnen to roar, sing at the top of one's lungs

drosseln to slow down, throttle, choke

drüben over there

der **Druck -(e)s, -e** print; -(e)s, ¨e pressure

der **Druckbehälter, -s** pressure tank

drücken to press, push; to weigh down

sich drücken to avoid something, shirk (one's duty)

die Schulbank drücken *coll* to go to school

jemandem etwas in die Hand drücken to slip something into someone's hand

die **Druckluft, -, ¨e** compressed air

der **Druckpunkt, -(e)s, ¨e** point of resistance (when squeezing a trigger)

drum: mit allem Drum und Dran with all the trimmings

dumm dumb, stupid

dunkel dark

durch through; by, by means of, because of

durch-kommen, kam durch, durchgekommen to survive, get along

durch-kramen *coll* to rummage through

durch-lesen (liest durch), las durch, durchgelesen to read through

sich durch-löchern *coll* to shoot a hole in oneself

durch-probieren to try out

sich durch-schlagen (schlägt durch), schlug durch, durchgeschlagen to make one's way

der **Durchschnitt, -(e)s, -e** average, mean

auf den Durchschnitt ziehen to reduce to mediocrity

durch-schnüffeln to look at, examine thoroughly

durch-sehen (sieht durch), sah durch, durchgesehen to see clearly, comprehend; to see through

durch einen durchsehen to look right through a person

durchweg exclusively

dürfen (darf), durfte, gedurft to be allowed, permitted to

die **Düse, -, -n** valve

das liegt nicht an den Düsen the valves are not at fault

dutzendweise by the dozen

duzen to be on a first-name basis with someone (that is, using the familiar "**du**" rather than the formal "**Sie**")

E

eben just, exactly, precisely

ebenfalls also, likewise

ebensogut just as well, just as easily

das **Echo, -s, -s** echo

echt genuine, true; genuinely, truly, really

das **Echte, -n, -n: was Echtes** something real, genuine

die **Ecke, -, -n** corner

in welche Ecke man auch geht no matter where (in which corner) one is standing

edel noble

egal alike, equal; *coll* it doesn't matter

das ist mir egal *coll* I don't care, it's all the same to me

die **Ehre, -, -n** honor

in Ehren entlassen (with) honorable discharge

ehrlich honest, decent

das **Ei, -s, -er** egg

ein Ei legen *coll* to have a bowel movement

die **Eierlegemaschine, -, -n** egg-producing automat

eigen own, personal, particular

eigentlich actually, really, strictly speaking; true, real

der **Eilbrief, -(e)s, -e** special delivery letter

eilig hasty, speedy

es eilig haben to be in a hurry

der **Eimer, -s** pail, bucket

sich einbilden to imagine

ein-bringen, brachte ein, eingebracht to yield

sich ein-bürgern to come to be accepted

eindeutig clearly, plainly

der **Eindruck, -(e)s, ⁻e** impression
ein-ebnen to level, flatten, demolish
einfach simple, easy; simply, just
 einfach so simply like that, just like
  that
der **Einfall, -es, ⁻e** idea
ein-fallen (fällt ein), fiel ein, eingefallen to
  occur (to one's mind)
 jemandem einfallen to occur to
  someone
 sich etwas einfallen lassen to think of
  something
der **Einfluß, -(ss)es, ⁻(ss)e** influence
 Einfluß auf jemanden haben to have
  influence on a person
einförmig uniform
sich **ein-fügen** to adapt oneself, fit in,
  shape up
ein-handeln: sich etwas einhandeln *coll* to
  pick up, get ahold of something
einigermaßen pretty, somewhat, to some
  extent, relatively
ein-knicken to bend in
 knickte in der Hüfte ein bent in at the
  hip
ein-laden (lädt ein), lud ein, eingeladen to
  invite
der **Einlaß, -(ss)es, ⁻(ss)e** permission to
  enter, opening of the door
ein-legen to insert, allow for
einmal once
 auf einmal all at once, suddenly
einmalig unique
**ein-nehmen (nimmt ein), nahm ein,
  eingenommen** to conquer, take (as in
  battle)
ein-packen to pack
ein-passen: zum Einpassen for the
  purpose of fitting
ein-rechnen to include, figure, calculate
  in
ein-reden: jemandem etwas einreden to
  talk a person into something,
  convince a person of something
ein-reihen to make a person conform; to
  place in a row, align
sich **ein-rennen, rannte ein, eingerannt** to
  run against something
ein-richten to arrange, furnish
 neu einrichten to refurnish
die **Einrichtung, -, -en** furniture
 eine komplette Einrichtung completely
  furnished
eins zu tausend in all probability
ein-schätzen to form an estimate of,
  judge

sich **ein-schließen, schloß ein,
  eingeschlossen** to lock oneself in
einschließlich including
ein-schmeißen, schmiß ein, eingeschmissen
  coll to smash, break
**ein-sehen (sieht ein), sah ein,
  eingesehen** to realize, comprehend,
  perceive, see the light
ein-setzen to put into action
sich **ein-singen, sang ein, eingesungen** to
  chime in, harmonize (singing)
ein-stecken *coll* to take, accept (defeat)
ein-steigen, stieg ein, eingestiegen to
  come in, join in (singing)
die **Einstellung, -, -en** attitude; hiring
einzig only
 das einzige the only thing
einwandfrei without a doubt
ein-wenden, wandte ein, eingewandt to
  object
 **gegen jemanden nichts einzuwenden
  haben** to have no objection to
  someone
ein-ziehen, zog ein, eingezogen to draw
  in, pull in
das **Eisen, -s** iron
die **Eisenplatte, -, -n** iron plate (made by
  casting)
die **Eisentreppe, -, -n** iron staircase
eisern unbending, not giving in
eisig icily
eiskalt ice cold
ekelhaft *coll* terribly, unpleasantly,
  disgustingly
elektrisch electric
elend miserable
die **Eltern** *pl* parents
 sie wären nicht von schlechten Eltern
  coll they were pretty good, not
  bad at all
der **E-Motor = der Elektromotor, -s, -en**
  electric motor
der **Empfang, -s, ⁻e** reception
 beim Empfange at their meeting
**empfangen (empfängt), empfing,
  empfangen** to receive
**empfehlen (empfiehlt), empfahl,
  empfohlen** to recommend
das **Ende, -s, -n** end
endlich at last, finally
eng tight, narrow
der **Engel, -s** angel
die **Entfernung, -, -en** distance
 auf *die* **Entfernung** at *that* distance
**entgegen-kommen, kam entgegen,
  entgegengekommen** to come to
  meet, walk toward

entgehen, entging, entgangen to escape
das ihm entgangen ist that he overlooked, that escaped his attention
sich etwas entgehen lassen to let something slip by, fail to observe
entlassen (entläßt), entließ, entlassen to discharge, dismiss
die Entlassung, -, -en release
sich entpuppen (als) to turn out to be
entschlossen determined, resolute
entschuldigen to excuse
sich entspannen to relax
entstehen, entstand, entstanden to generate, produce
enttäuschen to disappoint
entweder either
entweder... oder either... or
entwürdigend degrading, demeaning
der Entwurf, -(e)s, ⁻e sketch, design
erbauen: von etwas erbaut sein to be happy about something
die Erde earth
erfahren experienced, practiced
die Erfahrung, -, -en experience
erfahrungsgemäß from experience
erfinden, erfand, erfunden to invent; to make up
der Erfinder, -s inventor
die Erfindung, -, -en invention
der Erfolg, -(e)s, -e success; result
der ganze Erfolg the net result
Erfolg gleich Null with no success whatever, with zero success
die Erfüllung, -, -en fulfillment
in Erfüllung gehen to come true
ergeben (ergibt), ergab, ergeben to show, reveal
sich ergeben to result
erhalten (erhält), erhielt, erhalten to receive; to keep, preserve
sich erholen to recover, get better
sich erinnern (an) to remember
erkennen, erkannte, erkannt to recognize
sich zu erkennen geben to make oneself known
erklären to explain
die Erklärung, -, -en explanation
erlaubt justifiable
erleichtern to ease, make easy
jemandem etwas erleichtern to make something easy for a person
erliegen, erlag, erlegen to die of, succumb to
die Ermittlung, -, -en inquiry, investigation
ermuntern to encourage

ernst serious
ernst nehmen to take seriously
etwas ernst meinen to be serious about something
der Ernst, -es seriousness
im Ernst seriously, in all seriousness
ernsthaft serious; real
erotisch erotic
erreichen to attain, reach
ersaufen (ersäuft), ersoff, ersoffen *slang* to drown
erschüttern to overwhelm
ersetzen to replace
erst first, at first
erstaunlich amazing
erstens to expect, wait for
erwischen to catch (in the act); to find, hit upon
erzählen to tell, relate
der Erzeuger, -s father. sire, procreator
erziehen, erzog, erzogen to raise (a child)
der Erziehungserfolg, -(e)s, -e pedagogical success
essen (ißt), aß, gegessen to eat
das Essen, -s meal
etwa approximately
ewig always, continuously; forever, eternal(ly)
ewig und drei Tage forever and a day
seit ewig for ages
exakt precisely, exactly
exen *slang* to cross (x) out, expel
existieren to exist

F

das Fach, -es, ⁻er subject
der Facharbeiter, -s skilled worker
das Fachbuch, -es, ⁻er technical book
die Fachwelt, -, -en: in der Fachwelt among specialists, experts in the field
die Fahndung, -, -en police search
die Fahne, -, -n, flag
zur Fahne dürfen to have the privilege of serving (in the military)
fahren (fährt), fuhr, gefahren to drive
der Fahrer, -s driver
die Fahrt, -, -en trip
in Fahrt kommen to get started
in Fahrt sein to be going strong
das Fahrzeug, -(e)s, -e vehicle
das Faktum, -ums, -en (*or* -a) fact
Fakt war *coll* it was a fact
der Fall, -es, ⁻e case, instance
auf jeden Fall in any case
für alle Fälle in case of emergency
im Fall aller Fälle just in case
in diesem Fall in this case

fallen (fällt), fiel, gefallen   to fall
   etwas fallen lassen   to let something drop
falls   in case
falsch   wrong, false, incorrect; badly, wrongly
die **Familie, -, -n**   family
die **Fangfrage, -, -n**   trick question
die **Farbe, -, -n**   paint
der **Farbnebel, -s**   paint vapor, mist (caused by spraying)
die **Farbspritze, -, -n**   paint sprayer
das **Farbspritzgerät, -(e)s, -e**   paint sprayer
das **Farbzeug -(e)s, -e** *coll*   color
faseln   to babble
fassen   to grasp, seize
   nach etwas fassen   to reach for, take hold of something
fast   almost, nearly
   fast gar nicht *slang*   very much
fauchen   to hiss, snarl
faul   lazy, idle
die **Faust, -, ¨e**   fist
   die Fäuste (he)runternehmen   to drop one's guard
fegen   to sweep
fehlen   to be lacking, missing
   das hätte mir noch gefehlt   that would have been all I needed (under the circumstances)
der **Fehler, -s**   mistake, fault
   welcher Fehler ihm unterlaufen ist   which mistake he made
der **Feierabend, -s, -e**   time for leaving off work
   nach Feierabend   after work
feige   cowardly
die **Feile, -, -n**   file
feilen   to file
   zum Feilen   to be filed
fein   very; tactful, subtle
der **Feind, -(e)s, -e**   enemy, adversary
feinerweise *coll*   for the sake of delicacy
das **Feinkorn, -(e)s, ¨er**   error in aiming which occurs when only the tip of the foresight is visible in the notch or rear sight
das **Fenster, -s**   window
   am Fenster   at the window
das **Fernmeldeamt, -(e)s, ¨er**   telephone and telegraph company
der **Fernseher, -s**   television
fertig   finished, done; ready
   fertig machen   to finish, complete
   fertig werden   to get ready

   mit jemandem fertig sein *coll*   to be through with someone
fertig-bringen, brachte fertig, fertiggebracht   to manage, accomplish, achieve
   ich brachte es einfach nicht fertig   I simply couldn't bring myself
fertigen   to produce, manufacture, make
fertig-kriegen *coll*   to manage, bring oneself (to do something)
fest   fixed, set; firmly
sich **fest-beißen, biß fest, festgebissen** *coll*   to become obstinate, persist in something
sich **fest-hacken**   to hook oneself fast
fest-halten (hält fest), hielt fest, festgehalten   to hold fast; *coll* to keep in mind
   das wolln wir mal festhalten *coll*   let's keep that in mind
   was zum Festhalten   something to hold onto
fest-schrauben   to screw down, fasten firmly
fest-sitzen, saß fest, festgesessen   to be stuck, sit fast
fest-stehen, stand fest, festgestanden   to be settled, established as a fact, certain
fest-stellen   to ascertain, determine, find out, discover
fett   fat
feucht   moist, damp
feuern *coll*   to fire, sack
fies *coll*   obnoxious, repulsive
die **Figur, -, -en**   character (in a play or novel)
der **Film, -s, -e**   movie
das **Filmgeschäft, -(e)s, -e**   motion picture-business
der **Filmschöpfer, -s**   scenarist
die **Filzbraue, -, -n**   bushy eyebrow
finden, fand, gefunden   to find
der **Finger, -s**   finger
   der kleine Finger   baby finger
   die Finger davon lassen   to keep one's hands off
   Ich habe doch keinen Finger krumm gemacht!   I didn't so much as lift a finger!
firnissen   to varnish
fischen *coll*   to get, fetch
die **Flasche, -, -n** *coll*   idiot, good-for-nothing
die **Flausen** *pl*   dumb thoughts
sich **fläzen** *coll*   to loll, lounge around
fliegen, flog, geflogen   to fly

flirten to flirt
flöten gehen *slang* to disappear, get lost
flüstern to whisper
die **Flut, -, -en** stream
die **Folge, -, -n** consequence
folgend, folgendes the following
folglich consequently, therefore, as a
  result
die **Form, -, -en** condition, form; stride
förmlich really, definitely, literally,
  clearly
die **Frage, -, -n** question
  das ist keine Frage that's beyond all
    doubt
  mal 'ne Frage *coll* just one question
fragen to ask, inquire, question
  sich fragen to wonder
  nach etwas fragen to ask for something
die **Frau, -, -en** woman
  von wegen Frau *coll* far from being a
    mature woman
die **Freiheit, -, -en** freedom
das **Freiheitsgefühl, -(e)s, -e** feeling of
  freedom
freiweg without hesitation
freiwillig voluntarily
das **Fresko, -os, -en** fresco
das **Freßchen, -s** food, chow (usually for
  animals)
die **Fresse** *coll* mouth, trap
  die Fresse halten *coll* to shut up
die **Freude, -, -n** delight
  Freude an etwas haben to take delight
    in something
sich freuen to be pleased
der **Freund, -es, -e** friend
die **Freundin, -, -nen** girlfriend
die **Flinte, -, -n** gun
frieren, fror, gefroren to freeze
der **Friseur, -s, -e** barber
froh glad, happy
früh early
  bis früh until the early morning
früher earlier, formerly
frühstücken to have breakfast
der **Frühzug, -(e)s, ⁀e** early train
sich fühlen to feel
führen to lead
  zu nichts führen to lead to nothing
füllen to fill
die **Fünf, -, -en** a bad grade (*The German
  grading scale is from 1 to 6 instead of
  from A to F.*)
fünfundvierzig 1945
fünfzig fifty
funktionieren to function, work

furchtbar awfully, terribly, horribly
der **Fuß, -es, ⁀e** foot
der **Fußabtreter, -s** doormat
der **Fußboden, -s, ⁀** floor, flooring

G

gammeln *coll* to bum around
der **Gammler, -s** hippie
ganz whole, entire, complete; very,
  completely, totally, really, entirely,
  wholly
das **Ganze, -n, -n** the whole thing
garantieren to guarantee
  garantiert *coll* without a doubt,
    certainly, definitely
die **Gardine, -, -n** curtain
der **Garten, -s, ⁀** garden
das **Gartenhäuschen, -s** little summer
  house
der **Gartenschlauch, -es, ⁀e** garden hose
das **Gas, -es, -e** gas
  Gas wegnehmen to slow down, ease up
    on the throttle
der **Gasgriff, -(e)s, -e** throttle
  den Gasgriff ganz (he)rausziehen to
    open the throttle all the way
das **Gasrohr, -(e)s, -e** gas line
das **Gastspiel, -(e)s, -e** guest performance
  (by a visiting actor)
geben (gibt), gab, gegeben to give
  als ich sie ihr ganz gab when I let her
    have it all to herself
der **Gebesserte, -n, -n** reformed person
gebildet educated
der **Gedanke, -ns, -n** thought, idea
  auf den Gedanken kommen to think of
    suddenly, hit upon the idea
die **Gedenkminute, -, -n** moment of
  silence
  eine Gedenkminute einlegen to pause
    for a moment of silence
die **Geduld** patience
  **war es schon mit ihrer Geduld
    vorbei** her patience had already
    run out
geduldig patient
die **Gefahr, -, -en** danger
gefallen (gefällt), gefiel, gefallen to please
  es gefällt mir I like it
  sich gefallen lassen to put up with
der **Gefallen, -s** favor
  jemandem einen Gefallen tun to do
    someone a favor
**gefangen-nehmen (nimmt gefangen), nahm
  gefangen, gefangengenommen** to
  capture, seize; to captivate

gefährlich dangerous
das Gefühl, -(e)s, -e feeling
gegen against, opposed to; compared to
der Gegenangriff, -s, -e counterattack
die Gegend, -, -en area
der Gegenstand, -(e)s, -̈e object
das Gegenteil, -s, -e opposite
gegenüber with regard to, as concerns
die Gegenwart presence
der Gegner, -s adversary, opponent
geheim secret
  im geheimen in secrecy
gehen, ging, gegangen to go, move, walk
  das geht that's possible, that can be
    done
  die erste Runde kann an dich gehen you
    can win the first round
  es geht um it is about, it deals with
  es ging mir damit wie with that it was
    just the same for me as
  so geht es nicht that won't do
die Gehirnwindung, -, -en brain
  convolution, coil of the brain
gehören (zu) to belong to
  bei mir gehört das einfach zum
    Service that was simply part of my
    customary service
geistig mentally, intellectually
geladen loaded
gelassen calm, collected
gelaufen coll successful
die Gelbsucht jaundice
das Geld, -es, -er money
  zu Geld kommen to get money
die Gelegenheit, -, -en opportunity,
  occasion
  bei der nächsten Gelegenheit on the
    next occasion
  eine verpaßte Gelegenheit a missed
    opportunity
gelegentlich at some time or other;
  occasionally, on occasion, now and
  then
gelungen successful
gemütlich comfortable, cozy
genau exactly, precisely; right
genauso just the same
genausowenig just as little
genehmigen to approve
der General, -s, -̈e general
das Genie, -s, -s genius
der Genosse, -n, -n comrade
  und Genossen and company
genug enough; suffice it to say
die Genugtuung, -, -en satisfaction

das Geplärr(e), -s wailing, whining
  wozu das Geplärre coll why all the
    wailing
gerade exactly, precisely, just
  gerade da there in particular
die Gerade, -, -n straight line
  eine rechte Gerade a straight right
    (punch with the right fist)
geradezu downright; straightforward,
  direct, blunt
das Gerät, -(e)s, -e machine, apparatus
der Gerechte, -n, -n righteous person
gereift mature
gerissen sly, clever
die Germanistik German philology
gern gladly
das Gerücht, -(e)s, -e rumor
gesammelt collected
gesamt complete
das Geschäft, -(e)s, -e business
der Geschäftsmann, -(e), -̈er businessman
geschätzt esteemed
geschickt skillfully, adroitly, cleverly
die Geschichte, -, -n story; affair
das Geschichtsbuch, -(e), -̈er history
  book
der Geschichtsfilm, -s, -e history movie
der Geschichtsunterricht, -s history class
das Geschirr, -(e)s, -e dishes
geschossen on the run, like a bullet
die Geschwister pl brothers and sisters
geschwollen pompous
die Gesellschaft, -, -en society
das Gesetz, -es, -e law
das Gesicht, -(e)s, -er face
gespannt anxious
  gespannt sein to wonder, be curious
    about
das Gespräch, -(e)s, -̈e conversation
gesund healthy
die Gewerkschaft, -, -en trade union
gewiß certain, sure
das Gewissen, -s conscience
gewöhnlich usually, customarily
gewöhnt accustomed
  an etwas gewöhnt sein to be
    accustomed, used to something
gießen, goß, gegossen to pour
  wie aus Eimern gießen coll to rain cats
    and dogs
der Gips, -es, -e plaster
das Glas, -es, -̈er glass
  alles unter Glass coll all of them unread
  sämtliches Glas all of the glass
das Glasauge, -s, -n glass eye

glatt *coll* actually; flat, outright; total; plainly, simply, without hesitation, unhesitatingly

glauben to believe

gleich immediately; the same
  gleich (he)rein right in (without knocking)

die **Gleichgültigkeit** indifference, apathy

der **Glöckner, -s** bell-ringer, sexton
  der Glöckner von Notre-Dame hunchback of Notre-Dame

glotzen *coll* to be anxious to see

das **Glück, -(e)s** luck, fortune
  Glück haben to be lucky
  zum Glück luckily, fortunately

glücklicherweise fortunately, luckily

das **Gör, -(e)s, -en** *coll* kid, brat

das **Grab, -(e)s, ̈er** grave

der **Grad, -(e)s, -e** degree

das **Gras, -es, ̈er** grass

grau gray

grauenhaft abominably, horribly, terribly

greifbar available, handy

greifen, griff, gegriffen to seize, grasp, grab, catch, snatch

die **Grenze, -, -n** limit, border

der **Griff, -(e)s, -e** grip, grasp
  etwas im Griff haben to get a feel for, have something under control

grinsen to grin

das **Grinsen, -s** grin, sneer

der **Grips** *coll* brains, sense

groß big, great; loyal
  gleich groß equally good

großartig great; magnificently, splendidly

die **Größe, -, -n** size
  der Größe nach according to size

der **Grund, -es, ̈e** reason
  aus diesem Grund for this reason

gründlich thoroughly, profoundly

die **Grundplatte, -, -n** iron plate (made by casting)

das **Grundstück, -(e)s, -e** plot of land, property

grüßen to greet

der **Gummi, -s, -s** rubber
  wie aus Gummi as if made of rubber

gut good
  so gut wie as good as

das **Gute, -n** good, goodness
  das ,,Gute im Menschen" the "good in man"

die **Guten** *pl* the (poor) dears

H

das **Haar, -es, -e** hair

das **Haarnetz, -es, -e** hair net

der **Haarwuchs, -es, ̈** growth of hair

haben to have
  etwas d(a)rauf haben *coll* to be good at something, have something down pat

die **Hacke, -, -n** heel
  auf den Hacken kehrtmachen to turn on one's heels

häkeln to crochet

das **Häkelzeug, -(e)s** crochet-work

der **Haken, -s** hook

halb half

die **Halbinsel, -, -n** peninsula

der **Halbmaler, -s** half-assed, incompetent painter

der **Halbstarke, -n, -n** derisive term for adolescents who cultivate toughness (*literally,* half-tough guy)

halbvergammelt *coll* practically useless

halbwegs *coll* more or less, to some extent

die **Hälfte, -, -n** half

die **Halle, -, -n** hall, large room

der **Hals, -es, ̈e** throat, neck
  jemandem um den Hals fallen to embrace, hug a person; to welcome someone with open arms

halten (hält), hielt, gehalten to keep, hold; to stop, cease: to stay in place
  sich halten to stay, remain
  halten auf to point, aim at
  halten für to look upon, take to be, think, consider

die **Hammer, -s, ̈** hammer

die **Hand, -, ̈e** hand

der **Handschlag, -(e)s, ̈e: keinen Handschlag machen** not to lift a finger

hängen (hängt), hing, gehangen to hang, cling; *coll* to hang around
  sich hängen to hang oneself
  an etwas hängen to be fond of, attached to something

harmlos harmless

hart hard, tough

das **Hasch(isch)** hashish

der **Hase, -n, -n** hare
  wie der Hase läuft *coll* what is happening

hauen, hieb, gehauen *coll* to whack

der **Haufen, -s** heap, pile

das **Haupthindernis, -ses, -se** main obstacle, impediment

die **Hauptsache, -, -n** main thing

Hauptsache raus the main thing is to get away

hauptsächlich mainly, primarily

das **Haus, -es, ⁻er** house, home

zu Hause at home

der **Hausmeister, -s** caretaker, janitor

hausweise by the building (that is, an entire building at one time)

die **Haut, -, ⁻e** skin

sich **hechten** *coll* to run (in leaps and bounds)

die **Hecke, -, -n** hedge

das **Heckmeck, -s** *coll* trouble

das **Heft, -(e)s, -e** notebook

heilig holy

heiraten to marry

heiß hot

heißen, hieß, geheißen to signify, mean; to be called, named

das **heißt** that is, by that I mean

der **Heiterkeitserfolg, -(e)s, -e** comic effect

heizen to heat

der **Heizungskerl, -(e)s, -e** heating serviceman

wie das diese Heizungskerle so d(a)raufhaben *coll* just like the heating servicemen do

der **Heizungskörper, -s** radiator

der **Heizungsmonteur, -s, -e** heating serviceman

der **Held, -en, -en** hero

helfen (hilft), half, geholfen to help

hell light, bright

das **Hemd, -(e)s, -en** shirt

die **Hemmung, -, -en** inhibition

sich **(he)ran-hängen (hängt heran), hing heran, herangehangen (an)** *coll* to stay close, hang on to

(he)ran-holen to consult

(he)ran-kommen, kam heran, herangekommen to approach, come near to

auf die Art kam man an Ed nicht (he)ran you couldn't get anywhere with Ed that way

kein (He)rankommen no getting near

(he)ran-schaffen to provide; *coll* to get, obtain

(he)ran-schleppen *coll* to drag along

sich **(he)ran-schmeißen, schmiß heran, herangeschmissen (an)** *coll* to throw oneself at

heraus out, from within

(he)raus aus allem *coll* out of it (that is, not in the mainstream of things)

(he)raus-geben (gibt heraus), gab heraus, herausgegeben to give out

sich **(he)raus-halten (hält heraus), hielt heraus, herausgehalten** to keep out of, stay away from

(he)raus-hauen, hieb heraus, herausgehauen *slang* to claim

(he)raus-kommen, kam heraus, herausgekommen to come out

groß (he)rauskommen *coll* to make a big splash

(he)raus-kriegen *coll* to find out

(he)raus-lassen (läßt heraus), ließ heraus, herausgelassen to let something be known

(he)raus-nehmen (nimmt heraus), nahm heraus, herausgenommen to take out

(he)raus-rücken *coll* to hand over (reluctantly)

(he)raus-schmeißen, schmiß heraus, herausgeschmissen *coll* to throw (someone) out

sich **heraus-stellen** to turn out (to be the case)

(he)raus-wollen to want out, want to leave

der **Herbst, -es, -e** fall, autumn

herein-brausen to roll, rush (in)

(he)rein-gehen, ging heran, herangegangen to go in, enter

(he)rein-kriegen *coll* to force into

(he)rein-lassen (läßt herein), ließ herein, hereingelassen to let in

(he)rein-reden to lecture (a person)

(he)rein-schieben, schob herein, hereingeschoben to push in, insert

(he)rein-tröpfeln *coll* to dribble in, enter one at a time (single file)

her-geben (gibt her), gab her, hergegeben to give back

herich = hör ich I hear

sich **her-machen** to set about

sich **über etwas hermachen** *coll* to go at something

der **Herr, -n, -en** gentleman, man

herrlich wonderful(ly), splendid, magnificent, great

(he)rüber-kommen, kam herüber, herübergekommen to come over

(he)rum-fummeln to fumble, rummage around

(he)rum-hängen (hängt herum), hing herum, herumgehangen *coll* to hang (around)

(he)rum-kommen, kam herum, herumgekommen to get around
(he)rum-krauchen *coll* to walk around
(he)rum-kreischen *coll* to scream, shriek, screech
(he)rum-kriechen, kroch herum, herumgekrochen to crawl around
(he)rum-kriegen *coll* to seduce
  (he)rumkriegen zu *coll* to win over, persuade, bring around
(he)rum-laufen (läuft herum), lief herum, herumgelaufen to run around
(he)rum-lesen (liest herum), las herum, herumgelesen *coll* to read around in, peruse
(he)rum-liegen, las herum, herumgelegen to lie around (untidily)
(he)rum-pingeln *coll* to bang, fiddle around
(he)rum-rackern *coll* to drudge, toil away
(he)rum-schleppen *coll* to drag around
(he)rum-schnüffeln *coll* to snoop, look around
(he)rum-spinnen *coll* to behave foolishly
(he)rum-ständern *coll* to stand, hang around
(he)rum-stehen, stand herum, herumgestanden to stand around
sich **(he)rum-treiben, trieb herum, herumgetrieben** *coll* to bum around, fool one's time away
(he)runter-holen to take down
(he)runter-kommen, kam herunter, heruntergekommen to cool off
(he)runter-nehmen (nimmt herunter), nahm herunter, heruntergenommen to drop, take down
sich **(he)runter-schmeißen, schmiß herunter, heruntergeschmissen** *coll* to throw oneself down
hervor-bringen, brachte hervor, hervorgebracht to produce
(her)vor-kriechen, kroch hervor, hervorgekrochen to crawl out from
hervorragend outstand-ng, excellent, magnificently
  es machte sich hervorragend so it was perfect that way
das **Herz, -ens, -en** heart
  die mein Herz näher angeht who has won my heart
der **Heuhusten, -s** hay fever
heulen *coll* to cry
  nichts zum Heulen nothing to cry about
hierbei with this, in this

hierbei wie überall in this as in everything else
hiermit herewith
die **Hilfe, -, -n** help, aid
der **Hilfsarbeiter, -s** temporary, part-time worker
der **Himmel, -s** heaven
himmelschreiend atrocious, excruciating (enough to make one scream bloody murder)
hin that way, over there; *coll* gone
  hin sein *coll* to be irreparably damaged
  hin und wieder now and then
hinaus-laufen (läuft hinaus), lief hinaus, hinausgelaufen to run out
  darauf lief es doch hinaus that's about what it amounted to
hin-biegen, bog hin, hingebogen to straighten out, bend (into shape)
sich **hinein-hängen (hängt hinein), hing hinein, hineingehangen** to join arms with
hin-gehen, ging hin, hingegangen to go there, to that place
hin-halten (hält hin), hielt hin, hingehalten to hold out
sich **hin-hauen, hieb hin, hingehauen** *coll* to lie down (lazily), flop down
sich **hin-hocken** *coll* to sit down
hin-hören to listen
hin-kommen, kam hin, hingekommen to arrive, get somewhere
hin-legen to produce
sich **hin-setzen** to sit down
sich **hin-stellen** to sit down
hinten behind
  von hinten from behind
hinter after, behind
  etwas hinter sich haben to be through, done with something
der **Hintergrund, -(e)s, ¨e** background
die **Hinterhand, -, ¨e: in der Hinterhand** as my ace in the hole
das **Hinterhaus, -es, ¨er** warehouse
das **Hinterkopf, -(e)s, ¨e** back of the head
der **Hintern, -s** *coll* buttocks, backside
  sich in den Hintern beißen *coll* to be extremely angry
der **Hinweis, -es, -e (auf)** information (concerning)
das **Hirn, -(e)s, -e** brain
die **Hobbybeschäftigung, -, -en** hobby activity
hoch high
  zwei hoch sechs 2 to the 6th power
sich **hoch-bringen, brachte hoch, hochgebracht** to pick oneself up

hoch-gehen, ging hoch, hochgegangen to rise, increase

hoch-halten (hält hoch), hielt hoch, hochgehalten to hold up high

hoch-nehmen (nimmt hoch), nahm hoch, hochgenommen to lift

    die Fäuste hochnehmen to put up one's guard

die Hochschule, -, -n institute

sich hoch-stellen to rise, lift up

höchstens at most, at best

hoch-transformieren to transform to a higher voltage

die Hochzeit, -, -en marriage, wedding

hoch-ziehen, zog hoch, hochgezogen to raise, lift

hocken to be perched, squat; *coll* to stay, remain

der Hocker, -s stool

der Hof, -es, ⁼e yard

hoffen to hope

die Hoffnung, -, -en hope

hoh = hoch large, big

der Höhepunkt, -(e)s, -e peak, climax

    auf den Höhepunkt kommen to reach a peak, climax

die Hohldüse, -, -n concave valve

höllisch *coll* unbelievably, devilishly

das Honorar, -s, -e payment, honorarium

horchen (auf) to listen (to)

die Horde, -, -n gang

hören to hear

    etwas läuten hören *coll* to hear about something

die Hose, -, -n slacks, trousers, pants, underpants

die Hosenträger *pl* suspenders

die Hüfte, -, -n hip

die Hüfthose, -, -n hip-hugger

das Hugenottenblut, -es blood of a Huguenot

der Hugenottenname, -ns, -n name indicating that one is descended from Huguenots

der Hugenottensproß, -(ss)es, -(ss)e offspring, descendant of Huguenots

die Hülle, -, -n cover

der Humbug, -s nonsense, humbug

der Hund, -(e)s, -e dog; scoundrel

das Hundertstel hundredth part

    bis auf ein Hundertstel down to a hundredth part (that is, very accurate measurement)

der Hunger, -s hunger

    Hunger haben to be hungry

hungern to go hungry, be without food

husten to cough

der Husten, -s cough

der Hut, -(e)s, ⁼e hat

    aus dem Hut *coll* off the top of one's head, without preparation

die Hydraulik hydraulics

die Hygieneinspektion, -, -en hygiene inspection

I

die Idee, -, -n idea

    auf die Idee kommen to hit upon the idea

    eine fixe Idee an obsession

der Idiot, -en, -en idiot

die Idiotie, -, -n idiocy

idiotisch idiotic

das Idyll, -s, -e idyll

immer always

    so ist es immer that's always the way (it is)

    wie immer as always, as usual

immerhin nevertheless, in spite of everything; but anyhow, anyway, however

immerzu always

imstande capable (of), able

    und doch bin ich nicht imstande and yet I find it impossible

der Indianer, -s American Indian

die Initiative, -, -n initiative

der Innendienstleiter, -s person in charge of garrison duty

die Innenrolle, -, -n hair curled under

innerlich inwardly

die Insel, -, -n island

das Instrument, -(e)s, -e instrument

intakt intact

interessieren to interest

    sich interessieren für to take an interest in

das Inventar, -s, -e inventory

irgend any, some

irgendwann sometime

irgendwas something, anything

irgendwie somehow

irgendwo somewhere

irgendwohin toward some place, somewhere

die Ironie, -, -n irony

    Da war glatt Ironie dabei! That (the whole thing) was really ironical!

irr(e) insane

    wie irr *coll* like crazy

der Irre, -n, -n lunatic, madman

sich irren to be mistaken, err

das **Isolationsmaterial, -s, -ien** insulation, insulating material

J

die **Jacke, -, -n** jacket
das **Jahr, -es, -e** year
jahrelang for years
der **Jahresplan, -(e)s, ¨e** productivity quota
  wir hatten den Jahresplan längst in der Tasche *coll* we had long since fulfilled our productivity quota for that year
der **Jahrgang, -(e)s, ¨e** age group
das **Jahrhundert, -s, -e** century
die **Jauchepumpe, -, -n** liquid manure pump
je ever
  je nachdem, wer gerade d(a)ran war according to whose turn it happened to be
der **Jeansträger, -s** someone who wears jeans
jedenfalls in any case, however
jederzeit at all times, at any time
jedesmal every time
jenseits beyond
jetzt now
  ab jetzt beginning now, from now on
das **Joch, -(e)s, -e** yoke
  die ihr mich in das Joch geschwatzt you who coaxed me into this yoke
der **Jordan** the Jordan river
  über den Jordan gehen *slang* to die
jucken to itch
der **Jugendfreund, -(e)s, -e** friend from one's youth, school chum
der **Jugendliche, -n, -n** boy, young man, adolescent
die **Jumo** = die **Jugendmode, -, -n** fashions for young people
jumpen *slang* to jump
jung young
der **Junge, -n, -n** boy, youth
juristisch legally, juridically
der **Jux, -es, -e** *coll* joke, gag
  der Jux fehlt *coll* that isn't any fun
  ein echter Jux *coll* a great joke
  eine Masse Jux *coll* a lot of fun

K

der **Kachelwurm, -(e)s, ¨er**
  coll derogatory term for a nondescript apartment house
der **Kaffee, -s** coffee
kahl bare

der **Kahn, -(e)s, ¨e** boat
das **Kaliber, -s** *coll* sort, kind
kalt cold
  daß ihr... kalt war that she was cold
kampieren *coll* to spend the night, camp (out)
der **Kampf, -(e)s, ¨e** fight
der **Kanister, -s** gas container
die **Kante, -n** heel (to a loaf of bread)
der **Kanten** *slang* long hair (cut straight across in the back)
kapieren *coll* to understand, comprehend
das **Kapitel, -s** chapter
  ein Kapitel für sich *coll* a chapter unto itself, another story
kaputt-gehen, ging kaputt, kaputtgegangen *coll* to die
  daß man kaputtgeht *coll* till one can't take any more
kaputt-machen *coll* to destroy
das **Karree, -s, -s** *coll* block
  ums Karree *coll* around the block
die **Karte, -, -n** postcard
das **Karussell, -s, -e** carousel, merry-go-round
das **Käse, -s** cheese; *coll* crap, junk
käseweiß white as a sheet
die **Kassette, -, -n** cassette
der **Kassierer, -s** cashier
der **Kasten, -s, ¨** case, box
kaufen to buy
das **Kaufhaus, -es, ¨er** department store
kaum hardly
kegeln to bowl
der **Kegelschuppen, -s** *coll* bowling alley
kehrt-machen to turn around abruptly (in order to leave)
keiner no one, nobody
keinesfalls under no circumstances
keineswegs not at all
kennen, kannte, gekannt to know, be acquainted with
  sich kennen to know oneself
  kennen-lernen to get to know, become acquainted with
die **Kenntnis, -, -se** knowledge, information; notice
  nach Kenntnis after taking notice (of something)
der **Kerl, -(e)s, -e** fellow, guy
die **Kerze, -, -n** candle
der **Ketzer, -s** heretic
das **Kind, -(e)s, -er** child
  von Kind auf from childhood on
das **Kinderfest, -es, -e** children's party

der **Kinderfreund, -(e)s, -e** lover of children
der **Kindergarten, -s, ⸚** nursery school
die **Kindergartenchefin, -, -nen** head of the kindergarten
der **Kindergärtner, -s** kindergarten teacher
die **Kindergärtnerin, -, -nen** kindergarten teacher (female)
der **Kindernarr, -en, -en** someone who is crazy about children
die **Kindertante, -, -n** *coll* kindergarten teacher (female)
das **Kinderzeug, -(e)s** *coll* child's play, kid stuff
das **Kino, -s, -s** movie theater
der **Kinofan, -s, -s** movie buff
das **Kinn, -(e)s, -e** chin
kippen to pour
die **Kirche, -, -n** church
der **Kissenpuper, -s** pillow-farter
kitzlig ticklish
klamm chilly, damp, cold
klappen *coll* to come off, click, succeed, work out fine
  es hätte garantiert auch geklappt *coll* it definitely would have come off
klar clear, evident, obvious; of course, certainly, sure
  mir war gleich klar I realized immediately
klar-machen to explain
  jemandem etwas klarmachen to make something clear, explain to someone
die **Klasse, -, -n** class
die **Klaue, -, -n** *slang* hand
  etwas in die Klauen kriegen *slang* to get one's hands on, get hold of (something)
klauen *coll* to steal, pilfer, pinch
  wenn man ihm alles geklaut hat *coll* when everything was stolen from him
der **Kleiderhaken, -s** clothes hook
klein small
Kleindingsda *coll* little whatchamacallit (reference to any small village)
die **Kleinigkeit, -, -en** trifle, detail
  is auf zwei Kleinigkeiten except for two details
das **Kleinzeug, -(e)s** *coll* bric-a-brac, assorted small articles
klemmen to press, squeeze
das **Klettergerüst, -(e)s, -e** jungle gym
klingen to sound

der **Klingelknopf, -es, ⸚e** doorbell, push button
die **Klinke, -, -n** door handle
klitschnaß soaking wet
das **Klo, -s, -s** *coll* toilet, water closet
das **Klopapier, -s, -e** *coll* toilet paper
klotzen *slang* to march
der **Knacker, -s** *slang* old fogy, geezer
knallen *coll* to slam down (with a bang)
knallhart *coll* with authority, decisively
knallrot red as a beet
knapp scarcely, barely; nearly, almost; tight, barely sufficient, (cutting it) close
kneifen, kniff, gekniffen to grip, pinch
der **Knicklauf, -(e)s, ⸚e** barrel that breaks open (for loading)
das **Knie, -s** knee
  die Knie wackelten mir my knees began to tremble, my knees grew weak
knirschen to crunch, grind
der **Knochen, -s** bone
  auf unsere Knochen *coll* at our expense
der **Knopf, -es, ⸚e** push button
das **Knöpfchen, -s** push button
der **Knüller, -s** *coll* great success, sensation
knurren to growl, grumble, snarl
kochen to cook
  bis ich kochte *coll* until I was in a frenzy
der **Koffer, -s** suitcase
die **Kohle, -, -n** coal
  wie auf Kohlen sitzen *coll* to be in a state of suspense, on tenterhooks
die **Koje, -, -n** bunk, berth
der **Kolben, -s** butt (of a rifle)
die **Kolchose, -, -n** *coll* property, piece of land
der **Kollege, -n, -n** colleague
die **Kollegmappe, -, -n** briefcase
die **Kolonie, -, -n** colony
komisch odd, strange
komischerweise strangely, oddly enough
kommen, kam, gekommen to come
  damit konnte ich ihr nicht mehr kommen *coll* I couldn't use that on her any more
  daß ich ihr nicht ganz recht kam that she wasn't really expecting me, that I'd come at a somewhat inopportune moment
  und so kam es denn auch and that's the way it turned out

wär alles anders gekommen things would have turned out differently

die **Kommunikation, -, -en** communication

der **Kommunismus** communism

komplett complete

konfus muddled, confused

können (kann), konnte, gekonnt to be able, capable of

kann schon sein it may well be

die **Konsequenz, -, -en** consequence

kontra (sein) to be prejudiced against

sich **konzentrieren** to concentrate

der **Kopf, -es, ̈e** head

aus dem Kopf from memory

etwas im Kopf haben to have something on one's mind

wenn man es ihm auf den Kopf zusagte if one told him that to his face

wie vor den Kopf geschlagen dazed, dumfounded

der **Kopfschutz, -es** device protecting the head

das **Korn, -(e)s, ̈er: gestrichenes Korn** to take aim in such a way that rear sight and foresight are perfectly aligned

die **Körperverletzung, -, -en** assault and battery

korrekt correct

korrigieren to correct

kosten to cost

köstlich precious, exquisite

die **Kraft, -, ̈e** strength, power, force

mit dermaßen Kraft with such force

der **Kragen, -s** collar

der **Krampf, -(e)s, ̈e** fit; *coll* junk, crap

der kriegte Krämpfe he had fits

War das ein Krampf! *coll* What a lot of crap!

krank sick

jemanden half krank machen *coll* to drive someone (half) crazy

das **Krankenhaus, -es, ̈er** hospital

die **Krankenschwester** nurse

der **Krankenstuhl, -(e)s, ̈e** wheelchair

das **Krankenzimmer, -s** sickroom

die **Krankheit, -, -en** disease

sich eine Krankheit zuziehen to catch a disease

kratzen to scratch

kraus unintelligible

das **Krautfeld, -(e)s, -er** vegetables (*literally*, cabbage field)

das **Krauthaupt, -(e)s, ̈er** head of cabbage

kregel *coll* wide-awake, lively

der **Kreis, -es, -e** circle

die **Kremlmauer, -, -n** wall of the Kremlin

das **Kreuz, -es, -e: jemandem etwas aus dem Kreuz leiern** *coll* to take something away from someone by persuasion

kriechen kroch, gekrochen to creep, crawl

kriegen *coll* to get, obtain

etwas zu fassen kriegen *coll* to get something to take hold

ich kriegte sie dazu *coll* I got her to do it

die **Kriegsruine, -, -n** war ruin

krumm *coll* crooked, dishonest, shady

sich **krümmen** to cringe

die **Küche, -, -n** kitchen

der **Kuchen, -s** cake

das **Küchenpaneel, -s, -e** kitchen paneling

der **Küchentisch, -(e)s, -e** kitchen table

sich **kümmern um** to take notice of, pay attention to; to care for, look after, concern oneself about

der **Kumpel, -s, -s** chum, buddy, friend

die **Kumpelin, -, -nen** pal, friend (female)

kündigen to give notice

weshalb ich zu Hause kündigte *coll* why I "gave notice" at home

künftig impending

die **Kunsthochschule, -, -n** art institute

das **Kunststück, -(e)s, -e** clever trick, feat

der **Kupferdraht, -(e)s, ̈e** copper wire

die **Kupplung, -, -en** clutch

die **Kurve, -n, -n** curve, bend, turn

allerhand Kurven ziehen to do a series of turns

die Kurve kriegen *coll* to make the turn, round the bend

kurz short; briefly

ich war kurz davor I was on the verge (of)

kurz und gut in short, in a word

kurz vor irgendwas *coll* about time for a big event to take place

seit kurzem of late, lately

der **Kuß, -(ss)es, ̈(ss)e** kiss

küssen to kiss

sich küssen to kiss

die **Küsserei, -, -en** *coll* kissing

das **Kuvert, -(e)s, -s** (*or* -e) envelope

L

lächeln to smile

das **Lächeln, -s** smile

lachen to laugh

das Lachen, -s laughter

laden (lädt), lud, geladen to load

den Recorder neu laden *coll* to put a new tape into the recorder

die Lage, -, -n situation

der Lagerschuppen, -s warehouse

die Lammsgeduld patience of a saint

die Lampe, -, -n lamp

landen to end up, land

lange long

länger longer

langsam slowly, gradually

längst long since

langweilen to bore

die Lappen *pl coll* clothing

lassen (läßt), ließ, gelassen to let, allow, permit; to leave

konnte es nicht lassen couldn't stop

laßt man *coll* forget it, leave it be

lässig nonchalantly, casually

die Laube, -, -n primitive garden house

der Lauf, -(e)s, ⁻e barrel (of a gun)

laufen (läuft), lief, gelaufen to run; to be underway; to work, function

laufen lassen *coll* to play (a recording)

laufend running

auf dem laufenden sein to be up to date, abreast of

laut loud; according to

lauter nothing but

leben to live

leben von to feed, subsist on

das Leben, -s life

sein Leben lang all his life

lebend living

das Lebensjahr, -(e)s, -e year of one's life

der Lebenswandel, -s way of life

bei meinem Lebenswandel considering my way of life

die Lebenszeit, -, -en lifetime

auf Lebenszeit for life

die Ledertasche, -, -n leather bag

legen to place, set, lay, put

sich legen to lie down

Wert auf etwas legen to attach importance to something

die Lehre, -, -n instruction, training, apprenticeship

Schmeißt die Lehre! *slang* Throws away his training (just like that)!

der Lehrer, -s teacher, instructor

kein Aas von Lehrer *slang* not one of the teachers

das Lehrerzimmer, -s faculty room

das Lehrjahr, -(e)s, -e year of apprenticeship

der Lehrling, -s, -e apprentice

der Lehrplan, -(e)s, ⁻e school curriculum

der Leib, -(e)s, -er body

auf dem Leib haben *coll* to be wearing

leicht easy, easily

das sagt sich... leicht that is easy to say

es fiel ihm nicht ganz leicht he had some difficulty, it wasn't easy for him

leid: sich leid tun (tut), tat, getan to indulge in self-pity

es tut mir leid I am sorry

sie tat mir leid I felt sorry for her

leiden, litt, gelitten to suffer, put up with

etwas (gut) leiden können *coll* to like something

das Leiden, -s chronic complaint; agony, suffering

ein wirkliches Leiden von mir a real source of agony for me

die Leidenschaft, -, -en passion

leider unfortunately

die Leine, -, -n clothesline, rope

leise gently

leisten to do, carry out, accomplish

sich etwas leisten to afford (to do) something; *coll* to indulge in something

der Leiter, -s director, head, principal

die Leiter, -, -n ladder

die Leiterin, -, -nen director, head, principal (female)

die Leiterwand, -, ⁻e wall-unit with bookcases

lenken to steer, drive

lernen to learn

aus etwas lernen to learn from something

das Lesbare, -n, -n something worth reading

lesen (liest), las, gelesen to read

der Lesestoff, -(e)s reading matter

die Lesung, -, -en reading

letzt last

das Letzte, -n, -n the last

meine war wirklich das Letzte *coll* mine was the worst imaginable

die Leute *pl* people

alte Leute old folks; *coll* parents

das Licht, -(e)s, -er light

bei Licht in daylight

da ging mir das Licht auf finally it dawned on me, then it finally registered

lieb dear

die Liebe love

Liebe auf den ersten Blick love at first sight
lieber rather
das **Lieblingsbuch, -es, ¨er** favorite book
das **Lied, -(e)s, -er** song
liefern to furnish
die **Liege, -, -n** sofa
liegen, lag, gelegen to lie, be situated
  an Charlie lag mir was Charlie meant something to me, I was fond of Charlie
  das lag ihr nicht she wasn't suited to that, that wasn't her thing
  richtig liegen *coll* to be on the right track
  vorn liegen *coll* to be stronger, better
  was... allemal an der Malerei lag which was always due to the paintings themselves
liegen-lassen (läßt liegen), ließ liegen, liegengelassen to let lie, leave lying about
links on the left
der **Linkshänder, -s** left-handed person
die **Linkskurve, -, -n** curve to the left
die **Literatur, -, -en** literature
der **LKW** = der **Lastkraftwagen, -s** truck
loben to praise
das **Loch, -es, ¨er** hole
locker loose
  locker lassen *coll* to give in
die **Loden** *pl slang* long hair
der **Löffel, -s** spoon
  den Löffel abgeben *coll* to commit suicide
logisch logical
lohnen to pay, reward
  das lohn ihm Gott may God reward him
  die **Lohngruppe, -, -n** income group
los loose; free
  los sein (mit) to be wrong (with)
  was los war *coll* what was going on, what the trouble was
lösbar solvable
löschen to erase (a tape)
lösen to unscrew, loosen
los-gehen, ging los, losgegangen to take off, start off, begin; to attack, take the offensive
  die gingen ungeheuer los *coll* they really took off
  daß ich gleich *so* bei ihr losgehen würde *coll* that I would become interested in her so quickly
los-keifen to scold, chide

los-kommen, kam los, losgekommen to get loose, free oneself
los-lassen (läßt los), ließ los, losgelassen to let go, release; to let loose
los-legen *coll* to start (in), begin
los-reden: auf jemanden losreden to persuade someone
los-robben *coll* to get on the move, get moving
los-toben to rage; to start talking wildly, in a rage; to charge, race off
los-werden (wird los), wurde los, losgeworden to get rid of; *coll* to say
die **Lücke, -, -n** opening, gap, breach
der **Lückenbüßer, -s** stand-in
die **Luft, -, ¨e** breath; air
  die Luft anhalten to stop it, cut it out
  in die Luft gehen *coll* to blow up
  nach Luft schnappen to gasp for breath
der **Luftballon, -s, -s** balloon
das **Luftballonaufblasen, -s** blowing up of balloons
das **Luftbüchse, -, -n** air rifle
die **Luftflinte, -, -n** air rifle
das **Luftgewehr, -(e)s, -e** air rifle
lügen, log, gelogen to lie
lumpig *coll* miserable
die **Lunge, -, -n** lung
die **Lust, -, ¨e** desire; pleasure, delight
  jemandem Lust auf etwas machen *coll* to excite a person's desire for something
  Lust haben to feel inclined; to want to (do something)
  wozu ich Lust hatte whatever I felt like, wanted to
  wozu sie Lust hatten which they were in a mood to do
lustig amusing, funny
  sich lustig machen über to make fun of

M
machen to do; to make, produce; to say in a particular way
  ich machte so auf *coll* I tried to act like
  was macht what about
das **Mädchen, -s** girl
die **Madenschraube, -, -n** set screw
das **Mal, -(e)s, -e** point of time, time
  das letztemal the last time
  zum erstenmal for the first time
  zum letzten Mal for the last time
mal once; multiplied by, times
  das mal zwei that multiplied by two
  mal sehn let's see, we'll see
  nicht mal not even

x-mal *coll* umpteen times, I don't know how many times

malen to paint

der **Maler, -s** painter

die **Malerei, -, -en** (the art of) painting

die **Malerrolle, -, -n** paint roller

das **Malzeug, -(e)s** painting materials

man one

manchmal sometimes, at times, now and again

der **Mann, -(e)s, ⁻er** man, husband

  kein Mann für not the right one for

der **Mantel, -s, ⁻** lining, casing, outer covering

die **Manufakturperiode, -, -n** days when everything was made by hand

die **Mappe, -, -n** briefcase

markiert marked, branded

der **Markt, -(e)s, ⁻e** market, marketplace

  ich stell mich doch nicht auf den Markt damit *coll* I don't make a big thing of it

die **Masche, -, -n: auf die Masche machen** *coll* to play the role

die **Maschine, -, -n** machine

die **Masse, -, -n** mass; crowd; *coll* a lot of

  eine Masse Jux *coll* a lot of fun

  er hatte die Masse *coll* he had them en masse

massenweise in large numbers, on a large scale

massieren to massage

  sich massieren to rub, massage oneself

das **Material, -s, -ien** material, equipment

der **Mathematiker, -s** mathematician

der **Maurer, -s** mason, bricklayer

mau *slang* bad, horrible, wretched

mehr more

  mehr als more than

  mehr nicht that's all, no more than that

  mehr oder weniger more or less

  nicht mehr no longer, no more

meinethalben as far as I'm concerned

die **Meinung, -, -en** opinion, view

  der Meinung sein to be of the opinion

meist most

der **Meister, -s** term of address for a teacher in a trade school or a supervisor in a factory workshop; master of his craft

die **Melodie, -, -n** melody, tune

der **Melonenfilm, -s, -e** slapstick movie

die **Menge, -, -n** a lot, a great number

  eine Menge aufzuholen a lot of catching up to do

der **Mensch, -en, -en** man; human being

das **Menschengeschlecht, -(e)s** mankind

die **Menschheit** mankind

merken to notice, observe

  sich merken to remember, memorize

  das merkt man that's obvious

merkwürdig strange, curious

das **Meßgerät, -(e)s, -e** measuring device, instrument

der **Meter, -s** meter

die **Methode, -, -n** method

mies *coll* bad, poor, miserable

das **Mikro(phon), -s, -e** microphone

die **Milch** milk

die **Milchtüte, -, -n** milk carton

mild mild, balmy

die **Milliarde, -, -n** billion

  ... zig Milliarden countless billions

mimen to imitate, pretend to be

mindestens at least

der **Minirock -(e)s, ⁻e** miniskirt

die **Minute, -, -n** minute

der **Mist, -es, -e** *coll* rubbish, hogwash, junk, trash

  Mist reden *coll* to talk nonsense

  Mist war bloß *slang* it was simply too bad

mit-bringen, brachte mit, mitgebracht to bring along

miteinander with each other

das **Mitglied, -s, -er** member

mit-haben to have (brought) along

mit-kriegen *coll* to learn, understand, comprehend

mit-machen to go along, join in, participate; to cooperate, play along

  alles das machte er mit he went along with all of that

mit-nehmen (nimmt mit), nahm mit, mitgenommen to take along

mit-schleppen *coll* to drag, take along

mit-spielen to play along

der **Mittag, -s, -e** noon, midday

das **Mittagessen, -s** noon meal, lunch

mit-teilen to tell, inform

das **Mittel, -s** means

das **Mittelalter, -s** Middle Ages

die **Mitternacht** midnight

mittlerweile meantime, in the meantime

mit-ziehen, zog mit, mitgezogen to join in, participate

mixen to mix

die **Möbel** *pl* furniture

das **Möblement, -s** *coll* furniture

das **Modell, -s, -e** model

sich **modeln** *coll* to observe, obey, behave in accordance with

mögen (mag), mochte, gemocht to like; may, might

möglich possible

der **Moment, -s, -e** moment, instant

der **Monat, -s, -e** month

der **Mond, -es, -e** moon

der **Montag, -(e)s, -e** Monday

der **Morgen, -s** morning

heute morgen this morning

morgens in the morning, every morning, mornings

der **Mormone, -n, -n** Mormon

morsen to transmit in Morse code

das **Motiv, -s, -e** subject, theme

das **Motorboot, -(e)s, -e** motorboat

das **Motto, -s, -s** motto, guiding principle

die **Mühe, -, -n** trouble, difficulty

alle Mühe haben to have great difficulty

der **Müll, -(e)s** garbage, trash

mulmig *coll* not up to snuff

der **Mund, -es, ¨er** mouth

munter awake

murksen *coll* to mess around, work without supervision

das **Museum, -eums, -een** museum

die **Musik** music

in Fragen zu lauter und zu scharfer Musik *coll* concerning overly loud and lively music

der **Muskel, -s, -n** muscle

der **Musterknabe, -n, -n** model boy (pupil)

der **Mut, -es** courage

jemandem Mut machen to inspire a person with courage

weil da kein Mut zu gehörte because that didn't take any courage

mutig brave, courageous

die **Mutter, -, ¨** mother

das **Muttersöhnchen, -s** mama's boy

N

nach according to; after, behind; toward, to

ich mußte den beiden nach I had to keep after both of them

mir war sehr nach Musik I was in a mood for music

nach allem after all (that had happened, gone before)

nach wie vor still (as before)

der **Nachbar, -n, -n** neighbor

das **Nachbargrundstück, -(e)s, -e** adjacent property, piece of land

nachdem after

nach-denken, dachte nach, nachgedacht to reflect

über etwas nachdenken to think about, consider, ponder something

nacheinander one after another

nach-geben (gibt nach), gab nach, nachgegeben to give way, give in

nachher afterwards

nach-kommen, kam nach, nachgekommen to come after, come later, overtake

nach-messen (mißt nach), maß nach, nachgemessen to check a measurement

beim Nachmessen while checking the measurement

der **Nachmittag, -s, -e** afternoon

nachmittags in the afternoon, every afternoon, afternoons

nach-prüfen to check, verify

nach-rennen, rannte nach, nachgerannt: jemandem nachrennen to run after a person

die **Nachricht, -, -en** news, communication, message

nach-rufen, rief nach, nachgerufen: jemandem nachrufen to call after a person

der **Nachschub, -(e)s, ¨e** replacement, fresh supply

das **Nachspiel, -(e)s, -e** aftermath, sequel

nächst next

als nächstes next, next of all

die **Nacht, -, ¨e** night

das **Nachtleben, -s** nightlife

das **Nachwort, -(e)s, -e** epilogue

nach-zahlen to pay up

der **Nagel, -s, ¨** nail

sich etwas unter den Nagel reißen *coll* to get hold of something

nagelneu brand new

nah near, close

nähen to sew

der **Name, -ns, -n** name

sich einen Namen machen to acquire fame

nämlich namely, that is to say

der **Narr, -en, -en** fool

naß wet, damp

naß bis auf die Haut soaked to the skin

die **Nässe** wetness, moisture

das triefte alles vor Nässe everything was soaking wet

die **Natur** nature
  in natura *Latin* in person
  nach der Natur in a realistic manner
natürlich naturally, of course
der **Naturschutz, -es** preservation, conservation of wildlife
nebellos mistless
nebeln to vaporize
neben beside, near, next to
nee *coll* no
der **Neger, -s** Negro
nehmen (nimmt), nahm, genommen to take, accept
  einen für voll nehmen *coll* to take someone seriously
  schlecht im Nehmen sein to be a sore loser
nennen, nannte, genannt to call, name
der **Nerv, -(e)s, -en** nerve
  die Nerven verlieren *coll* to lose one's composure
nervös nervous
das **Nest, -es, -er** small town
neu new
der **Neubau, -s, -ten** new building
die **Neugierde** curiosity
  aus purer Neugierde out of pure curiosity
neunzehn nineteen
nichts nothing
  nichts weiter nothing else
  wie nichts without hesitation
der **Nicktskönner, -s** good-for-nothing, ne'er-do-well
nie never
niemand nobody, no one
die **Niere, -, -n** kidney
  das ging mir immer ungeheuer an die Nieren *coll* that always affected me very strongly, had a strong impact on me
nirgends nowhere
das **Niveau, -s, -s** level, standard
noch still; in addition, besides, further
  noch ein another, one more
der **Norden, -s** north
  nach Norden (he)raus facing the north
normalerweise normally
notfalls if necessary
nötig necessary
die **Notiz, -, -en** notice
nun now
nur only
  wie nur was *coll* as it could be
nuscheln to mumble
nutzen to make use of, use
nützlich useful

O

oben above, up there
  von oben from above
oben-bleiben, blieb oben, obengeblieben to stay up
öde *coll* boring
oder or
  oder so or something like that, or anything
offen open
offen-haben to be open
öffentlich public; in public, publicly, openly
oft often
öfter repeated(ly); more often, more frequently
ökonomisch economically
die **Ölfarbe, -, -n** oil-base paint
oll *coll* old
das **Onkel-Na** *coll* paternalistic "well"
die **Opa-Sprüche** *coll* old people's talk
opfern to sacrifice
das **Opium, -s** opium
optimistisch optimistic
optisch optical
ordentlich respectable, decent
ordnen to arrange, put in order
die **Ordnung, -, -en** order
  in Ordnung sein to be all right, okay
der **Orgeler, -s** *coll* organist
sich orientieren auf to focus on, become acquainted with
originell original; creative, inventive

P

das **Paar, -s, -e** pair, couple
  ein paar a few, some
die **Palme, -, -n** palm
  auf die Palme gehen *coll* to become angry
  einen auf die Palme bringen *coll* to drive someone up the wall, infuriate a person
das **Paneel, -s, -e** wainscot, wood paneling on the lower portion of an interior wall
der **Panzerangriff, -s, -e** tank attack
der **Panzerfahrer, -s** tank driver
das **Papier, -s, -e** paper
die **Pappe, -, -n** cardboard
das **Paradies, -es, -e** paradise
pardon excuse me
parieren to obey, follow instructions
der **Park, -(e)s, -s** par
die **Parkbank, -, -̈e** park bench
das **Parkverbotsschild, -(e)s, -er** no-parking sign

die **Partei, -, -en** party, group
der **Partisan, -s, -e** partisan, follower
der **Partner, -s** partner
passabel tolerable
passé *French* over and done with, out of date, outmoded
passen to fit in with; to pass (as in a card game), give up, refuse to play along
passend fitting, suitable, appropriate
passieren to happen, take place
die **Patrone, -, -n** cartridge
pätscheln *coll* to paddle (a boat) slowly
pauken *coll* to work hard, cram
die **Pause, -, -n** pause
pausenlos without interruption
der **Pazifist, -en, -en** pacifist
die **Pelerine, -, -n** cape
die **Pelle, -, -n** *coll* skin
   gingen ihm die Kinder nicht mehr von der Pelle *coll* the children' wouldn't leave him alone for a minute
pennen *coll* to sleep
die **Perspektive, -, -n** perspective
die **Perücke, -, -n** wig
die **Pfanne, -, -n** pan
   etwas auf der Pfanne haben *coll* to have something down pat (that is, mastered perfectly)
das **Pferd, -es, -e** horse
   mich tritt ein Pferd *coll* I was utterly amazed
sich **pflanzen** *coll* to sit down, plant oneself
der **Pflichtfilm -s, -e** compulsory, obligatory movie
die **Pforte, -, -n** portal
das **Pfötchen, -s** little paw
   Pfötchen machen *coll* to play dumb
die **Pfote, -, -n** *coll* hand
   gaben wir uns die Pfoten *coll* we shook hands
pfuschen to cut corners, improvise, do careless work
die **Phantasie, -, -n** imagination
phantasielos unimaginative
die **Physik** physics
die **Pille, -, -n** pill
   jemandem die Pille versüßen *coll* to make amends
der **Pilz, -es, -e** *slang* long hair
pinnen *coll* to fasten with tacks
der **Pinsel, -s** (paint) brush
die **Pinselei, -, -en** *coll* painting (apartment houses, etc.)
pinseln *coll* to write
der **Pionier, -s, -e** pioneer

der **Plain, -(e)s, -̈e** plan
planen to plan
der **Platz, -es, -̈e** place
   fehl am Platz sein to be out of place
platzen to burst
   da platzte mir ... der Kragen *coll* then I lost all patience, I burst with rage
plötzlich suddenly, all of a sudden
plump clumsy, awkward
das **Plumpsklo, -s** *coll* outhouse
der **Plunder, -s** junk, trash
   der Haufen Plunder *coll* pile of junk
die **Plünnen** *pl slang* clothes
die **Pocke, -, -n: die schwarzen Pocken** smallpox
politisch politically
die **Polizei** police
popen *slang* to be interesting
   es popt nicht besonders *slang* it's not terribly interesting
das **Porträt, -s, -s** portrait
die **Post, -, -en** post office; mail
   auf der Post at the post office
der **Posten, -s** sentry, guard
die **Postkarte, -, -n** postcard
   per Postkarte by postcard
postlagernd poste restante, to be picked up at the post office
das **Prachtstück, -(e)s, -e** pride and joy
prachtvoll magnificent, splendid
praktisch practical, useful; for all practical purposes, practically
präzise precisely
das **Priesterseminar, -s, -e** seminary
das **Prinzip, -s, -e** (*or* **-ien**) principle
   im Prinzip actually
der **Privatgebrauch, -(e)s, -̈e** private use
die **Privatsendung, -, -en** private broadcast
das **Problem, -s, -e** problem
die **Produktion, -, -en** production
der **Professor, -s, -en** professor
proper neat, tidy, respectable
die **Proportion, -, -en** proportion
die **Provinzmutti, -, -s** *coll* woman (*literally*, mother) from the country
prügeln to beat
PS = die Pferdestärke, -, -n horsepower
die **Pumpe, -, -n** pump
pumpen to pump
das **Pumpenwasser, -s** pump water
der **Punkt, -(e)s, -e** point
   an dem Punkt at that point
pünktlich punctual
pur pure
das **Puzzlespiel, -(e)s, -e** jigsaw puzzle

Q

der **Quatsch, -es** nonsense, rubbish
  großer Quatsch *coll* utter nonsense
quer crosswise, obliquely
  quer liegen *coll* to refuse to conform,
    to dissent
der **Querkopf, -es, ¨e** contrary fellow
    (one who swims against the stream)

R

das **Radieschen, -s** radish
der **Rahmen, -s** frame
  aus dem Rahmen fallen to be out of
    place, conspicuous, not to fit in
der **Rand, -es, ¨er** edge, border
  mit etwas zu Rande kommen to deal
    with something
die **Rapeiken** *pl slang* belongings
rasant like lightning
der **Rasensprenger, -s** lawn sprinkler
raten (rät), riet, geraten to advise
das **Rätsel, -s** enigma, mystery, puzzle
rauchen to smoke
das **Rauchen, -s** smoking
der **Raum, -(e)s, ¨e** room
die **Raupenkette, -, -n** caterpillar track
der **Rauswurf, -es, ¨e** dismissal
die **Rechenmaschine, -, -n** calculating
    machine
die **Rechnung, -, -en** calculation
recht right; proper, correct
  schon recht right, okay
das **Recht, -es, -e** right, privilege
recht-haben to be right
rechts on the right
rechtwinklig rectangular
rechtzeitig on time, at the right time
der **Recorder, -s** tape recorder
die **Rede, -, -n** talk
reden to talk, speak
  man rede, was man wolle say what you
    will
reell sound, respectable; honest, fair
  nichts Reelles irrational
die **Regel, -, -n** rule
  zum Vorteile der Regeln in favor of
    rules
regelmäßig each time, regularly
regelrecht actually
der **Regen, -s** rain
der **Regenmantel, -s, ¨** raincoat
der **Regisseur, -s, -e** film director
regnen to rain
der **Reibungswiderstand, -(e)s, ¨e**
    frictional resistance
reichen to suffice, be enough, plenty,
    sufficient

  hatte es ihm gereicht *coll* he'd had it
reichlich rather
die **Reihe, -, -n** row, rank
  die Reihen schließen to close the ranks
reihenweise rows of, by the row
rein pure, utter
der **Reinfall, -(e)s, ¨e** *coll* failure
sich **rein-hängen, hing rein, reingehangen**
    coll to join arms with
reinigen to clean
die **Reiserei, -, -en** travelling
reißen, riß, gerissen to seize, snatch; to
    tear, rip
  sie rissen mich nicht gerade vom Hocker
    coll they didn't exactly sweep me
    off my feet
der **Reißverschluß, -(ss)es, ¨(ss)e** zipper
reizen to provoke, irritate
rekonstruieren to reconstruct
renovieren to renovate, redecorate
die **Rente, -, -n** pension
  auf Rente retired (living on social
    security)
die **Reserve, -, -n** composure, restraint,
    reserve
  einen aus der Reserve bringen to
    provoke a reaction, cause someone
    to lose his composure
der **Rest, -es, -e** the rest, remains
  den Rest erledigen to conclude, finish
    up
retten to save, rescue
die **Rettung, -, -en** rescue
der **Rhythmiker, -s** rhythm expert
der **Richter, -s** judge
  Oberster Richter chief justice
richtig true, right, correct; the right thing
    to do; proper
das **Richtige, -n, -n** the right thing
die **Richtigkeit, -, -en** correctness,
    exactness
  hatte alles seine Richtigkeit everything
    was in order, settled
riechen, roch, gerochen to smell; to sense
  riechen nach to smell like
der **Riesenaufriß, -(ss)es, -(ss)e: einen
    Riesenaufriß machen** *coll* to make a
    scene, a big fuss
die **Riesenidiotie** *coll* something very
    foolish, idiotic
der **Ring, -(e)s, -e** (boxing) ring
  jemanden durch den Ring treiben to
    spar (as in a boxing match)
die **Rippe, -, -n** rib
das **Risiko, -s, -s** risk

ein **Risiko eingehen** to take a risk
rissig cracked
der **Rock, -(e)s, ⁼e** skirt
roh raw, unfinished
der **Rohrbruch, -(e)s, ⁼e** burst pipe
die **Röhre, -, -n** pipe; *coll* television, tube
vor der Röhre hocken *coll* to watch
  TV, sit in front of the tube
das **Rohrende, -s, -n** end of a pipe, tube
die **Rohrzange, -, -n** pipe wrench
die **Rolle, -, -n** role
eine Rolle rückwärts a backwards
  somersault
rollen to roll
es rollte nicht bei ihm *coll* he wasn't
  getting anywhere, wasn't making
  any progress
der **Roman, -s, -e** novel
rot red
rot werden to blush
wurde mir immer rot vor Augen I
  always became furious
rücken to move, change the place of
jemandem auf die Bude rücken *coll* to
  intrude upon someone
der **Rücken, -s** back
mit dem Rücken zum Zimmer with his
  back to the room
die **Rückfahrt, -, -en** return trip
die **Rückseite, -, -n** reverse side
der **Rückweg, -(e)s, -e** way back
rufen, rief, gerufen to call
die **Ruhe** peace; rest, repose
jemanden aus der Ruhe bringen to
  upset a person
jemandem keine Ruhe lassen to keep a
  person from getting peace (of mind)
  or rest
ruhig quiet(ly), calm(ly)
ruhig bleiben to stay calm, remain
  quiet
rühren to touch
sich rühren to move
an etwas rühren to touch upon, make
  reference to something
rührend touching, moving
die **Rumkramerei, -, -en** *coll* act of
  rummaging around
die **Runde, -, -n** round; circle
die erste Runde kann an dich gehen you
  can win the first round
der **Rundgang, -(e)s, ⁼e** tour
die **Rupfenjacke, -, -n** burlap jacket
rutschen to slip, slide
die einem von der Hüfte rutschen which
  slide off of one's hips

S

die **Sache, -, -n** matter, business, affair;
  thing, object
in Sachen with regard to
seine Sache *coll* (that's) his business
die **Sachen** *pl coll* clothes
sachte *coll* easy, slow down
das **Säftchen, -s: in einem Säftchen** as
  gently as possible
sagen to say, tell
ich will damit nicht sagen I don't mean
  to imply
die **Saison, -, -s** season
**konnte von Saison keine Rede mehr
  sein** one couldn't speak of the
  tourist season any longer
der **Salat, -(e)s, -e** lettuce; salad
der **Salatkopf, -es, ⁼e** head of lettuce
der **Salonwagen, -s** *euphemism*
  construction trailer
Salute greetings, hello, hi
die **Samentüte, -, -n** bag of seeds
sammeln to gather
sämtlich all, complete, entire
der **Sand, -es** sand
sanft gentle, gently
der **Sarg, -(e)s, ⁼e** coffin
satt satiated, full; *coll* rich, full (sound)
der **Sattel, -s, ⁼** saddle
aus dem Sattel werfen to confuse,
  throw for a loop
die **Sattigkeit, -, -en** satiation, satiety
der **Satz, -es, ⁼e** sentence
sauber clean; well-done
sauber-machen to clean
sauer *coll* angry, cross, mad, annoyed
die **Sauerei, -, -en** *slang* disgusting
  behavior
eine echte Sauerei *slang* a real mess
saufen (säuft), soff, gesoffen *coll* to drink
  excessively, booze
saugen, sog, gesogen to suck
sich etwas aus den Fingern saugen
  coll to make up, invent, think of
  something
säuisch swinish, filthy
echt säuisch *slang* really gross
der **Saum, -s, ⁼e** hem
das **Sauwetter, -s** *coll* lousy weather
schade *coll* too bad
es ist schade it is a shame
der **Schädel, -s** skull
einen dicken Schädel haben *coll* to be
  thick-skulled, obstinate
schaden to harm, hurt
schaffen, schuf, geschaffen to do,
  manage; to take

etwas **schaffen** to succeed
die **Schale**, -, -n peel
der **Schalter**, -s switch
die **Schaltung**, -, -en electrical circuit
scharf sharp, effective; lively; harsh, hard; *coll* great. fantastic, unbelievable
scharf auf etwas sein *slang* to be keen on something
der **Schattenriß**, -(ss)es, -(ss)e silhouette
schätzen to esteem, value, respect; to estimate, guess
schätzungsweise approximately, at a rough guess, to wager a guess
die **Schau**, -, -en show
eine Schau für sich a show in itself
die **Schaukel**, -, -n swing
die **Schauspielerin**, -, -nen actress
die **Scheibe**, -, -n windowpane
scheintot seemingly dead, in a trance
der **Scheinwerfer**, -s headlight
die Scheinwerfer *slang* very big eyes
das **Scheißboot**, (e)s, -e *vulgar* boat
die **Scheiße** *vulgar* shit
die **Schelle**, -, -n slap
sich ein paar Schellen einhandeln to get slapped a few times for one's trouble
die **Scherbe**, -, -n fragment, broken piece
der **Scherz**, -es, -e joke
scheuchen to chase away, shoo
scheuen to shrink from, avoid
schicken to send
das **Schicksal**, -s, -e fate, destiny
schieben, schob, geschoben to push, shove
schießen, schoß, geschossen to shoot; to throw (with force); to launch, send; to dash, hurry, run
das **Schild**, -(e)s, -er sign
das **Schilf**, -(e)s, -e reed, rush, bulrush
der **Schiß**, -(ss)es, -(ss)e *vulgar* shit, the shits
Schiß haben *coll* to be afraid
Schiß kriegen *coll* to become frightened, get scared
die **Schläfe**, -, -n temple
schlafen (schläft), schlief, geschlafen to sleep
das **Schlafen**, -s sleep, sleeping
schlagen (schläft), schlug, geschlagen to hit, beat
der **Schlager**, -s hit, popular song
der **Schlamper**, -s *coll* slovenly person
schlampig sloppy
schlapp weak
schlau clever. sly

schlau werden aus *coll* to figure out, make sense of
der **Schlauch**, -es, ⁻e to hose
schlecht bad(ly)
was daran schlecht sein sollte what was supposed to be wrong with that
schleichen, schlich, geschlichen to sneak
schleppen to drag
der **Schlich**, -(e)s, -e secret way
jemandem auf die Schliche kommen *coll* to find out about one's secret ways (doings)
schließen, schloß, geschlossen to close, shut
das **Schließfach**, -(e)s, ⁻er post-office box
schließlich finally, in the end, after all; eventually
der **Schlips**, -es, -e tie
in Schlips und Kragen dressed up (*literally*, wearing a tie and starched collar)
schlucken to gulp, swallow
der **Schluß**, -(ss)es, ⁻(ss)e end, conclusion
am Schluß at the end
Schluß machen to finish up
der **Schlüssel**, -s key
schmeißen, schmiß, geschmissen to throw, fling
schmuck *coll* neat, great
schnabulieren *coll* to snack
schnappen: nach Luft schnappen to gasp for breath
die **Schnapsidee**, -, -n *coll* crazy idea
die **Schneemann**, -(e)s, ⁻er snowman
die **Schneesturm**, -(e)s, ⁻e snowstorm
schnell fast, quickly
ganz schnell gehen to happen very quickly
schnüffeln to snoop (about)
nach dem Rechten schnüffeln *coll* to check and see that everything is okay
schon already, as yet; true
schon lange for a long time
schon recht all right, fine
schön beautiful; fine
und das schönste war and to top it off
der **Schöfper**, -s author
der **Schoß**, -es, ⁻e lap
die **Schote**, -, -n *slang* song
schräg-legen to tilt to one side
der **Schrapper**, -s *coll* bulldozer
schrauben to screw (something in)
schreiben, schrieb, geschrieben to write
der **Schreibtisch**, -(e)s, -e desk
die **Schrippe**, -, -n breakfast roll
der **Schritt**, -es, -e step

Schritt vor Schritt step by step
schüchtern shy
schuften *coll* to work hard
die **Schulbank, -, ⁻e** schoolbench
  die **Schulbank drücken** *coll* to go to school
die **Schuld, -, -en** fault, guilt
  Schuld haben to be guilty
  Schuld sein to be at fault
schuldig guilty
  jemandem etwas schuldig sein to owe someone something
die **Schule, -, -n** school
die **Schulter, -, -n** shoulder
  in die Schulter ziehen to place against one's shoulder
die **Schulzeit, -, -en** school days
der **Schuppen, -s** shed; warehouse
schurigeln to harass, torment
der **Schuß, -(ss)es, ⁻(ss)e** gunshot
  gut in Schuß sein *coll* to be in good shape, condition
der **Schüttelfrost, -(e)s, ⁻e** shivering fit, shivers, chill
schwach weak
schwafeln to babble, blither, talk nonsense
der **Schwall, -(e)s, ⁻e** surge, flood, deluge, torrent
der **Schwanz, -es, ⁻e** tail
  kein Schwanz *slang* not a soul, nobody
schwärmen to be enthusiastic, rave (about something)
die **Schwarte, -, -n** *slang* old book
schwarz black; notorious
  wurde mir schwarz vor (den) Augen I blacked out
schwatzen to chatter, chat
  die ihr mich in das Joch geschwatzt you who coaxed me into this yoke
schweigen, schwieg, geschwiegen to be silent
das **Schwein, -(e)s, -e** pig, hog
  kein Schwein *slang* nobody
die **Schweinsritze** *pl slang* very small, narrowly slitted eyes
die **Schwelle, -, -n** threshhold
schwer heavy; badly, severely; difficult, with difficulty
der **Schwerverbrecher, -s** criminal
die **Schwierigkeit, -, -en** difficulty
schwindlig dizzy
sich **schwingen, schwang, geschwungen (auf)** to swing, climb onto, mount
der **See, -s, -n** lake
die **Seele, -, -n** soul

die **Seelenwanderung, -, -en** transmigration of souls
sehen (sieht), sah, gesehen to see
  vor sich sehen to picture, imagine
  wolln mal sehn *coll* now let's see
die **Sehnsucht, -, ⁻e** desire, longing
das **Sehorgan, -s, -e** *coll* eye
sehr very
sein (ist), war, gewesen to be; to exist, be alive
  jemandem etwas sein to mean something to someone
seinerzeit some time ago; previously; at that time
seinesgleichen people like him, his kind
seitdem since then, ever since
die **Seite, -, -n** side; page
die **Sekunde, -, -n** second
  ich sah drei Sekunden lang ziemlich alt aus *coll* I was momentarily at a loss
selber personally
selbst even
  selbst wenn even if
die **Selbstkritik, -, -en** self-criticism
selbstlos unselfish, selfless
der **Selbstmord, -(e)s, -e** suicide
  Selbstmord machen *coll* to commit suicide
selig blessed
selten seldom, rarely; strange
die **Sensation, -, -en** sensation
sensationell sensational
die **Serie, -, -n** series, set
der **Service, -s,** service
  zum Service gehören to be included in the service
der **Sessel, -s** armchair, easy chair
setzen to drop; to place, set, put
seufzen to sigh
sexuell sexual
die **Sichel, -, -n** sickle
sicher sure(ly), certain(ly)
  sich sicher sein to be sure
die **Sicherheit, -, -en** safety
sichtlich visibly
siegen to triumph, be victorious
der **Sieger, -s** winner, victor
der **Silberblick, -(e)s, -e** *coll* slight squint
simpel simple, plain
singen, sang, gesungen to sing
der **Sinn, -(e)s, -e** sense, feeling
sinnlos senseless
der **Sittenstrolch, -(e)s, -e** child molester, rake, profligate person
die **Situation, -, -en** situation
die **Sitz, -es, -e** seat

sitzen, saß, gesessen to sit
so like that
  so'ne und solche *coll* this kind and that, these and those
die **Socke, -, -n** sock
soeben just; quite certainly
das **Sofa, -s, -s** sofa
sofort immediately
der **Sohn, -(e)s, ⸚e** son
das **Söhnchen, -s** little boy
solange as long as
der **Soldat, -en, -en** soldier
der **Sommer, -s** summer
sondern but, but so, but rather
sonnabends Saturdays
der **Sonnenaufgang, -(e)s, ⸚e** sunrise
  mit Sonnenaufgang at sunrise
die **Sonnenblume, -, -n** sunflower
der **Sonntag, -(e)s, -e** Sunday
die **Sonntagstankstelle, -, -n** gas station open on Sundays
sonst otherwise; in other ways
  sonst noch was something else
sonstwas something else, anything else, something more
sonstwie *coll* extremely
sorgen: dafür sorgen, daß to take care that, see to it that
die **Sorte, -, -n** kind, sort, brand
die **Soße, -, -n** *coll* paint
sowieso anyway, anyhow, in any case, as it is
der **Sozialist, -en, -en** socialist
sozusagen so to speak
Spanien Spain
die **Spannung** voltage
sparen to save
der **Spaß, -es, ⸚e** fun, good time, amusement
  das macht einem Spaß that one is having good fun
  es macht ihm Spaß he enjoys it
  Spaß haben to have fun, a good time
spaßeshalber for the fun of it
spät .late
später later (on)
spätestens at the latest
die **Speisekammer, -, -n** pantry
die **Speisekarte, -, -n** menu
die **Sperre, -, -n** ban, prohibition
sperren to shut, close
die **Spezialbude, -, -n** *coll* special institute
sich **spezialisieren** to specialize
spielen to play
  was gespielt wurde what was going on

die **Spielerei, -, -en** childish amusement
das **Spielzeug, -(e)s, -e** toy
das **Spielzeugreparieren, -s** the repairing of toys
der **Spinner, -s** *coll* idiot, fool
der **Spitzensportler, -s** star, top athlete
der **Spleen, -(e)s, -s: was du fürn Spleen hast** what's wrong with you
der **Sportler, -s** athlete
die **Sprache, -, -n** language
sprechen (spricht), sprach, gesprochen to speak
  es sprach sich . . . (he)rum the word got around
  jemanden sprechen to talk to someone
die **Spree** *river flowing through Berlin*
das **Sprichwort, -(e)s, -e** saying, proverb
der **Sprit, -s, -e** fuel, gas
die **Spritze, -, -n** *coll* gun; injection, shot; paint sprayer
der **Sproß, -(ss)es, -(ss)e** descendant, offspring
der **Spruch, -(e)s, ⸚e** saying, dictum
die **Spucke** *coll* saliva
die **Spur, -, -en** trace, track
  etwas auf der Spur sein to be on the track of, onto something
spurten to run
die **Stadt, -, ⸚e** city
der **Stadtbezirk, -(e)s, -e** city district
der **Stahlschild, -(e)s, -e** steel armor
stammen aus to be from, originate from
der **Stand, -es, ⸚e** state, condition
  der Stand der Dinge how things are going, the way things stand
ständig continuously
die **Stange, -, -n** pole, post
  bei der Stange bleiben *coll* not to give up control, to persevere
stapeln to store, pile up
stark strong(ly)
der **Start, -(e)s, -e** (*or* -s) start
der **Statiker, -s** statistician
statt-finden, fand statt, stattgefunden to take place
der **Staub, -es** dust
staunend astounded
stecken to put, place; to be (hiding), lie hidden
der **Steg, -(e)s, -e** dock
stehen, stand, gestanden to be; to stand; to be situated, placed, found, listed
  stehen auf to like
  zu jemandem stehen to relate to someone
stehen-lassen (läßt stehen), ließ stehen,

stehengelassen to leave in its place
ich ließ alles stehen und liegen I dropped everything
der **Steher, -s** *coll* obstinate cuss
stehlen (stiehlt), stahl, gestohlen to steal
sie konnten mir gestohlen bleiben they could drop dead for all I cared, I didn't want anything to do with them
steif stiff
sich **steigern** to become intensified, rise, mount
sonst kann sich kein Mensch in seine richtige Form steigern otherwise you can't really hit your stride
der **Stein, -(e)s, -e** stone
die **Stelle, -, -n** place, position; part (of a movie), scene
an seiner Stelle in his place (that is, if I were he)
sich **stellen** to present oneself; to place oneself, stand
ich stell mich doch nicht auf den Markt damit *coll* I don't make a big thing of it
das **Steppeisen, -s** tap
steppen to tap-dance
das **Sterben, -s** dying
der **Stern, -(e)s, -e** star
das **Stichwort, -(e)s, -e** cue, key word
aufs Stichwort by key words, cues
der **Stier, -(e)s, -e** bull; *coll* person who can be aggressive, recalcitrant
der **Stil, -(e)s, -e** style, manner, way
in diesem Stil *coll* in this manner
still quiet, silent
still-halten (hält still), hielt still, stillgehalten to keep still
die **Stimme, -, -n** voice
stimmen to be right, true, correct
nicht stimmen mit to be wrong with
die **Stimmung, -, -en** mood
in Stimmung sein to be in a good mood, in the (right) mood
kam ich ... in eine ganz verrückte Stimmung I got into a really crazy mood
das **Stipendium, -iums, -ien** scholarship, grant
stocken to stop, hesitate, falter
ins Stocken kommen to come to a standstill
der **Stoff, -(e)s, -e** material; *coll* stuff
stöhnen to groan, moan, sigh
stolpern to stumble
der **Stolz, -es** pride

stolz proud
stolz sein auf to be proud of
stopp! stop! halt!
stören to disturb, bother
der **Stoßdämpfer, -s** shock absorber
stottern to stammer, stutter
der **Strahl, -(e)s, -en** jet, stream (of paint)
der **Strand, -(e)s, ⁻e** beach
am Strand at the beach
die **Straße, -, -n** street
der **Strauß, -es, ⁻e** bouquet, bunch (of flowers)
die **Streberleiche, -, -n** *coll* real grind
der **Streit, -(e)s, -e** quarrel, dispute
sich **streiten, stritt, gestritten** to quarrel, argue
der **Strich, -(e)s, -e** line; stroke (of the brush)
der **Strom, -(e)s, ⁻e** stream, current; electricity
die **Stromsache, -, -n** an electrical problem, caused by electricity
die **Strophe, -, -n** verse
die **Stube, -, -n** room
der **Stubendurchgang, -(e)s, ⁻e** inspection of the premises
das **Stück, -(e)s, ⁻e** item, piece; part, portion; play
kein Stück *coll* nothing, not at all
die **Studentin, -, -nen** student (female)
die **Studie, -, -ien** sketch, study
das **Studienjahr, -(e)s, -e** year of studies, class
das **Studium, -iums, -ien** (program of) studies
die **Stufe, -, -n** step, level
der **Stuhl, -(e)s, ⁻e** chair
das **Stuhlbein, -(e)s, -e** leg of a chair
stumm silent, speechless
die **Stunde, -, -n** hour
stundenlang for hours
stürmen to take by storm
sich **stürzen** to charge, rush
sich stürzen auf to dive for, throw oneself at
der **Stutzen, -s** socket
stutzig: einen stutzig machen to make someone suspicious
die **Suche, -, -n** search
auf der Suche (nach) on the lookout, searching (for)
suchen to seek; to struggle, try
ich suche mich zu beruhigen I struggle to compose myself
sülzen: irgendwas ... sülzen *slang* to say something expedient

die **Superschau, -, -en** *coll* tremendous spectacle
sympathisch likeable, appealing, amiable
synthetisch synthetic
systemlos unsystematically
die **Szene, -, -n** scene
  war die Szene an sich nicht schlecht it wasn't really a bad scene

T

tabula rasa *Latin* bare walls, there's nothing there (*literally*, clean slate)
der **Tag, -(e)s, -e** day
  den ganzen Tag über all day long
  eines Tages one day
  fester Tag fixed, set day (to do something)
  Tag für Tag day after day
die **Taille, -, -n** waist
  in der Taille zugeschnürt forced together (closed) at the waist
die **Tankstelle, -, -n** gas station
der **Tankwart, -(e)s, -e** gas station attendant
tanzen to dance
die **Tanzpause, -, -n** intermission during dance music
die **Tapete, -, -n** wallpaper
die **Tasche, -, -n** pocket, handbag, pouch
  etwas in der Tasche haben *coll* to have something in the bag, wrapped up
das **Taschenmesser, -s** pocket knife
die **Tätowierung, -, -en** tattoo
die **Tatsache, -, -n** fact
  das ist Tatsache that's a fact
tatsächlich as a matter of fact, in actual fact
tauchen to stay under water; to dive
taugen to be of use, to be good for
täuschen to fool, deceive
  sich täuschen lassen to let oneself be misled, deceived
tausend thousand
das **Tauziehen, -s** tug-of-war
die **Technik, -, -en** technique
technisch technical(ly)
der **Tee, -s, -s** tea
der **Teil, -s, -e** part, portion, piece
  zum Teil partly
teilen to divide; to share
die **Teilnehmund** = die **Teilnahme** interest
  wahre Teilnehmung an mir und meinem Schicksal genuine interest in me and my fate
der **Teppich, -s, -e** carpet, rug

das **Testament, -s, -e** testament. will
teuer expensive, costly; dear, cherished
teuflisch fiendish
der **Text, -es, -e** text, words, remarks
das **Theater, -s** *coll* show
das **Thema, -s, -en** (*or* **-ata**) theme, topic
theoretisch theoretical(ly)
der **Tiefschlag, -(e)s, -̈e** low blow
tiffig *slang* spic and span
tippen to type
der **Tisch, -(e)s, -e** table, desk
der **Titel, -s** title
das **Titelblatt, -(e)s, -̈er** title page
die **Titelseite, -, -n** title page
toben to rage, rave
der **Tod, -(e)s, -e** death
der **Ton, -(e)s, -̈e** sound
  keinen Ton sagen to keep quiet, say nothing
das **Tonband, -(e)s, -̈er** magnetic tape
  auf Tonband taped, on tape
der **Töpfer, -s** potter
tot dead
töten to kill
  es tötete mich immer fast gar nicht *coll* it always drove me up the wall
tot-kriegen: nicht totzukriegen *coll* not likely to die
die **Tour, -, -en: in einer Tour** *coll* continuously, never-ending
der **Tourist, -en, -en** tourist
der **Trafo** = der **Transformator, -s, -en** transformer
tragen (trägt), trug, getragen to wear, have on; to carry
tragisch tragic
der **Trainer, -s** trainer
das **Training, -s** training
die **Träne, -, -n** tear
sich trauen to dare, be so bold as, venture (to do something)
der **Traum, -(e)s, -̈e** dream
treffen (trifft), traf, getroffen to hit, strike
  jemanden dumm treffen *coll* to hit someone in the wrong place
  voll treffen to score a direct hit
das **Treffen, -s** meeting
  zum Treffen kommen to come to a head, to an open conflict
treiben, trieb, getrieben to drive, push; to hit
  jemanden durch den Ring treiben to spar (as in a boxing match)
die **Treppe, -, -n** stair(s), staircase

das **Treppenhaus, -es, ⁻er** hall, well of a staircase
treten (tritt), trat, getreten to walk. step
zu nahe treten to offend, insult
der **Trick, -s, -s** (*or* e) trick
triefen to drop; *coll* to carry oneself
triefend dripping
triezen *coll* to annoy, pester
trocken dry
trocken lesen to read from cover to cover
trocknen to dry
ich hätte einen Trocknen machen können in jeden See *slang* I could have dived into any lake without cooling off
die **Trommel, -, -n** drum
der **Tropenhelm, -(e)s, -e** sun helmet
trösten to console, comfort
trotzdem nevertheless, in spite of it
die **Truppe, -, -n** band; team of workers
das **Tulpenbeet, -(e)s, -e** flowers (*literally*, tulip bed)
tun (tut), tat, getan to do
so tun (als ob) to pretend, make believe
zu tun haben mit to have something to do with (a person)
tünchen to whitewash
die **Tür, -, -en** door
der **Turnschuh, -(e)s, -e** sneaker, athletic shoe
ein Paar Turnschuhe a pair of sneakers
die **Tusche, -, -n** watercolor, drawing ink
der **Typ, -s, -en** guy
typisch typical

U
übel bad, evil
nicht übel not bad
übel-nehmen (nimmt übel), nahm übel, übelgenommen to take offense
überall everywhere, all over
überdreht flamboyant, overdone
überhaupt at all; generally, in general; really, on the whole, after all
überhaupt nichts nothing at all
überhören to ignore
überleben to survive
überlegen to consider, reflect on
überlegen sein to be superior
die **ermütter = die Überwurfmutter** outer (screw-)nut
überprüfen to check
überraschen to surprise
übersetzen to translate
die **Übersicht** view, sight, prospect

die **Übersicht behalten** to keep one's senses, one's head
überspannen: den Bogen überspannen to go too far
überstehen, überstand, überstanden to endure, bear; to get over
überwachen to watch over, supervise
überwintern to spend the winter, hibernate
die **Überwurfmutter, -, ⁻** outer (screw-)nut
überzeugt certain, convinced
üblich common, customary
übrig (left) over, remaining, to spare
wer was für sie übrig hat who is fond of them
übrig-bleiben, blieb übrig, übriggeblieben to be left over, remain
es wird dir … nicht viel übrigbleiben you won't have much choice
übrigens by the way
das **Ufer, -s** bank (of a river or stream)
die **Uhr, -, -en** watch, clock
der **Uhrmacher, -s** watchmaker, clockmaker
ulkig strange, peculiar
der **Umbau, -s, -ten** reconstruction, building alterations
um-bringen, brachte um, umgebracht to kill
sich umbringen to commit suicide
sich halb umbringen *coll* to half kill oneself
sich um-drehen to turn around
um-fallen (fällt um), fiel um, umgefallen to topple over
um-gehen, ging um, umgegangen (mit) to have to do, be occupied with; to handle, get along with
der **Umhang, -(e)s, ⁻e** wrap, cape
um-kippen to turn over; *coll* to faint, topple over
am Umkippen *coll* about to topple over
um-kommen, kam um, umgekommen to perish, die
der **Umkreis, -es, -e** radius
sich um-sehen (sieht um), sah um, umgesehen to look around
sich nach jemandem umsehen to look around for someone
umsonst to no purpose, in vain
nicht umsonst sagen to mean what one says
umständlich fussy
um-werfen (wirft um), warf um,

umgeworfen to overturn, upset
    das warf mich fast völlig um *coll* that
    really threw me
umwerfend *coll* fascinating
um-ziehen, zog um, umgezogen to move
unangemeldet not registered (with the
    police)
unangenehm unpleasant
unausgedacht spontaneous, not
    contrived
unbegabt untalented
unberechenbar unpredictable,
    incalculable
unerlaubt illegal
unerträglich intolerable
unerwartet unexpectedly
unfähig unable, incapable
der **Unfall, -(e)s, ⸚e** accident, mishap
unfaßbar inconceivable
ungefähr about, approximately
ungeheuer immensely, terribly,
    enormously, exceedingly
ungekämmt unkempt
der **Ungerechte, -n, -n** unrighteous
    person
unheimlich strange, uncanny
das **Universalwerkzeug, -(e)s, -e** universal
    tool
unmittelbar direct, immediate
unmöglich impossible
unruhig uneasy, restless
unsachgemäß improperly
unsereins the likes of us, people like us,
    such as we
der **Unsinn, -(e)s, -e** nonsense
unsterblich immortal
unten below, beneath
    nach unten downwards
unter-bringen, brachte unter,
    untergebracht to find a place for; to
    use (in a sentence)
der **Unterricht, -s** instruction, class
    period
unterschätzen to underestimate
untersuchen to examine, investigate
unter-tauchen *coll* to disappear, drop out
    of sight
unterwegs on the way
unvergessen unforgettable
unvermeidlich unavoidable
unverträglich unbearable, aggravating
der **Unverwüstliche, -n, -n** the
    irrepressible
unwahrscheinlich terrible, immense;
    unusually

unwiderruflich irrevocable
unwohl not well, ill
der **Urlaub, -(e)s, -e** vacation
das **Urteil, -s, -e** judgment, decision
    ein Urteil fällen to pass judgment

V

die **Variante, -, -n** variant
der **Vater, -s, ⸚** father
väterlicherseits on the paternal side
verarbeiten to toil away, work hard
verarschen *slang* to mock, make a fool of
verbessern to improve, better
    zum Verbessern for improvements
verbiegen, verbog, verbogen to twist,
    bend out of shape
verbieten, verbot, verboten to forbid
verblödet stupid, silly
verblüffen to bewilder, take by surprise
verbohrt stubborn, obstinate
verbrennen, verbrannte, verbrannt to
    burn
verdenken, verdachte, verdacht: jemandem
    etwas verdenken to blame someone
    for something
verderben (verdirbt), verdarb,
    verdorben to ruin, spoil
verdienen to earn
verdrehen to twist, roll
    die Augen verdrehen to roll one's eyes
die **Verdrehung, -, -en** twisting of words
    or a saying
verdunkeln to dim the lights
sich **verdünnisieren** *coll* to make oneself
    scarce, disappear
der **Verehrer, -s** devoted admirer
das **Verfahren, -s** method, procedure
verfassen to compose, write
verfettet *coll* too fat
sich **verflüssigen** *coll* to urinate
vergammelt slovenly, disheveled
    (appearance)
    dermaßen vergammelt *coll* so worn
    out, beaten up, hopelessly beyond
    repair
vergessen (vergißt), vergaß, vergessen to
    forget
vergleichbar comparable
vergnatzt sein *coll* to be in a terrible
    mood, offended (by someone or
    something)
das **Verhalten, -s** conduct, behavior
verhängen to veil, cover
verheiratet married
verhungern to starve

verkannt unappreciated, unrecognized, misunderstood
verkaufen to sell
der **Verkäufer, -s** salesman
die **Verkehrsregel, -, -n** traffic regulation
verkennen, verkannte, verkannt to misunderstand, fail to appreciate
verkneifen, verkniff, verkniffen: sich etwas verkneifen, *coll* to forego, deny oneself something
sich **verkrümeln** *coll* to slip away, vanish, disappear
verlangen to demand
verlassen deserted
verlaufen (verläuft), verlief, verlaufen: parallel verlaufen to follow a parallel course
verletzt wounded, hurt, injured
verlieren, verlor, verloren to lose
verlobt engaged
der **Verlobte, -n, -n** fiancé
der **Verlust, -es, -e** loss
  ein glatter Verlust *coll* a total loss
vermeiden, vermied, vermieden to avoid
  das ließ sich nicht vermeiden that couldn't be avoided
vermuten to suspect, presume, surmise
vernagelt *coll* pig-headed
  ich war wie vernagelt *coll* I just couldn't grasp it, I simply couldn't see it
das **Vernehmen, -s: in gutem Vernehmen** on good terms
vernünftig sensible, reasonable
verpassen to miss
sich **verpflichten** to commit oneself, pledge (to do something)
verrammeln *coll* to barricade, bar
verrückt crazy, strange
versagen to fail, fail to work
  sich etwas versagen to deny oneself something
versammeln to gather, assemble, collect
versäumen to miss out
verschimmelt gray (as if covered by mold)
verschmort burnt, scorched
verschroben confused
versetzen to relocate, transfer
versprechen (verspricht), versprach, versprochen to promise
  sich etwas versprechen von to place high hopes in, expect much of something
versprühen to spray

der **Verstand, -(e)s** intelligence, (common) sense
sich **verständigen** to communicate
verstehen, verstand, verstanden to understand, comprehend
  sich verstehen to understand one another
  jemandem etwas zu verstehen geben to give a person to understand, intimate to a person
verstreuen to scatter, strew about, disperse
der **Versuch, -(e)s, -e** attempt, trial
versuchen to attempt, try
versüßen to sweeten
sich **vertragen (verträgt), vertrug, vertragen (mit)** to make peace, settle one's differences with
vertretbar defensible
vertrieft *coll* drowsy, spaced out
verwandt related
verwechseln to confuse, mix up
verweigern to refuse
verzichten auf to forego, do without
sich **verziehen, verzog, verzogen** *coll* to vanish, disappear
verzieren to decorate
verzückt ecstatic
der **Veteran, -en, -en** veteran
das **Vieh, -s** dumb animal, beast; *coll* okay guy
viel much, a lot of
die **Viertelstunde, -, -n** quarter of an hour
vierzehn fourteen
die **Vierzimmerwohnung, -, -en** four-room apartment
das **Vietnambild, -(e)s, -er** picture of Vietnam (war)
die **Villa, -, -en** villa, country house
die **Visage, -, -n** *coll* face
der **Vogel, -s, ⁻** bird; *coll* book
  einen seltenen Vogel a strange bird
das **Volk, -(e)s, ⁻er** people
die **Volksbefragung, -, -en** public poll
die **Volkspolizei** *police in the German Democratic Republic*
voll full, complete
  voll da sein to be all there
vollkommen perfect
das **Vollkorn, -(e)s, ⁻er** rear sight and foresight lined up perfectly in aiming
völlig complete(ly), totally; terribly
voll-machen to fill up
voll-nölen: einen vollnölen *coll* to give someone a piece of one's mind

voll-schmieren to smear (paint) all over
vollzählig in full strength, complete
das **Volt, -s** volt
von of; from; by; in; about; concerning
  von mir aus *coll* if you like; fine with me
die **Vorarbeit, -, -en** preliminary study, sketch
voraus-setzen to presuppose, assume
vorbei over, done with; past
vorbei-kommen, kam vorbei, vorbeigekommen: an etwas vorbeikommen to pass by something
vorbei-rauschen to race, zoom by
vorbereiten to prepare, get ready
  auf etwas vorbereitet sein to be prepared for something
das **Vorbild, -(e)s, -er** idol, model, good example
der **Vorbildknabe, -ns, -n** model boy
der **Vordergrund, -(e)s, ⁻e** foreground
der **Vorderradantrieb, -(e)s, -e** front-wheel drive
vor-haben to intend to do, have ahead of one; to plan, have in mind
vorher before, previously
vor-kommen, kam vor, vorgekommen to enter the picture, appear; to happen, take place
  sich vorkommen (wie) to feel (like)
vorläufig for the time being; temporary
vorletzt next to the last
der **Vormittag, -s, -e** morning
vorn(e) in front, in the front
vorneweg out in front, ahead of everyone else
vornherein: von vornherein from the beginning on
vor-nehmen (nimmt vor), nahm vor, vorgenommen to take in hand
  sich etwas vornehmen to busy oneself with something
  sich vornehmen to make up one's mind
der **Vorschlag, -(e)s, ⁻e** suggestion
vor-setzen to serve
vor-singen, sang vor, vorgesungen: jemandem etwas vorsingen *coll* to preach to someone
sich **vor-stellen** to imagine; to introduce oneself
vor-strecken to stretch forward, poke out
vor-streichen, strich vor, vorgestrichen to prime, apply an undercoat of paint
der **Vorteil, -(e)s, -e** advantage, gain
der **Vorwand, -(e)s, ⁻e** pretext, excuse
der **Vorwurf, -(e)s, ⁻e** reproach

jemandem Vorwürfe machen to blame, reproach someone
vor-zeigen to show, exhibit
vor-ziehen, zog vor, vorgezogen to pull forth (out)
die **VP = die Volkspolizei**

W

wach awake
  wach werden to wake up
wach-brüllen to awaken (a person) by shouting
wackeln to tremble, wobble, rock, totter
  die Knie wackelten mir my knees began to tremble, my legs grew weak
die **Waffe, -, -n** weapon
  meine schärfste Waffe my best (that is, most effective) weapon
das **Wahlspruch, -(e)s, ⁻e** motto, slogan
wahnsinnig insane
wahr genuine, true
während during, while
die **Wahrheit, -, -en** truth
wahrscheinlich probably
der **Wald, -(e)s, ⁻er** wood, forest
sich **wälzen** to toss and turn
die **Wand, -, ⁻e** wall
  in meinen vier Wänden at home
das **Wandbild, -(e)s, -er** mural painting
wanken to limp, stagger
warm warm; hot
  warm werden to get going, warm up
die **Warnung, -, -en** warning
warten to wait
der **Wartesaal, -(e)s, -säle** waiting room
was what, whatever
  Was ist? *coll* What's wrong? What's the matter (with you)?
die **Wäsche, -, -n** laundry
waschen (wäscht), wusch, gewaschen to wash
das **Wasser, -s, - (or ⁻e)** water
  das lief ab an mir wie Wasser *coll* that was like water off a duck's back
die **Wasserpolizei** river (harbor) police
der **Wechselrahmen, -s** frame for interchangeable pictures
der **Weg, -(e)s, -e** way, path
weg away, gone, lost
  egal weg *coll* without objecting
  ganz weg sein *coll* to be beside oneself
  von zu Hause weg left home
weg-drehen to push away
  sich wegdrehen to turn away
wegen because of, on account of

von wegen Frau *coll* far from being a mature woman

von wegen Honorar some honorarium

die **Wegezeit, -, -en** driving time

weg-fallen (fällt weg), fiel weg, weggefallen to be eliminated

weg-fressen (frißt weg), fraß weg, weggefressen to eat away

weg-gehen, ging weg, weggegangen to go away, leave

weg-jagen to chase away

weg-kommen, kam weg, weggekommen (von) to get away (from)

weg-laufen (läuft weg), lief weg, weggelaufen to run away

sich **weg-machen** *coll* to go away, get lost

weg-nehmen (nimmt weg), nahm weg, weggenommen to take away

weg-rennen, rannte weg, weggerannt to run away, run off

weg-scheuchen to frighten, scare away

weg-springen, sprang weg, weggesprungen to jump away, jump off

weg-stecken to put away

weg-stellen to put away

wehen to flutter

sich **wehren** to defend oneself

das **Weib, -(e)s, -er** woman

weiblich female

die **Weihnachten** Christmas

der **Weihnachtsklimbim, -s** *coll* Christmas festivities, fuss and bother

der **Weihnachtsmann, -(e)s, ⸚er** Santa Claus

die **Weile, -, -n** while

weinen to cry

weiß white

weit wide; far

so **weit war ich** it had come to that, I had come that far

von **weitem** from a distance, far away

weit über die Siebzehn (he)raus *coll* much older than seventeen

weiter farther, further

und so weiter and so on

weiter nichts nothing else, nothing more

weiter so right on

weiter-gehen, ging weiter, weitergegangen to go on, continue

weiter-kommen, kam weiter, weitergekommen to progress

weiter-können (kann weiter), konnte weiter, weitergekonnt to be able to go on, carry on

weiter-machen to continue

die **Welt, -, -en** world

der **Weltkrieg, -(e)s, -e** world war

der **Weltmarkt, -(e)s, ⸚e** world market

sich **wenden, wandte, gewandt (an)** to turn (to)

wenig little, few

am **allerwenigsten** least of all

wenigstens at least

wenn when, whenever; if

wenn gleich right when, exactly when

werden (wird), wurde, geworden to become

ich wurde fast nicht wieder *coll* I almost died

wäre er nicht wieder geworden *coll* he wouldn't have recovered

wäre es nie geworden it never would have happened

werfen (wirft), warf, geworfen to throw

jemandem etwas an den Kopf werfen to toss something at a person

das **Werk, -(e)s, -e** factory; doing; work

im Werk in the factory

meine gesammelten Werke my collected works

der **Werkhof, -(e)s, ⸚e** factory yard

die **Werkstatt, -, ⸚e** shop, place of work

das **Werkstück, -(e)s, -e** object to be worked on

der **Wert, -es, -e** worth, value

werten to evaluate

wertvoll valuable, precious

das **Wesen, -s** being, creature

weshalb why

das **Wetter, -s** weather

wetzen *coll* to run very fast, race

hin und her wetzen *coll* to race back and forth, all around

wichtig important

der **Wickel, -s: am Wickel haben** *coll* to make time, make out with

widersprechen (widerspricht), widersprach, widersprochen to contradict, be at variance with

wieder again

mal wieder *coll* once again

nie wieder never again

wieder-erkennen, erkannte wieder, wiedererkannt to recognize (again)

wieder-haben to have again, get back

wiederholen to repeat, recur

wieder-holen to bring, fetch back

wieder-kriegen *coll* to get back

wieder-sehen (sieht wieder), sah wieder, wiedergesehen to see again

wieso why, but why

der **Wille, -ns, -n**   will; purpose, intent, wish

  beim besten Willen   much as one might like to

wimmeln von   to abound with, be filled with

der **Windantrieb, -(e)s, -e**   driven by wind

der **Winkel, -s**   angle

  im rechten Winkel   at a right angle

winken   to wave, signal

die **Wippe, -, -n**   seesaw

wirklich   really, truly; real

die **Wirtschaft, -, -en**   household

wischen   to wipe

wissen (weiß), wußte, gewußt   to know

die **Wissenschaft, -, -en**   science

der **Witz, -es, -e**   joke

witzig   humorous, funny

wo   where

  oder wo   or wherever

die **Woche, -, -n**   week

das **Wohl, -(e)s**   well-being

  zum Wohle   in favor, to the advantage (of)

wohl   after all; probably

  wie wohl ist mir's   how much it comforts me

  wohl kaum   very unlikely, hardly

der **Wohlstand, -(e)s**   decorum; prosperity, wealth

  zu Wohlstand kommen   to come into money

wohl-wollen (will wohl), wollte wohl, wohlgewollt   to wish (a person) well

  er will mir wohl   he shows a regard for me

wohnen   to live, reside

die **Wohnlaube, -, -n**   primitive garden house

die **Wohnung, -, -en**   apartment

womöglich   possibly, perhaps

die **Wonne, -, -n**   joy, bliss

das **Wort, -(e)s, ⁻er**   word

  aufs Wort   to the letter

wortkarg   taciturn

wörtlich   literally

wozu   that which; to what purpose; why, what for

wühlen: nach Schuld zu wühlen *coll*   to search (one's soul) for guilt

das **Wunder, -s**   wonder, miracle

  das wirkt manchmal Wunder   that sometimes works wonders (miracles)

  kein Wunder   no wonder

sich **wundern**   to be surprised, amazed

der **Wunsch, -es, ⁻e**   wish, desire

würdig   dignified

der **Wüstling, -s, -e**   libertine, dissolute person

die **Wut**   fury, rage, anger

  daß er eine unwahrscheinliche Wut hatte auf irgendwas *coll*   that he was terribly angry about something

  vor Wut   out of rage

wüten   to rage

wütend   angry

  sie war nicht etwa wütend oder so   not that she was angry or anything

X

x-mal *coll*   umpteen times, I don't know how many times

Z

zack   zoom

zahlen   to pay

der **Zahn, -(e)s, ⁻e**   tooth

die **Zange, -, -n**   pair of pliers; wrench

der **Zaun, -(e)s, ⁻e**   fence

der **Zeh, -(e)s, -en**   toe

der **Zehnagel, -s, ⁻**   toenail

das **Zeichen, -s**   sign

zeichnen   to draw

der **Zeichner, -s**   draftsman

zeigen   to show

die **Zeile, -, -n**   line

die **Zeit, -, -en**   time

  die ganze Zeit   all the time, the whole time

  die meiste Zeit   most of the time

  meine Zeit war ran *coll*   the time had come

  um die Zeit   at this time, around that time, about that time, at that time (hour, moment)

  zur Zeit   presently

zeitlebens   during my lifetime, all my life, of my life

die **Zeitung, -, -en**   newspaper

zerreißen, zerriß, zerrissen   to tear apart, break

zerstören   to destroy

die **Zerstreuung, -, -en**   distraction

das **Zet** *coll*   prison

  im Zet *coll*   in the cooler

der **Zettel, -s**   note

das **Zeug, -(e)s, -e**   stuff; jibberish

  allerhand Zeug *coll*   all sorts of things

  dergleichen Zeugs *coll*   things like that

ziehen, zog, gezogen   to grow, raise; to pull; to turn

allerhand Kurven ziehen to do a series of turns

das **Ziel, -(e)s, -e** goal

ins Ziel gehen to take aim at, focus on the target

die **Zielanzeige, -, -n** target judge (that is, person who points out where one has hit the target)

ziemlich rather

sich **zieren** to put on airs, act affectedly

... zigmal countless times

das **Zimmer, -s** office; room

der **Zirkus, -, -se** circus

zittern to tremble, shiver, shake

zücken to draw (a pistol)

der **Zucker, -s** sugar

aus Zucker very sensible (*literally, made of sugar*)

zuerst above all; at first, in the first place

der **Zufall, -(e)s, ⁻e** chance, accident, coincidence

durch Zufall by chance, by coincidence

zufrieden satisfied, pleased, content

der **Zug, -(e)s, ⁻e: der Zug ist durch** *coll* we're through with that, that's behind us

der **Zugang, -(e)s, ⁻e** access

zugeben (gibt zu), gab zu, zugegeben to admit

zu-gehen, ging zu, zugegangen to close, shut

zugrunde: zugrunde gehen to perish, be ruined

zu-hören to listen

zu-kleben to glue together

zu-kneifen, kniff zu, zugekniffen to squint

zu-kommen: auf jemanden zukommen to approach a person

die **Zukunft** future

in Zukunft from now on, henceforth

zuleide: jemandem etwas zuleide tun to do someone harm

zuletzt last, for the last time; finally

zumute: wie mir zumute war how I felt, what kind of a mood I was in

zunächst first (of all), to begin with

zurecht-kommen, kam zurecht, zurechtgekommen to get along

mit etwas zurechtkommen to get along well, manage fine with something

zurecht-schruppen *coll* to file (*literally, to scrub*) down to size

zu-reden to encourage, persuade

zurück-bleiben, blieb zurück,

zurückgeblieben to stay, remain behind

zurück-bringen, brachte zurück, zurückgebracht to bring back

zurück-fahren (fährt zurück), fuhr zurück, zurückgefahren to drive, come, travel back

zurück-geben (gibt zurück), gab zurück, zurückgegeben to give back, return

zurück-halten (hält zurück), hielt zurück, zurückgehalten to conceal, withhold; to hold back, restrain

zurück-holen to retrieve, get back

zurück-kehren to return, go back

in sich selbst zurückkehren to withdraw into oneself

zurück-kommen, kam zurück, zurückgekommen to come back, return

zurückkommen (auf) to return (to)

zurück-schrecken (schrickt zurück), schrak zurück, zurückgeschrocken: vor etwas zurückschrecken to shy away, shrink from something

zu-sagen: jemandem etwas auf den Kopf zusagen to tell a person something plainly

zusammen together

zusammen-bringen, brachte zusammen, zusammengebracht to bring together

zusammen-fahren (fährt zusammen), fuhr zusammen, zusammengefahren to live together

zusammen-kriegen *coll* to put together, form

die **Zusammenkunft, -, ⁻e** meeting, get-together

sich **zusammen-nehmen (nimmt zusammen), nahm zusammen, zusammengenommen** to pull oneself together

zusammen-passen to fit together

zusammen-reden to fabricate, make up

sich **zusammen-reißen, ribß zusammen, zusammengerissen** to pull oneself together

zusammen-sacken to cave in

zusammen-setzen to piece together

zusammen-suchen to gather up

zu-schließen, schloß zu, zugeschlossen to lock up

zu-schmieren to smear over, cover the whole thing

zu-schnüren to force together (closed)

zu-sehen (sieht zu), sah zu, zugesehen to observe, watch; to take care, see to it

die **Zuspitzung, -, -en**   calling attention to (*literally*, pointing)
zu-stehen, stand zu, zugestanden   to become, suit (a person); to be due (a person)
zuverlässig   reliable, dependable
zuviel   too much
zwängen   to force
zwar   of course, to be sure, indeed, certainly

und zwar   that is, namely
der **Zweck, -(e)s, -e**   purpose
es hatte keinen Zweck   it was no use, there was no point (in)
zweitens   secondly, second of all
zwingen, zwang, gezwungen   to force
zwischen   between

For German AP - do not
discard.
RE: Ulrike Johnson + AP German
Karen McQuillen
3/23/12